CHARLES MONSELET

PETITS
MÉMOIRES LITTÉRAIRES

PARIS
G. CHARPENTIER et E. FASQUELLE, ÉDITEURS
11, RUE DE GRENELLE, 11

1892
Tous droits réservés.

PETITS
MÉMOIRES LITTÉRAIRES

Imprimeries réunies, 2, rue Mignon, Paris. — 7137

CHAPITRE PREMIER

Une lecture au Quartier Latin. — Henry Murger et Théodore Barrière. — Je tue Mimi. — Les *Vieux de la Vieille*, de Théophile Gautier. — Rencontre avec Balzac.

Le premier nom qui se présente sous ma plume est celui d'Henry Murger, de cet être aimable et doux dont le séjour sur la terre a été de si courte durée.

On aperçoit Murger à quelque distance d'Alfred de Musset. C'est la même finesse de détails et la même élégance dans un milieu plus humble. Spécialistes d'amour tous les deux.

La vie a été rude pour lui du premier jour jusqu'au dernier. Sa seule arme de lutte a été l'esprit. Il s'est bien défendu ; — peut-être eût-il mieux fait d'attaquer.

J'avais vingt-deux ans et lui vingt-quatre, lorsque nous nous liâmes d'une amitié que rien ne devait jamais altérer ni troubler.

Henry Murger entra un dimanche matin chez moi, dans la chambre d'hôtel que j'occupais orgueilleusement vis-à-vis du palais des Tuileries, sur la place du Carrousel, à côté du guichet du pont des Saints-Pères.

Je serais presque tenté de dire qu'à la manière des personnages de roman, Murger fit d'abord cinq ou six tours dans ma chambre; — mais l'amour de la vérité m'oblige à déclarer qu'il n'y avait pas moyen de faire cinq ou six tours dans ma chambre.

Il s'assit donc — sur mon lit — et me dit, en dirigeant vers moi son très fixe regard :

— N'êtes-vous pas humilié... comme moi... de nous voir moins richement vêtus que tant d'autres hommes ?

Étonné, je murmurai :

— En effet... peut-être... oui... je n'y avais jamais pensé.

Et ensuite, d'un ton qui essayait d'être dégagé :

— Ah ! bah ! m'écriai-je.

Mais Murger continua gravement :

— Retirez cet *Ah! bah!*.... Votre indifférence est coupable au premier chef... Il importe, croyez-moi, que nous relevions les jeunes lettres en nos personnes. Finissons-en avec les chapeaux insouciants et les redingotes douteuses. Devenons ce que nous sommes au moral : des gentlemen. Soyons *irréprochables !*

Je l'écoutais avec une stupeur mêlée d'intérêt.

— Qu'entendez-vous par *irréprochables ?* lui demandai-je.

— Être *irréprochable*, c'est être habillé de neuf.

— Ah ! très bien !

— Écoutez-moi, reprit Henry Murger sur un mode de plus en plus solennel ; je vous donne à vous comme à moi quinze jours pour être irréprochables... C'est bien le diable si, en quinze jours, un être intelligent n'a pas le temps de se procurer habit, veste et culotte.

— Je vous crois, dis-je.

— Rendez-vous de dimanche en quinze, au pont Neuf, midi sonnant, sous l'œil du bon roi.

— Pourquoi faire ?

— J'ai un programme de fête... vous verrez.., Et puis, je vous présenterai un de mes amis, une sommité déjà...

— Qui s'appelle ?...

— Théodore Barrière... A dimanche !

Rien ne m'empêcherait, pour gagner une ligne, de répéter ici les mots : *A dimanche !* comme dans les romans de dialogue, mais un vif sentiment de la haute littérature me retient.

Le dimanche indiqué, au dernier coup de midi, par une radieuse journée de printemps, deux jeunes hommes s'avançaient l'un vers l'autre, — sur le terre-plein du pont Neuf.

Ils avaient été sur le point de passer sans se reconnaître.

Ils resplendissaient, ils éblouissaient du col au talon; l'un jouait négligemment avec un lorgnon, l'autre balançait un stick imperceptible.

Était-ce Brummel ?

Était-ce le comte d'Orsay ?

C'était Murger.

C'était moi.

Nous avions obéi scrupuleusement à la loi que nous nous étions imposée ; nous étions *irréprochables*.

— Maintenant, me dit Murger en me prenant sous le bras, nous pouvons aller partout, dans les salons aristocratiques du faubourg Saint-Germain, dans les salons financiers de la chaussée d'Antin, au bal

de l'ambassade d'Autriche, dans tous les ministères.
— Allons à l'Estaminet belge.

A l'Estaminet belge, il me présenta à l'ami dont il m'avait parlé.

C'était un jeune homme d'un aspect un peu sévère, aux yeux enfoncés et brillant d'un feu sombre, l'air d'un officier en bourgeois.

C'était Théodore Barrière.

Il était employé au ministère de la guerre, dans le département des cartes ; mais il avait déjà fait représenter plusieurs vaudevilles, ce qui lui donnait un certain prestige parmi nous.

La connaissance faite, nous nous acheminâmes tous les trois vers le logis de Murger, rue Mazarine, dans un hôtel fort triste, « tenu par Hautemule, » comme disait l'enseigne. M. P. J. Proudhon, à cette époque, occupait dans le même hôtel une chambre au-dessus de celle de Henry Murger.

Une fois arrivés, Murger alla mettre le verrou, et Barrière, avec un horrible sang-froid, tira de dessous sa redingote cinq cahiers à couverture bleue, représentant cinq actes d'une comédie, qu'il déposa sur une table.

Je devins pâle.

J'étais tombé dans une lecture.

Il est vrai que cette comédie avait pour titre : la *Vie de Bohême.*

Je crois inutile de dire l'émotion dont je fus insensiblement gagné en écoutant cette œuvre folle d'esprit et navrante d'amour.

Le dénoûment n'était pas alors arrêté.

Murger, avec sa douceur accoutumée, inclinait vers

la guérison de Mimi ; il proposait un voyage en Italie.
Barrière, lui, était pour la mort.
Je fus de l'avis de Barrière.
Le meurtre de Mimi fut décidé. Je n'en ai jamais éprouvé de remords.

Cette journée est restée dans mon souvenir comme une des meilleures de ma jeunesse.
Un ou deux ans plus tard, je dus à mon tour écrire une pièce avec Théodore Barrière.
Je pris plusieurs rendez-vous chez lui.
Mais là, je me heurtai à un obstacle sérieux.
Quand je dis sérieux... vous allez voir.

Barrière vivait en famille, — avec une mère, le modèle de toutes les sollicitudes; avec un père qui avait été lui-même un auteur dramatique.
Dans cet intérieur patriarcal, il y avait un perroquet nommé Coco, comme tous les perroquets.
Or, pour un nouveau collaborateur introduit chez Barrière, l'important était moins de plaire à son père et d'avoir l'agrément de sa mère — que de gagner les bonnes grâces de Coco.
Coco était un thermomètre dramatique.
On apportait son perchoir dans la salle à manger, pendant le dîner, et on le plaçait auprès du nouveau collaborateur.
Si Coco se familiarisait avec lui, s'il descendait sur son épaule, — le néophyte était admis par Barrière et par ses parents.
Si, au contraire, Coco restait sur son perchoir, sombre, battant des ailes, la crête hérissée et se refusant à toutes les avances, — le néophyte était refusé.

1.

Les deux seules fois que je dînai chez Théodore Barrière, Coco resta sur son perchoir.

———

Théophile Gautier est un des hommes de lettres que j'ai le plus désiré voir, lors de mon arrivée à Paris. J'avais dévoré tous ses livres en province, et il m'apparaissait comme la plus parfaite incarnation du romantisme.

A mon admiration si légitime pour l'écrivain se joignait une vive curiosité pour l'homme, — curiosité surexcitée, entretenue par des portraits et des récits étranges. Je savais que l'auteur de *Fortunio* portait des cheveux excessivement longs, qu'il s'habillait d'étoffes voyantes, destinées à épouvanter les bourgeois. Les jeunes gens se laissent prendre à ces jeux.

Je ne tardai pas à me faire présenter, et sa vue ne détruisit pas l'image que je m'étais créée du sectaire d'*Hernani*, du spectateur au pourpoint cerise légendaire. Il était dans toute la force et dans tout l'éclat de sa trente-sixième année ; sa myopie et son chapeau constamment fixé sur la tête contribuaient à lui donner un certain air de hauteur, auquel des étrangers ont pu se tromper. La vérité est qu'il m'accueillit avec une parfaite indifférence, — ce que je comprends bien.

Ce ne fut qu'au bout de quelques mois que, s'accoutumant à me voir dans les bureaux de rédaction de journaux, il me fit l'honneur de m'admettre insensiblement à son intimité. En ce temps-là, il avait le tutoiement très facile ; je pus le croire mon ami, — mais à coup sûr j'étais devenu le sien, et pour toujours.

J'ai eu la grande joie, dans ma vie, d'inspirer à Théophile Gautier une de ses meilleures pièces de vers, celle qui porte le titre des *Vieux de la Vieille*.

Voici dans quelles circonstances.

C'était en 1848, après la révolution de février. La vie littéraire était devenue difficile pour moi, comme pour beaucoup d'autres. J'avais publié quelques feuilletons dans la *Presse*, mais le vent n'était plus aux feuilletons ; — j'en étais réduit à faire des *physionomies de Paris*, des *tableaux de la rue* ; j'agrandissais le *fait divers*.

Ce fut ainsi que, le 5 mai, jour anniversaire de la mort de Napoléon 1er, je publiai dans la *Presse*, à la place la plus modeste, et sans signature, un article qui commençait de la sorte :

« Un étrange spectacle a eu lieu ce matin sur la place Vendôme. Entre dix et onze heures, autour de la colonne, on a vu se ranger successivement les derniers soldats de l'Empire ; la plupart avaient revêtu leur ancien uniforme chamarré de broderies et encore tout étincelant de galons, malgré la rouille du temps. De pauvres vieillards éteints, amaigris, se redressaient fièrement sous le casque à longue chevelure des dragons ou sous le plumet des hussards ; des têtes ridées jusqu'au crâne sortaient dessous d'immenses bonnets à poil. Il y en avait qui traînaient de riches sabretaches. Toutes ces splendeurs à demi mortes sur des corps à demi vivants donnaient un aspect fantastique à la place Vendôme ; on eût dit les ombres convoquées pour la fameuse revue dont parle le poète allemand :

    C'est la grande revue
    Qu'aux Champs-Élysées,
    A l'heure de minuit,
    Tient César décédé.

» L'énergie ressuscitée de quelques-unes de ces figures ressortait vigoureusement sous leur costume théâtral. Pourtant la majorité de ces bonnes gens se composait de boutiquiers, de petits commerçants et de bureaucrates ; mais tel qui eût été ridicule avec l'habit ou la redingote, devenait presque majestueux sous le plastron des chasseurs de la garde. Quelques-uns d'entre eux se faisaient remarquer par leur stature colossale, tandis que d'autres, au contraire, laissaient deviner une maigreur extrême sous l'ampleur flottante de leur costume et sous les plis de leurs guêtres. Vers midi, cette vision empanachée s'ébranla, et un lancier octogénaire déploya un drapeau sur lequel était écrit : *Les Vieux de la Vieille à la République française!* etc. etc. »

L'article avait une centaine de lignes sur le même ton. (*Presse* du 6 mai 1848.)

A quelque temps de là, je rencontrai Théophile Gautier.

— Tu as fait, l'autre jour, un joli article, me dit-il.

— Comment le sais-tu ? il n'était pas signé.

Gautier haussa légèrement les épaules et passa.

Pour moi, j'étais rayonnant. Un tel suffrage avait à mes yeux une valeur si considérable !

Je me trouvai encore plusieurs fois avec Théophile Gautier, et chaque fois il revint avec complaisance sur mon article.

Décidément, cet article lui trottait en tête.

Bientôt l'idée que je n'avais fait qu'indiquer s'empara de lui tyranniquement ; il la mûrit, — et il la développa dans une trentaine de strophes, qui sont autant de merveilles de pittoresque et de sentiment. Tout le monde les connaît, ces *Vieux de la Vieille*, qui, publiés pour la première fois en 1848, figurent aujourd'hui dans le volume des *Émaux et Camées.*

> Ce n'étaient pas les morts qu'éveille
> Le son du nocturne tambour,
> Mais bien quelques Vieux de la Vieille
> Qui célébraient le grand retour.
>
> Depuis la suprême bataille,
> L'un a maigri, l'autre a grossi.
> L'habit jadis fait à leur taille
> Est trop grand ou trop rétréci.
>
> Un plumet énervé palpite
> Sur le kolbach fauve et pelé ;
> Près des trous de balle la mite
> A rongé leur dolman criblé.
>
> Leur culotte de peau trop large
> Fait mille plis sur leur fémur.
> Leur sabre rouillé, lourde charge,
> Creuse le sol et bat le mur.

A quoi bon continuer ? Ces beaux vers ne sont-ils pas dans toutes les mémoires ?

On ne se méprendra pas sur le sentiment qui me fait évoquer cette anecdote et m'enorgueillir d'avoir fourni à l'un des écrivains que j'admire le plus l'occasion de produire un chef-d'œuvre.

Mettons, si vous voulez, que j'ai été ce jour-là le chien qui fait lever le gibier.

Mais de quel triomphant coup de fusil le poète a abattu cette pièce !

En 1866, Théophile Gautier m'envoya un exemplaire de son *Capitaine Fracasse,* accompagné de l'amusante lettre que voici :

« Mon cher Monselet,

» Accepte ce *Fracasse* illustré, et parles-en dans les apiers où tu reluis comme une casserole de cuivre bien écurée dans une cuisine flamande. Considère cet ouvrage au point de vue gastronomique ; l'absence de nourriture y est déplorée amèrement, mais quand la bonne chance ramène les mets succulents et les bons vins, ils sont célébrés avec non moins de soin que les charmes de l'héroïne. Protège ces goinfres, ces ivrognes et ces canailles variées ; saupoudre-les de quelques mots spirituels, en guise de muscade râpée. A propos de muscade, si on en mettait partout au temps de Boileau, on n'en met plus nulle part aujourd'hui ; le monde dégénère.

» Adieu, soigne ton bedon, et ne t'efforce pas de le contenir au majestueux, comme cet imbécile de Brillat-Savarin.

» *Tuus*

» Théophile Gautier. »

La dernière fois que je me suis trouvé avec Balzac, c'était en 1848, dans les bureaux de l'*Événement*, à la rédaction duquel j'appartenais.

L'*Événement* venait d'être fondé sous le patronage de Victor Hugo. C'était un recueil vaillant et hardi, où avaient été conviés tous les écrivains qui étaient un nom, un talent, ou même simplement un espoir.

Léon Gozlan, Méry, Théophile Gautier coudoyaient Henry Murger, Champfleury, Théodore de Banville. Il se faisait là un joyeux tapage, un cordial échange d'idées, d'aspirations, de jugements, de traits spirituels. Anténor Joly et Polydore Millaud allaient et venaient dans la maison, toujours affairés, ou faisant semblant de l'être ; le premier s'occupant de la partie littéraire, dénichant des romans, harcelant les auteurs, dressant les manuscrits ; — le second donnant des conseils à propos de l'administration, la tête pleine de projets, les poches pleines... de plans ; l'un criant comme un sourd qu'il était, l'autre frappant le parquet de sa canne, tous les deux ouvrant et fermant les portes avec bruit.

Un soir, comme je corrigeais les épreuves d'un de mes feuilletons, dans la salle commune à tous les rédacteurs, entre neuf et dix heures environ, je vis entrer un homme que je reconnus au premier coup d'œil (je l'avais vu deux ans auparavant). C'était Balzac. Tout le monde se leva. Meurice et Vacquerie allèrent à lui les mains tendues.

Balzac avait promis un roman à l'*Événement* ; il en avait même donné le titre. Il ne venait pas l'apporter ce soir-là ; il venait prendre congé de ses amis, car il partait le lendemain pour son dernier voyage en Russie.

Il était habillé avec un mauvais goût qui ne laissait rien à désirer. La redingote était d'un bronze vert. Une cravate rouge roulée en corde, un chapeau défraîchi, ses cheveux longs, lui donnaient l'air d'un comédien de province. Son apparence n'avait plus la jovialité puissante d'autrefois ; l'âge, sans détruire l'ensemble de la physionomie, en avait apaisé les tons. La gaieté était devenue de la bonté. Seul, l'œil était resté extraordinaire d'éclat et d'expression. Rien de plus exact que ces paillettes d'or que signalent les portraits écrits de Mme de Surville et de Théophile Gautier.

J'eus le temps d'examiner Balzac tout à mon aise. Il n'était point pressé de s'en aller. Une fois sorti de chez lui, il appartenait à chacun. Il n'était intraitable que pendant ses périodes de travail.

La conversation roula sur *Tragaldabas*, l'événement littéraire du jour ; j'y pris part, et Balzac m'adressa plusieurs fois directement la parole. Sa voix avait beaucoup de charme. Mais, je le répète, la somme de vitalité était moins grande. Ressentait-il déjà les premières atteintes du mal qui devait l'emporter deux ans plus tard ?...

Au bout d'une heure, il prit congé. Ses traits étaient pour toujours gravés dans ma mémoire.

Il n'y a guère eu d'écrivain plus injurié que Balzac, — si ce n'est pourtant Victor Hugo.

Dans le commencement, on l'avait affublé de ce surnom insultant : *le plus fécond de nos romanciers.*

Lui, la conscience absolue ! lui, le travail douloureux ! lui, la pensée profonde ! On a pu se tromper à ce point de vouloir le comparer aux inventeurs du roman-feuilleton !

Pauvre, pauvre Balzac !

Une lettre intime de lui (n° 254 du catalogue Charavay) contient cet aveu désolant : « Je suis vieux de souffrances... *Je n'ai même pas eu de revers, j'ai toujours été courbé sous un poids terrible.* Rien ne peut vous donner une idée de ma vie jusqu'à vingt-deux ans ! »

Au moment où il pouvait se croire à l'apogée de sa gloire, il eut un procès avec la *Revue de Paris*, qui devint pour lui une nouvelle source d'outrages. Cette fois, les avocats s'en mêlèrent, et l'on sait quel est leur atticisme lorsqu'ils se mettent en frais littéraires. M⁰ Chaix d'Est-Ange sut joliment dire son fait à l'auteur de la *Peau de chagrin :*

« Un homme dont tout le monde sait l'importance, *ou plutôt un homme qui donne une grande impor-*

tance à tout ce qu'il produit... » Voilà pour le début.
« M. de Balzac donna d'abord un *ouvrage;* c'est ainsi qu'on appelle ses *articles...* »

Ses articles! vous voyez l'intention de dédain.

Mᵉ Chaix d'Est-Ange ne se borna pas à défendre les intérêts de la *Revue de Paris;* il se lança dans l'appréciation du *Lys dans la Vallée;* et je vous laisse à penser les agréables plaisanteries, les gorges chaudes. Il termina ainsi : « Voilà l'analyse du livre... Eh quoi! on nous laisse là. Mais que deviendront la comtesse et ce monsieur dont j'ignore le nom? Comment cela finira-t-il? Comment va-t-elle faire pour allier ses devoirs avec sa passion? Celui-ci, à force de s'étendre comme une plante grimpante; celle-là à force de l'envelopper dans ses blanches draperies, ont-ils? Voyons, ont-ils?... Ah! que je voudrais bien parler comme écrit M. de Balzac, et trouver le secret de ce langage, *que personne ne comprend,* pour exprimer ici ce que je n'ose pas dire! »

Et penser que c'était au nom du bon goût que Mᵉ Chaix d'Est-Ange croyait s'exprimer!

Je ne rappellerai pas les péripéties de ce procès, qui se termina d'ailleurs à la satisfaction de Balzac. La *Revue de Paris* fut outrée. Elle envoya une nouvelle bordée à son ancien collaborateur. La conclusion vaut la peine d'être citée :

« Que M. Balzac aille en paix! Qu'il se repose à côté de ses illustres amis lord Byron, Walter Scott, Schiller! Qu'il chante comme Rossini; qu'il corrige ses épreuves plus souvent que Meyerbeer; qu'il soit plus gentilhomme que Chateaubriand! Il est son maître, il est quitte envers nous, *ses bienfaiteurs!*

» Allez donc, emportez loin d'ici cette immense quantité d'œuvres dont vous dérobez la plus belle moitié à l'admiration de l'Europe sous le manteau troué de Saint-Aubin, ce pauvre feu Saint-Aubin que vous avez voué au ridicule, et qui, nous en avons peur, vous le rendra bientôt... Allez, grand homme ! allez, Rétif de la Bretonne ! allez, Balzac ! allez, Saint-Aubin ! allez, de Balzac ! allez, Crébillon fils, quand vous écrivez le français et non le gaulois ! allez ! »

Ce n'est plus de la polémique, c'est de la rage.

La *Revue de Paris* — c'est-à-dire M. Buloz — n'a jamais pardonné à Balzac. Elle l'a constamment fait attaquer de son vivant, et même après sa mort.

Rien n'y a fait, par bonheur. Balzac a gagné son procès devant la postérité, comme il l'avait gagné devant ses juges.

L'édition définitive de ses œuvres complètes a dû entraîner la suppression d'un assez grand nombre de ses préfaces, que je regrette. Écrites au courant de la plume, sous l'action des événements du dehors ou sous la pression d'un sentiment individuel, quelques-unes de ces préfaces ouvraient des jours soudains sur l'homme, — entre autres celle de la première édition de *David Séchard*, devenu plus tard *Ève et David*. On y lisait une apostrophe aux députés, motivée par une séance du mois de juin 1843, dans laquelle la Chambre avait été saisie *en langue auvergnate* de la question du plus ou moins de moralité des *Mystères de Paris*.

L'accent de Balzac est celui d'un juste orgueil et d'une légitime indignation.

Écoutez-le :

« Si tant de stupides accusations ne se renouvelaient pas chaque jour et ne trouvaient pas de dignes et vertueux bourgeois assez peu instruits pour les porter à la tribune et à la face du pays, l'auteur se serait bien volontiers dispensé d'écrire cette préface... Il faut que les quatre cents législateurs dont jouit la France sachent que la littérature est au-dessus d'eux ; que la Terreur, que Napoléon, que Louis XIV, que les pouvoirs les plus violents comme les institutions les plus fortes disparaissent devant l'écrivain qui se fait la voix de son siècle. Ce fait-là s'appelle Tacite, s'appelle Luther, s'appelle Calvin, s'appelle Voltaire, Jean-Jacques, il s'appelle Chateaubriand, Benjamin Constant, Staël ; il s'appelle aujourd'hui JOURNAL...

» Ces quelques mots sont une réponse suffisante aux législateurs qui, à propos de quelques pièces de cent sous, se sont amusés à juger du haut de la tribune des livres qu'ils ne comprenaient pas, et à passer de l'état de législateur à celui infiniment plus amusant d'académicien. »

Il a été écrit des choses bien singulières sur l'auteur de la *Comédie humaine*, mais il n'en a pas été écrit de plus singulières que par Lamartine dans son volume intitulé : *Balzac et ses œuvres*, — un de ces livres à coups de ciseaux comme le besoin lui en faisait faire sur la fin de ses jours.

Le grand poète ne comprend rien aux choses dont il parle. Il semble n'avoir pas plus connu Balzac que ses œuvres, bien qu'il se livre à un portrait minutieux de sa personne. Mais ce portrait est le comble du grotesque et de l'inexactitude. « Son nez était bien modelé, *quoique un peu long.* » Or, qui ne sait que Balzac avait le nez gros et carré du bout ? Cela n'est rien ; Lamartine va nous montrer encore *ses dents inégales, ébréchées, noircies par la fumée de cigare.* Vraiment, c'est jouer de malheur ; Balzac était aussi fier de ses dents blanches que de ses mains blanches. De plus, jamais un cigare n'avait approché de ses lèvres. Il avait le tabac en horreur.

Des œuvres de Balzac, Lamartine n'en connaît que trois : *Eugénie Grandet,* le *Père Goriot,* le *Lys dans la Vallée ;* cela lui suffit ; il y a pratiqué de larges emprunts qui remplissent les sept huitièmes de son volume.

CHAPITRE II

Buloz. — Le mari d'une étoile. — Un ami dans une armoire.

J'ai nommé tout à l'heure M. Buloz. J'y reviens. Trois ou quatre mois après mon arrivée à Paris, M. Buloz, qui avait lu quelques-uns de mes vers dans l'*Artiste* et dans le feuilleton de l'*Époque*, me fit demander par l'imprimeur Gerdès. C'était à l'époque où les bureaux de la *Revue des Deux-Mondes* étaient situés dans la tranquille rue Saint-Benoît, au fond d'un petit jardin.

M. Buloz me *commanda* plusieurs articles qui, exécutés, ne lui plurent point. Je me lassai. Nos relations en restèrent là.

A ne pas écrire dans la *Revue des Deux-Mondes*, j'ai perdu sans doute quelque prestige, mais ma bonne humeur y a peut-être gagné. J'ai pu développer dans d'autres milieux des qualités de gaieté qui auraient été absolument étouffées sous l'uniforme gris qu'on faisait autrefois endosser à tout débutant dans la *Revue*.

M. Buloz, que j'ai souvent vu depuis, n'avait rien de séduisant au premier aspect, — ni même au second. Il était borgne et sourd. C'était un homme de haute taille, mais voûté, d'une charpente à toute épreuve ; un de ses coups de poing aurait été terrible (il en a donné quelquefois, à ce qu'on raconte dans les imprimeries). L'expression générale de sa physionomie était sombre, rude, inquiète. Sa voix était un grognement perpétuel. Il avait des *hein* qui faisaient rentrer sous terre les nouveaux venus et qui causaient des tressaillements à son secrétaire sensitive, M. de Mars.

Comment, avec de telles manières et avec une intelligence littéraire qui était loin de se révéler de prime abord, comment un pareil personnage parvint-il à enrégimenter les meilleurs et les plus célèbres écrivains de son époque ? C'est ce que je m'explique difficilement. Il est venu à temps ; il a été le premier et le seul. Il a eu de la ténacité et de l'esprit de suite. Mais il aurait tout aussi bien réussi dans la bonneterie ou dans la quincaillerie.

Quelques-uns de ces écrivains, il est vrai, se sont offusqués au bout de quelque temps. Balzac, le premier, a levé l'étendard de la révolte, — ainsi que je l'ai raconté, — il ne voulait pas être traité *à la russe,* et il gagna contre Buloz ce procès que Buloz ne devait jamais lui pardonner, — car l'irascibilité était un des principaux défauts de celui qu'on appelait déjà l'autocrate de la *Revue des Deux-Mondes.*

Plus tard, Alexandre Dumas, Philarète Chasles, Sainte-Beuve, Pontmartin se sont dérobés tour à tour à ce despotisme sans élévation.

Voici l'opinion de l'auteur des *Odeurs de Paris* sur François Buloz :

« M. Buloz inspire, dirige, corrige, rature, modifie les matadors de l'esprit contemporain ; et les plus fiers ne sont ou n'ont été que les truchements de sa pensée. *Or, M. Buloz n'a pas de pensée !* Et voilà quarante ans tout à l'heure que cela dure. »

On s'est quelquefois moqué de ce Croquemitaine.

Ecoutez Théodore de Banville, — qui n'a jamais écrit à la *Revue des Deux-Mondes*, — écoutez-le fredonner la *Villanelle de Buloz* dans un coin des *Odes funambulesques :*

> J'ai perdu mon Limayrac :
> Ce coup-là me bouleverse.
> Je veux me vêtir d'un sac,
>
> Il va mener en cornac
> La Gazette du commerce.
> J'ai perdu mon Limayrac.
>
> Mon Limayrac sur Balzac
> Savait seul pleuvoir à verse.
> Je vais me vêtir d'un sac......

Limayrac était le plus petit des rédacteurs de Buloz.

Tant qu'on se contentait de le chansonner, Buloz laissait faire ; mais il n'entendait pas raillerie dès qu'on allait plus loin.

Il fit condamner Barbey d'Aurevilly pour deux articles, qui d'ailleurs ne laissaient rien à désirer sous le rapport de l'empoignement. C'était radieux d'impertinence. On sait avec quelle désinvolture l'auteur des *Diaboliques*, dès qu'il a retroussé ses manchettes, s'entend à administrer une râclée à ses adversaires. Buloz se frotta longtemps les épaules.

Si affairé et si homme du Danube qu'il fût, M. Buloz avait un salon ; il recevait, il donnait des dîners quelquefois. Ces jours-là, il s'essayait à *faire le beau.*

« J'étais à souper chez Buloz le jour des Rois, — écrivait Alfred de Musset à son frère en 1843 ; — toute la *Revue* s'y trouvait, plus Rachel. C'était un peu froid ; on aurait dit un diner diplomatique. Le hasard facétieux a donné la fève à Henri Heine, qui a fait semblant de ne pas savoir ce qu'on lui voulait, de sorte que le gâteau, sur lequel la maîtresse de la maison devait compter pour égayer la soirée, a été pour le roi de Prusse. Heureusement, Chaudes-Aigues s'est grisé, ce qui a rompu la glace. »

Musset était le Benjamin de Buloz, qui lui passait bien des choses.

Théophile Gautier avait aussi le pouvoir de le dérider par ses propos de haute graisse. Ce qui n'empêcha pas Buloz de lui réclamer par voie judiciaire le *Capitaine Fracasse*, — que l'indolent Théo lui avait promis depuis dix ans et sur lequel il avait touché trois mille francs.

— Rendez l'argent, au moins ! lui criait l'implacable Savoisien.

De Marseille, où il se trouvait alors, le banquier Mirès entendit cette grosse voix, et il écrivit immédiatement à son caissier de Paris ce billet, pour lequel il lui sera beaucoup pardonné, et qui mérite de transmettre son nom aux âges les plus lointains :

« Tirez Gautier des griffes de Buloz ! »

Ce qui fut fait.

———

Lors de mes premières années de séjour à Paris, un ami m'emmena dîner dans une table d'hôte d'une maison meublée de l'ancienne rue Copeau, aujourd'hui rue Lacépède. Un quartier lointain et pétrifié, où l'herbe poussait, où le roulement d'une voiture était un événement, où les maisons avaient de lourdes portes cochères et pas de magasins, où l'on voyait aux fenêtres de petites vitres d'un ton verdâtre et des rideaux trop courts, — la province au fond de Paris.

La clientèle de cette table d'hôte était souverainement triste et composée de vieilles gens des deux sexes, parmi lesquels s'étaient égarés quelques étudiants en médecine. Celui qui m'avait amené me dit à l'oreille d'examiner, à un bout de la table, un monsieur d'un aspect assez froid et qui gardait le silence.

— Eh bien ! demandai-je, qui est ce personnage ?

— C'est le mari d'une femme illustre, de la première romancière du dix-neuvième siècle.

— George Sand !

— Juste. Il s'appelle le baron Dudevant et vit séparé d'elle depuis quelques années....

Pendant tout le reste du dîner, mes yeux ne quittèrent pas ce taciturne pensionnaire qui semblait être étranger à tout le monde. Depuis, je ne l'ai jamais revu ; mais cette figure soucieuse m'a toujours poursuivi.

L'étrange ménage ! Tant de rayonnement d'un côté et tant de ténèbres de l'autre ! Ce pseudonyme si glorieux et ce nom si bourgeois !

Mademoiselle Aurore Dupin avait à peine dix-huit ans lorsqu'on la maria à François-Casimir Dudevant, fils du baron Dudevant. Elle avait été élevée à la *garçonnière*, galopant à cheval seule par la campagne. Le mariage, ce mariage-là du moins, ne devait rien changer à ses habitudes ; son époux était un propriétaire actif, un agriculteur entendu, une nature de fermier. Bel homme, d'ailleurs ; elle dit quelque part, en parlant de son fils Maurice : « Il est leste comme son père. »

M. Dudevant paraît avoir pris à tâche, pendant les premières années, de faire le bonheur de sa jeune femme, et, d'après la *Correspondance de George Sand*, on peut croire qu'il y a réussi. Ce ne sont que voyages luxueux, excursions dans les Pyrénées, carnaval passé à Bordeaux, etc. etc.

La vie à Nohant avait aussi son attrait et sa poésie. M. Dudevant s'y montre sous un jour qui ne lui est pas défavorable. « Casimir est très occupé de sa moisson. Il a adopté une manière de faire battre le blé qui termine en trois semaines les travaux de cinq à six mois. Aussi il sue sang et eau. Il est en blouse, le râteau à la main, dès le point du jour. »

Aurore avait donné deux enfants à son mari, deux superbes enfants, une fille et un fils, Solange et Maurice. Elle les chérissait ; M. Dudevant ne les adorait pas moins. Par quoi donc devaient être désunis les deux époux ?

Chacun d'eux a reproché à l'autre son caractère.

M'est avis, pour parler le langage des villageois, que la petite dame ne devait point être commode tous les jours, et que ses allures indépendantes étaient un peu faites pour détonner dans une zone départementale.

Pourtant ce ne fut point M. Dudevant qui parla le premier de rupture et de séparation, d'abord amiable. Les premières déclarations de guerre vinrent d'elle. On était en 1830. Elle avait supporté le joug du mariage pendant huit ans.

Elle demanda sa liberté, se réservant le droit d'habiter tantôt Paris et tantôt Nohant ; cela lui constitua une existence en partie double, et doublement désagréable pour l'époux, qui eut le tort d'y consentir.

J'ignore quels ont pu être les torts de M. Dudevant, mais il en a été terriblement puni par la réputation de sa femme, de 1831 à 1835. La petite écuyère qu'il avait épousée était devenue l'auteur excentrique d'*Indiana;* tous les jours, on lui apprenait une de ses frasques nouvelles ; elle s'habillait en homme et fumait ; elle vivait dans un milieu de républicains comme Félix Pyat, de pianistes comme Liszt, de prêtres comme Lamennais. Elle partait avec Alfred de Musset pour l'Italie et y demeurait une année entière.

Puis, elle s'en revenait tranquillement à Nohant, où elle trouvait son mari faisant sa moisson. Elle se couchait quand il se levait, rentrait après minuit, en revenant de chez le Malgache.

Doit-on s'étonner outre mesure si la patience a pu quelquefois échapper à M. Dudevant ? Quel tempérament, si angélique qu'il fût, aurait résisté à pareil spectacle ?

Bientôt cette vie leur fut intolérable à tous les deux ; les tribunaux furent saisis de leur demande en séparation. Elle fut prononcée en 1836.

Si vous avez visité, en ces dernières années, l'exposition de Gustave Courbet, au palais des Beaux-Arts, vous y aurez remarqué un portrait qui *revient* plusieurs fois.

C'est celui d'un homme barbu offrant une vague ressemblance avec Michel-Ange. Il figure tantôt dans l'atelier du peintre, immense toile qualifiée d'*Allégorie réelle* sur le livret ; d'autres fois, seul, lisant un volume ou feuilletant un carton à estampes. Peu de personnes, excepté les premiers amis de Courbet, — dont je faisais partie, — pourraient mettre un nom au-dessous de cet individu.

Ce nom était aussi étrange que l'homme. Il s'appelait Marc Trapadoux et était de très haute taille. Avait-il une profession? nous l'ignorions. Peut-être jouissait-il de quelques petits revenus ou donnait-il des leçons de quelque chose en ville. Toutefois est-il que nous le voyions assidûment le soir au café Momus, et plus tard au cabaret-restaurant de Perrin, place Saint-Sulpice, et plus tard encore à la brasserie Andler, rue Hautefeuille.

Trapadoux recherchait notre entretien ; mais il était d'un naturel sérieux et allait de préférence à Jean Wallon, notre philosophe, et à Baudelaire. Murger, qui l'avait surnommé le *géant vert*, lui semblait trop superficiel, et il redoutait les plaisanteries de Champfleury. Charles Barbara (le Barbemuche des *Scènes de la Bohême*) l'attirait par son mutisme énigmatique; mais Barbara avait peur de lui et se contentait de l'étudier à distance.

A ces divers contacts, Marc Trapadoux avait gagné une horrible méfiance. Elle était poussée si loin que lorsque je lui demandais :

— Comment vous portez-vous ?

Il me répondait en me regardant fixement :

— Pourquoi me faites-vous cette question ?

Baudelaire seul avait su capter sa confiance ; c'était à ce point qu'une nuit, comme ils se trouvaient engagés tous deux dans une conversation d'esthétique sur le boulevard Montparnasse, un orage étant survenu, Marc Trapadoux offrit à l'auteur des *Fleurs du mal* l'hospitalité chez lui. Or, jusqu'à ce moment, Trapadoux avait mis un soin extrême à laisser ignorer son domicile.

Si Trapadoux était mystérieux, Baudelaire était curieux. Il accepta avec empressement. Il allait donc savoir où perchait le *géant vert !*

On s'arrêta devant une maison isolée, sans concierge ; Trapadoux tira de sa poche une clef qui rappelait par ses dimensions les clefs de la Bastille. On monta dans les ténèbres plusieurs étages, au bout desquels on arriva dans une chambre de modeste apparence.

— Tenez, couchez-vous là, dit Trapadoux à Baudelaire en lui désignant un lit en fer.

— Eh bien ! et vous ?

— Oh ! ne vous inquiétez pas de moi... couchez-vous, vous dis-je.

Baudelaire se jeta tout habillé sur l'unique lit, mais il ne s'endormit pas tout de suite. Il guettait du coin de l'œil les mouvements de son hôte, qui allait et venait dans la chambre, tantôt fumait une pipe et tantôt jouait avec des haltères menaçants.

Une heure s'écoula ainsi.

Lorsque Trapadoux crut Baudelaire endormi, il ouvrit une grande et haute armoire, dans laquelle il entra et disparut, et dont il referma la porte sur lui.

Baudelaire était resté stupéfait. Il s'attendait à le voir reparaître d'un instant à l'autre, mais inutilement. Alors, il supposa que cette armoire n'était qu'une porte dissimulée, donnant sur un autre corps de logis.

Il dormit mal et peu. Au point du jour, voulant éclaircir ses doutes, il appela Trapadoux à haute voix.

La porte de l'armoire s'ouvrit et montra Trapadoux assis sur une chaise, grave comme à son habitude. Il avait passé la nuit dans l'attitude d'un marchand de journaux dans son kiosque.

Un mot encore sur cet excentrique :

J'ai dit que nous ignorions son état, mais nous le soupçonnions véhémentement de littérature. Nous ne nous trompions pas.

Un matin, Wallon arriva en brandissant triomphalement un volume qu'il venait de dénicher sur les quais, où il passait les trois quarts de son temps.

Ce volume avait pour titre: « *Histoire de Saint-Jean-de-Dieu,* par Marc Trapadoux. »

A partir de ce jour, Trapadoux ne reparut plus parmi nous.

CHAPITRE III

Le baron Taylor ratant son enterrement. — Méry et le
petit bossu. — Une rue de Boulogne-sur-Mer.

Le baron Taylor, je me ferais tuer pour lui!
s'écriait un obscur figurant du théâtre de la Porte-
Saint-Martin.

Sa vie est des plus connues; elle s'est toujours passée au grand jour. S'il a travaillé pour lui dans les premières années, il s'est mis bien vite à travailler pour les autres. Rédacteur des *Voyages pittoresques dans l'ancienne France*, il a donné de l'*ouvrage* à Bonnington, à Géricault, à Michalon, à Dauzats, à Ciceri, qui étaient des *jeunes* alors, et qui ont exécuté sous sa direction des lithographies remarquables et très recherchées aujourd'hui, — celles de Bonnington particulièrement.

Commissaire royal à la Comédie française, son premier acte a été d'en ouvrir les portes à l'école romantique. De cette période aussi date sa sollicitude pour les comédiens. Il les protégeait, les encourageait et personnellement savait les défendre.

« Pour l'amour de Dieu, écrivait-il à Charles Maurice, le journaliste de théâtre, dites du bien des acteurs, c'est tout ce que je vous demande ! Ils sont déjà assez malheureux d'être jetés hors de la société par des imbéciles, sans encourir encore votre haine ; mais non, ce n'est pas votre haine, ce sont vos traits seulement, je le sais, c'est le trop plein de votre esprit Eh bien ! oui, ami, j'entends tout cela, mais enfin ils ont fait tout ce qu'ils pouvaient faire (dans la *Reine d'Espagne*, de Delatouche) ; soyez un peu aimable pour eux... Revenez le plus tôt que vous pourrez sur Samson, je vous en prie. Je vous le présenterai l'un de ces matins. »

C'est d'un brave homme cette lettre. Lorsqu'il n'eut plus à protéger les comédiens et les auteurs, lorsqu'il ne lui fut plus possible de fournir du travail aux dessinateurs, le baron Taylor s'occupa de les grouper. Il fonda les cinq grandes associations qui feront vivre son nom éternellement.

Une idée bien simple, pourtant !

J'ai connu Taylor dans son appartement de la rue de Bondy. La maison, haute, sévère, solennelle, était digne de lui ; l'escalier rempli de statues, de bustes, de fragments antiques, annonçait le voyageur et l'archéologue. On sonnait. Un domestique vous introduisait dans une antichambre donnant sur une immense bibliothèque, rangée avec un ordre parfait, tenue avec un soin minutieux. Cette bibliothèque, une des plus belles au point de vue de l'art dramatique, une des plus riches en éditions originales, était un de ses orgueils et son luxe unique. On comprend sa douleur lorsque, après la révolution de 1848, il fut forcé d'en vendre la moitié.

Dire que le baron Taylor était accessible à tous, même aux plus petits, ce n'est pas dire assez. Quelque chose qu'on eût à lui demander, on était toujours certain de sortir de chez lui satisfait. Personne n'était plus heureux de rendre un service. Et lorsqu'il y avait urgence, il bondissait de joie. — Je l'ai vu, toute affaire cessante, envoyer chercher un fiacre, y monter avec un visiteur nécessiteux, se faire conduire de ministère en ministère, et ne reprendre haleine qu'après avoir mis trois ou quatre billets de banque de cent francs dans la main de ce visiteur.

Taylor a poussé la philanthropie jusqu'à la *furia*. Il en a fait son idée fixe, son objectif de toutes les minutes. Vincent de Paul et M. de Montyon ont été dépassés. On n'a pas obligé son prochain avec un entrain plus persistant.

Certains esprits gouailleurs ont dit de lui : « C'est un homme qui veut avoir un bel enterrement! » Possible. Une telle ambition, d'une étrangeté si exceptionnelle, n'est pas à la portée du premier venu. Pourtant, par une circonstance fortuite (un temps exécrable), il ne l'a pas eu, ce bel enterrement qu'il avait pu rêver, à force d'en suivre et d'en conduire.

Que de morts, en effet, plus ou moins illustres, il a accompagnés, le pauvre baron Taylor! La savait-il assez, cette route du Père-Lachaise, et aussi cette route du cimetière Montmartre, et la route du cimetière Montparnasse! Dès qu'une célébrité de la plume ou du pinceau, du barreau ou de la tribune prenait cette triste route-là, dès que le char funèbre s'ébranlait, le baron Taylor se trouvait tout désigné par l'opinion publique pour obtenir un des glands du cercueil. Et cette même opinion publique ne le laissait pas quitte à si bon marché ; elle exigeait davantage

3.

encore; elle voulait qu'après avoir escorté le cercueil il prît la parole sur la fosse. Aussi, que d'oraisons funèbres il a prononcées ! On en établirait difficilement le nombre. Douloureuse spécialité, qui aurait fini par donner le vertige à de moins robustes que lui, et à laquelle il s'était plié et résigné depuis plus de cinquante ans !

Par une de ces ironies auxquelles se plaît le destin, le baron Taylor était aussi indispensable dans les banquets que dans les funérailles. Le même habit noir lui servait pour les cimetières et pour les restaurants. Les cinq associations festinaient fréquemment, et naturellement la présence de leur fondateur était obligatoire. L'excellent baron en avait pris son parti, comme des obsèques. Là aussi, il était obligé d'y « aller de son discours ». Et il y allait bravement, courageusement, ne ménageant pas sur l'étendue. Une fois lancé, il se prodiguait. Ceux qui l'ont entendu se rappellent cette éloquence familière, cette bienveillance parlée, ce flot d'anecdotes. Il lui arrivait souvent de forcer son organe, et il arrivait à de bizarres effets de voix de tête.

Une de ses péroraisons dont je me souviens fut celle-ci, prononcée à une réunion d'artistes dramatiques.

Il les avait longuement entretenus de leur profession ; puis, comme pour les rehausser à leurs propres yeux, il leur lança sur le mode aigu cette phrase triomphale : « Et surtout, messieurs, n'oubliez pas qu'un des vôtres, Scaramouche, est enterré à Saint-Eustache ! ! ! »

L'effet fut inouï.

Les joueurs ont toujours été nombreux parmi les gens de lettres, — depuis Rotrou jusqu'à Méry.

Méry passait régulièrement tous ses étés à Bade, au temps de la Maison de Conversation.

On sait ce que *conversation* voulait dire dans le style allemand d'alors.

C'est là que je le connus et que nous devînmes amis.

Méry était joueur comme le Valère de Regnard, comme le Béverley de Saurin, comme le Robert le Diable de Meyerbeer.

Et c'était chez lui une passion d'autant plus malheureuse que, de mémoire de joueur, Méry n'avait jamais gagné.

Jamais !

Comme tous les joueurs il était superstitieux et croyait aux fétiches, aux talismans, aux gens qui portent bonheur ou malheur.

Or, il y avait alors à Bade un petit bossu d'une cinquantaine d'années.

C'était un banquier de Francfort qui s'appelait Meyer, autant qu'il m'en souvienne. Mais son nom importe peu. Je ne sais qui est-ce qui avait persuadé à Méry que les bossus étaient d'excellents fétiches, — et qu'il suffisait de toucher leur bosse pour se trouver immédiatement en relations avec la fortune.

Cette idée s'empara tellement de son esprit qu'il se mit à tourner sans relâche auprès du bossu. Il commença par se faire présenter à lui ; mais celui-ci, méfiant comme tous les bossus, le reçut très froidement.

Méry ne se rebuta pas ; il le guettait tous les jours dans les salons de jeu ; il essayait de se frotter à lui sous le moindre prétexte ; il le heurtait en s'excusant ; — et, dans ses excuses gesticulées, sa main essayait toujours de s'aventurer sur la bosse aux œufs d'or.

Le petit banquier de Francfort ne tarda pas à s'apercevoir de ce manège, dont la cause lui échappait ; — et dès lors il s'appliqua à éviter Méry avec le même soin que Méry mettait à le rencontrer.

Il n'y réussissait pas toujours, car Méry avait la ténacité et la ruse du chasseur. Rien n'était plus comique pour les initiés que ces deux hommes courant de salon en salon...

Ceux qui se rappellent combien l'auteur d'*Héva* était myope comprendront qu'il n'apportât aucune discrétion dans sa poursuite.

Un jour que Méry avait perdu au trente-et-quarante une somme plus forte que d'habitude, il vint à moi d'un air abattu, et me dit :

— C'est singulier ! J'ai pourtant touché deux fois ce matin la bosse du banquier.

— Vous en êtes bien sûr ?

— Parbleu !

— Peut-être ne suffit-il pas de la toucher comme vous faites, ajoutai-je.

— Que voulez-vous dire ?

— Il faut sans doute la toucher à nu.

Méry me regarda avec stupeur. J'avais toutes les peines du monde à garder mon sérieux.

— Vous croyez ? dit-il.

— Assurément. Le vêtement est un mauvais conducteur de chance.

— Vous avez peut-être raison, reprit-il en devenant rêveur ; mais comment arriver à ce but que vous m'indiquez ? Cela me paraît assez difficile.

— J'en conviens.

— Et très délicat.

— Oh ! fort délicat, en effet.

— Si ce bossu était un pauvre diable, nul doute qu'il ne consentît... Mais un banquier ! murmura Méry.

— Et un banquier de Francfort !

— Il y aurait lieu de s'attendre à un refus.

— Je le crains.

— Il faudrait procéder par surprise, continua Méry, comme en se parlant à lui-même ; oui, j'y réfléchirai... Merci de m'avoir éclairé... Évidemment, le talisman doit être touché à nu pour opérer.

Et il s'éloigna, en proie à une grande préoccupation.

Je ne le revis pas de vingt-quatre heures.

Le surlendemain, à la chute du jour, je me promenais solitairement au bord de l'Oos, — ce Mançanarès badois, — lorsque mes yeux furent attirés par un groupe de gens animés à quelques pas de moi. On venait de retirer de l'eau un individu qui s'y était laissé choir par mégarde, — disait-on, — et qui d'ailleurs ne s'était fait aucun mal. A peine avait-il éprouvé un étourdissement de quelques minutes.

On l'avait déposé fort proprement sur le gazon ; et, pour le faire sécher, on l'avait dépouillé de son habit et de son gilet, comme cela se pratique en pareil cas.

Je jetai un coup d'œil sur ce maladroit ; quelle fut ma surprise en reconnaissant le petit bossu de Francfort !

Revenu à lui, il se débattait au milieu des gens qui lui prodiguaient leurs soins...

Car, parmi ceux-là, auprès de lui, et le plus empressé de tous, était Méry, criant, s'agitant, — Méry, qui lui avait déchiré sa chemise à la hauteur des omoplates, et qui lui frottait énergiquement sa bosse à nu, pour le ranimer, disait-il.

Le lendemain matin, le petit bossu quittait Bade par le premier train du chemin de fer.

Et Méry continua de perdre au jeu, comme par le passé.

———

La ville de Boulogne-sur-Mer a fait une bonne et juste action : elle a donné à l'une de ses rues le nom de Jules Lecomte, un de ses enfants. Jules Lecomte n'est certainement pas un écrivain du premier ordre, mais il fut un des créateurs de la chronique parisienne, cette chose devenue indispensable aux lecteurs d'aujourd'hui. Il avait une imagination intarissable, une mémoire prodigieuse, un esprit essentiellement français. Il a donné des preuves de tous ces dons dans l'*Indépendance belge* et dans le *Monde illustré*, deux journaux à la fortune desquels il a puissamment contribué.

Lors de sa première manière (il avait commencé à écrire de très bonne heure), Jules Lecomte avait donné dans le roman maritime, qu'Eugène Sue et Édouard Corbière venaient de mettre à la mode. Il publia à vingt et un ans l'*Abordage*, qu'il faisait suivre bientôt de l'*Ile de la Tortue*, de *Bras de Fer*, du *Capitaine Sabord*, de la *Femme pirate*, etc. etc., tous livres qui portent la marque excessivement colorée de la période romantique. Il était en train de faire son chemin parmi les romanciers, et son nom était déjà célèbre dans les cabinets de lecture, lorsqu'un incident aussi néfaste qu'imprévu vint brusquement interrompre sa carrière.

Jules Lecomte était jeune, il fut étourdi ; il le fut jusqu'à l'excès, jusqu'à la faute. Je ne suis pas ici pour rien masquer. L'heure est passée des convenances dues à un vivant, qui a d'ailleurs rudement expié une inconcevable minute d'égarement. Une affaire de billet commercial le mena en justice. Il aurait été facile et de la plus simple humanité de ne pas pousser les choses aussi loin ; les intéressés avaient été priés et suppliés avant le procès, et indemnisés, cela va sans dire. Rien n'y fit. Léon Gozlan m'a dit plus tard qu'il y « avait une femme là-dessous ». Cela ne justifie rien, mais cela explique tout. On voulait perdre Jules Lecomte, on le perdit. On le condamna à la prison, lui, le jeune homme ; lui, le littérateur déjà apprécié. On fut impitoyable, plus qu'impitoyable, on fut aveugle. La légalité, qui a d'inexplicables indulgences, a aussi d'inexplicables rigueurs. Jules Lecomte fut victime d'une de ces rigueurs-là.

Il dut s'expatrier pour purger sa contumace. Il alla vivre en Italie. Alors commença pour lui une existence difficile et romanesque dont il n'a jamais livré la clef, même à ses intimes. Il était moins que riche ; on a prétendu qu'il avait chanté l'opéra sous le nom de Volberg ; on s'est basé sur un de ses romans d'alors, devenu très rare aujourd'hui : *Aventures galantes d'un ténor italien* (Souverain, éditeur ; 2 vol. in-8).

Ce qui est plus certain, c'est qu'il eut des rapports avec la duchesse de Parme, veuve de Napoléon Ier, dont il a écrit l'histoire. D'autres ouvrages datent de cette époque tourmentée ; je dis tourmentée, parce qu'il bénéficia rarement de son exil. Toujours, au moment où il s'y attendait le moins, se dressait devant lui cette fatale condamnation ; tantôt c'était une gazette locale, informée par ses actifs ennemis de Paris, qui la lui jetait au visage ; tantôt même c'était d'un compatriote rencontré (Alexandre Dumas, par exemple) que lui venaient des preuves manifestes d'inimitié ou du moins d'antipathie. A cette existence pénible Jules Lecomte acquit cette fâcheuse allure cassante et nerveuse qui depuis ne le quitta jamais, même en des jours plus heureux, et qui devait ajouter de nouvelles hostilités aux anciennes.

La révolution de 1848 rouvrit à Jules Lecomte les portes de Paris. Il y reprit une place que personne, du reste, ne songea à lui disputer. N'avait-il pas, selon ce mot triste et cruel, « payé sa dette à la société ? » Les salons, dont il recherchait ardemment l'appui, par un sentiment sur lequel je n'ai pas besoin d'insister, ne se fermaient pas trop devant lui. C'était, il est temps de le dire, une nature essentiellement distinguée, un beau cavalier, grand, svelte, d'une mise irréprochablement correcte, avec une physionomie sévère, même chagrine, ce qui n'étonnera personne.

Il appela à son aide, pour s'introduire dans le monde, le feuilleton de l'*Indépendance belge*, dont il avait pris possession et dont il avait fait une chose très lue, très accréditée, non seulement à Bruxelles et à Paris, mais encore par toute l'Europe. Quelques années encore, et la Société des gens de lettres ne fit pas de difficultés à l'admettre dans ses rangs. C'était un grand pas. Jules Lecomte put croire qu'il avait définitivement enterré son passé.

Nul ne se montra, d'ailleurs, plus obligeant que lui, dans le courrier de l'*Indépendance*, comme plus tard, dans la chronique du *Monde illustré* ; il avait les mains pleines de réclames ingénieuses et souvent renouvelées pour les gens auxquels il croyait devoir de la reconnaissance ou pour ceux dont il voulait acquérir l'amitié. Habile ! dira-t-on ; je n'ai jamais prétendu le contraire ; mais j'en sais beaucoup qui ont largement profité de cette habileté-là, Jules Lecomte fut une puissance ; il aurait pu être une méchanceté, il ne le fut pas.

En 1858, il fit accepter et jouer au Théâtre-Français une comédie en quatre actes, le *Luxe*, un peu naïve de moyens, mais pavée d'intentions morales, et qui réussit sans la moindre opposition. D'un autre côté, l'Académie française lui accorda un de ses prix pour un livre intitulé : *La Charité à Paris*. Je crois bien que c'était un prix Montyon. Pour le coup, sa réhabilitation était complète. Il n'avait plus qu'à se laisser vivre et à être heureux.

Mais la fatalité ne l'entendait pas ainsi. Jules Lecomte souffrait sourdement depuis longtemps. Un jour, la maladie — une phtisie pulmonaire — se déclara impérieusement, réclamant sa proie. Dès lors ce ne fut plus qu'une agonie, dont on peut suivre les progrès dans sa correspondance avec Albéric Second.

« Imagine-toi, lui écrit-il, une insupportable complication de mon état : chaque soir, vers huit heures, il me prend un gros accès de fièvre, qui me fait à la fois frissonner et brûler, me met dans une moiteur qui amène un peu de délire ou tout au moins de déplacement dans les idées, et ne me quitte que vers quatre heures du matin. Le médecin me donne cette jolie perspective, si bien d'accord avec ma vie et mon état, de passer une forte partie de l'été au bord de l'Océan. Autant parler du Styx ! »

Trois jours après, nouvelle lettre.

« Depuis lundi, je lutte contre une bronchite aiguë, rupture de vaisseaux sanguins, trois saignées, fièvre de 105 à 120 pulsations, le tout sur le malheureux corps que tu sais. »

Le surlendemain : « Le docteur sort de chez moi et

me navre; il craint une fluxion de poitrine. Déjà j'ai un poumon pris. »

Encore : « Viens de bonne heure, à ta première sortie. Le poumon gauche ne se prend pas; le temps s'adoucit, je suis moins inquiet; mais quelle maigreur! Il m'est interdit de parler, mais le peu que je parlerai ce sera pour toi. »

Toute cette correspondance est d'un accent profondément douloureux. Jules Lecomte insiste sur ce silence qui lui est recommandé. « Si tu as besoin de me parler, quand même je ne pourrais pas te répondre, viens toujours. »

Il apprend que c'est le docteur qui empêche les visites trop fréquentes d'Albéric. « Ne l'écoute pas, viens, tu parleras seul. »

Les jours du pauvre chroniqueur étaient comptés. La dernière fois que devait le voir Albéric Second (il était accompagné d'Arsène Houssaye), il le trouva étendu sur son canapé, comme d'habitude, tout habillé. Les paroles expiraient sur ses lèvres décolorées ; un sifflement aigu soulevait sa poitrine haletante. Les deux amis, en pressant sa main, crurent presser un fer rouge.

Il avait pu, du moins, écrire jusqu'à la fin. Quatre heures avant sa mort, qui eut lieu le 22 avril 1864, il murmurait :

— Yriarte est-il venu chercher ma copie pour le *Monde illustré?*... elle est prête.

Ainsi tomba, jeune encore (il avait cinquante ans), cet homme qui a tenu une place très particulière dans la littérature. Il eut à ses obsèques non pas la foule, mais un groupe de confrères recueillis et silencieux. Quand on ouvrit son testament, on y lut cette phrase touchante : *Mon âme à Dieu qui sait tout ce que j'ai souffert!*

La ville de Boulogne aura été compatissante pour Jules Lecomte ; en bonne mère, elle a oublié l'unique faute de sa jeunesse et n'a voulu voir en lui que l'auteur couronné par l'Académie et joué par le Théâtre-Français. Peut-être aussi lui a-t-on dit que cet homme si déchiré, si en butte à des haines mystérieuses, avait fait dans sa vie le plus de bien qu'il lui avait été possible, que sa bourse avait été constamment ouverte aux infortunes sincères, qu'il avait été ami fidèle et dévoué. En pourrait-on dire autant de tous ceux qui ont leur nom inscrit sur une plaque au coin d'une rue?

CHAPITRE IV

Deux bibliophiles d'autrefois.

Parmi les amateurs de livres qui venaient fréquemment s'accouder au bureau de la belle madame Techener, on remarquait deux vieillards très aimables, fort causeurs. L'un s'appelait Van den Zande, l'autre François Grille. J'essaye de reproduire en un dessin léger quelques traits de ces deux figures d'un temps enfui et d'un monde à part. — Les bibliophiles sont, en effet, des gens d'une espèce particulière ; on ne les étudie pas assez, on les laisse trop volontiers dans leur coin. Il y a là des sources presque inconnues d'intérêt, et souvent de comique.

Van den Zande, après avoir occupé un assez haut poste dans l'administration des domaines, vivait aux Batignolles dans une maison embellie d'un jardin, veuf, riche, de bonne humeur, tout à son culte pour les éditions précieuses.

Il est rare qu'un bibliophile ne soit pas quelque peu

doublé d'un écrivain. Van den Zande avait la conscience chargée d'un assez grand nombre de vers.; c'étaient, pour la plupart, des contes égrillards comme on n'en fait plus à présent ; cela donne la date et la mesure de son esprit. Il en avait publié un recueil intitulé : *Fanfreluches poétiques* (Paris, Didot, 1845, grand in-16, tiré à cent exemplaires). Épicurien renforcé, malgré ses rhumatismes, Van den Zande réunissait à sa table chaque dimanche des personnes de son âge et de son acabit.

François Grille avait, lui aussi, rempli des emplois importants ; pendant une assez longue période d'années il avait été chargé des beaux-arts au ministère de l'intérieur. Il y avait vu passer beaucoup de monde, et il avait retenu au passage bon nombre de petits billets et de grandes lettres signés de noms plus ou moins illustres, qu'il tria plus tard et qu'il imprima sous les titres sans prétention de *Miettes*, de *Bric-à-Brac*, de la *Fleur des Pois*, d'*Autographes mis aux vents*, etc. etc.

Il y en a comme cela sept ou huit volumes environ, pleins de faits amusants, et accompagnés de petites notes aiguës, malicieuses, de biographies en cinquante lignes où il y a toujours quelque chose à prendre. Rendu à la vie privée, Grille se retira en famille dans une campagne, à l'Étang, au-dessus de Bougival, d'où presque toute sa correspondance est datée ; — et Dieu sait si le digne homme écrivait ! on en jugera tout à l'heure. Il venait de temps en temps à Paris, et ses visites étaient alors pour les libraires, principalement pour Techener, comme je l'ai dit.

Croirait-on que Van den Zande et François Grille ne s'étaient jamais rencontrés dans leur milieu favori, non plus qu'en aucun autre endroit ? Ils désiraient pourtant se connaître. Ils avaient des amis communs,

Barbier et Quérard entre autres. Ce dernier s'était constitué leur intermédiaire ; il avait apporté à Grille, de la part de Van den Zande, un exemplaire des *Fanfreluches ;* Grille avait riposté par l'envoi de ses *Fables et Fabliaux.* Cela amena un échange de lettres qui devint bientôt un commerce régulier.

J'ai voulu puiser, dans ces lettres, dont Grille lui-même se fit l'éditeur en 1853; j'ai voulu y chercher le dernier écho — un écho bien faible — des idées et des mœurs de certains hommes de deuxième et même de troisième plan, héritiers directs du dix-huitième siècle, mais de ce que j'appellerai le « petit dix-huitième siècle, » c'est-à-dire le dix-huitième siècle de l'*Almanach des Muses* et non de l'*Encyclopédie.*

Les premières lettres des deux bibliophiles sont consacrées à un mutuel exposé de principes ; ils s'entendent sur beaucoup de points. « Je porte, dit Van den Zande, le même jugement que vous sur le grand Arouet; tout ce qui a été fait de bien et de bon depuis 89, nous le lui devons...

« Trois auteurs sont mes bêtes noires, à savoir : Chateaubriand, Victor Hugo, Lamartine. »

Grille fait des réserves pour Lamartine, à qui il a adressé autrefois une épître ; c'est la manie de Grille d'adresser des épîtres à tout le monde. Il a aussi l'habitude de semer des vers dans ses lettres comme Chapelle et Bachaumont. Van den Zande ne peut s'empêcher de lui exprimer son étonnement de cette fécondité poétique : « Vous êtes, monsieur, un rude jouteur ; si ma muse voulait suivre la vôtre, elle serait bientôt asthmatique ; j'ignore quel âge vous avez, mais je suis sûr que vous n'y pensez pas.

» Comme je touche à ma soixante-douzième année, je dois me souvenir du mien... J'aurai toujours du plaisir à recevoir vos lettres, mais je ne puis vous promettre d'y répondre que de loin en loin. »

On voit d'ici les appréhensions de l'épicurien, menacé dans sa retraite et dans sa paresse. Cependant il s'agit de ne pas froisser un confrère, et Van den Zande ajoute : « Bien que je ne fasse plus de contes, je prendrai mon temps pour en faire encore un que je vous dédierai, *mais qui sera trop leste* pour figurer dans la seconde édition des *Fanfreluches* de votre vieux confrère en Apollon. »

Se peut-il qu'à soixante-douze ans on songe encore à travailler dans le genre *leste?* Quels tempéraments que ceux de la génération de Van den Zande !

François Grille se réjouit de la promesse de ce conte ; il se réjouit en prose, il se réjouit en vers. Pourtant il a été récemment éprouvé dans sa plus chère affection : sa femme s'est cassé le bras droit, mais la réduction a été heureusement pratiquée : « Aujourd'hui elle se porte mieux, *et vous allez le voir par une fable que j'ai pu faire auprès d'elle.* »

Ce trait est digne de nos meilleurs comiques.

Au bout de quelque temps, Van den Zande envoie son conte, en jurant que c'est le dernier et qu'il doit aviser à se tirer des griffes du diable. Grille ne se possède pas de plaisir ; et après l'avoir chaleureusement remercié, il le détourne de ses projets de conversion sur le ton d'enjouement propre aux indévots :

« Croyez-moi, ne luttez pas contre l'enfer, et puisque vous avez déjà une pacotille de damnées pages, continuez, trempez votre plume dans la joie franche et vive, et ne changez pas un régime qui vous a jusqu'à présent si merveilleusement réussi.

Gardez le Fayard (papier) et la laine
Qui des rhumes vous ont tiré ;

Mais gardez aussi cette veine
Et cette muse à la voix pleine
Qui vous ont si bien inspiré.
Faites des vers, faites des contes ;
Laissez crier après quelque plat érudit ;
Méprisez des béats le cortège maudit,
Ne cédez pas aux courtes hontes.... »

Suit le récit d'une visite de Quérard : « Le cher Quérard est venu hier à l'Etang. C'est le Breton dans sa fleur : bonté, gaieté, franchise, il a tout ce que j'aime. Il m'a grandement intéressé par ses récits variés, originaux ; il sait tout ce qui se passe dans les lettres, et il en fait le tableau de la manière la plus propre à fixer l'attention. Les oreilles ont dû vous tinter, car nous avons fort parlé de vous. Ma maisonnette lui plaît, ma femme le charme, ma cordialité l'enchante, ce qui n'empêche pas qu'il ne mette rien au-dessus de vos Batignolles, de votre table et de votre gracieuse académie. »

Je n'ai pas besoin de faire remarquer que la prose de Grille est très bonne, d'un tour bien français. Quant à ses vers, — ah ! dame, j'en suis fâché, ses vers n'existent pas ; rien de plus médiocre, de plus inutile, de plus plat.....

A propos de cette visite de Quérard à l'Etang, Van den Zande prend la balle au bond, et il écrit à Grille :

« Votre muse, maître Grille, va rinforzando, et je suis émerveillé de ses prouesses. Mais pourquoi vantez-vous les déjeuners des dimanches aux Batignolles sans les connaître ? Pourquoi ne vous rendez-vous pas à nos invitations réitérées ? Je ne veux plus continuer ma correspondance sans vous avoir vu et trinqué avec vous. Il me semble que, de votre côté, vous devez avoir envie de savoir quelle est la mine de Jean Rigoleur. »

Jean Rigoleur était un sobriquet que s'était donné

Van den Zande. — Il signait aussi quelquefois « le Matagrabolisateur. »

Il semble qu'en présence de si aimables instances François Grille va céder. Pas du tout. Il met en avant une théorie étrange et d'une politesse au moins douteuse : il ne tient pas à voir les gens qu'il affectionne, pas plus Van den Zande qu'un autre. Il lui suffit de leur écrire. — Toujours écrire ! — Après s'être d'abord expliqué en vers sur cette manière de voir, ou plutôt de ne pas voir, il expose en prose les raisons, je veux dire les prétextes que voici :

J'ai eu pendant dix ans une correspondance très suivie avec M. de Fortia, avec M. de Reiffenberg, avec le bibliophile Laporte, avec Peignot, et je n'ai jamais vu les deux premiers ; je n'ai vu qu'une seule fois les troisième et quatrième. J'ai, depuis quarante ans, un ami à Niort, et je ne le connais point de visage ; il a quatre-vingt-cinq ans, il m'écrit toutes les semaines en prose et en vers (Comment ! lui aussi !) ; jamais nous ne nous serrerons la main ; je lui suis pourtant fort attaché, et il montre pour moi une véritable tendresse.....

» Je ne vois ni Platon, ni Horace, ni Molière, ni Voltaire, et je vis avec eux, sans qu'ils me boudent parce que je ne vais pas les rejoindre. Je vis du cœur. *J'ai pour Voltaire une affection de père*. Eh bien ! qu'ai-je de lui ! que ses livres et son ombre. »

Van den Zande sourit sans doute à cette profession de foi, et il cessa d'insister auprès de son platonique correspondant, qui, mis à son aise, recommença à diriger vers les Batignolles les jets continuels de sa verve. Van den Zande se contenta de ramener un peu plus son bonnet sur la tête ; mais ses gémissements s'exhalent malgré lui :

« Je vous ai déjà prévenu que mon Ase ne pouvait suivre votre Pégase. » Une autre fois : « Vos épitres m'arrivent par averses, par torrents, par cataractes ! » Il le compare à la mère Gigogne.

Il faut croire qu'à un moment donné il s'impatienta et le fit sentir à son invisible confrère, — qui, de son côté, prit la mouche. Certains mots aigre-doux durent être échangés ; car, le 22 décembre 1852, Van den Zande écrivait à Grille : « Je ne vous ai jamais dit, comme vous le prétendez, que je ne savais par où vous prendre ; vous n'êtes certes ni un bâton épineux ni un bâton..... *Si le charme est rompu*, c'est par vous qu'il l'a été ; je ne vous ai jamais demandé qu'une seule chose, à savoir : de ne pas m'écrire *tous les jours* parce que je n'étais pas de force à répondre à tant de si jolies lettres ; j'en suis jaloux. »

Ainsi, il joint les mains, il supplie Grille de *ne pas lui écrire tous les jours;* cela est touchant. Et comme, après tout, un tel vœu n'a rien d'exorbitant, on suppose que Grille va s'empresser d'y acquiescer. Ah bien ! oui. C'est peu connaître Grille. Grille ne peut vivre sans écrire à Van den Zande. Pas de grâce pour Van den Zande !

Sur ces entrefaites, un accident arriva au bibliophile des Batignolles, la veille du premier de l'an, comme il allait porter des bonbons à une famille amie. Moins leste que ses contes, Van den Zande tomba et s'étala dans le ruisseau de la rue Pagevin, une des rues les plus étroites de Paris, dans le quartier de la Poste.

Des passants le relevèrent et le mirent en voiture. Il fut obligé de garder la chambre, une jambe étendue sur une chaise. Ce n'était rien dans le principe, une foulure des muscles du mollet gauche, mais il se crut guéri trop tôt ; au bout de huit jours, il voulut présider un repas d'anniversaire. Lui-même a raconté ce repas au *cher métromane* François Grille, — qui, pendant ces huit jours, n'avait cessé, comme on pense, de l'accabler de condoléances sur tous les rythmes connus.

« Je n'avais invité que six convives, mais six bons convives, dont faisait partie l'abbé Lavigerie. Mon excellent ami Bourgat, directeur des douanes à Bayonne, qui a fait le mariage de mon fils, et qui ne fut pas étranger à celui de ma fille, m'avait envoyé un excellent jambon glacé. J'y fis ajouter un chapon monstre, bourré de truffes.

» Après la soupe, on versa du xérès ; après le poisson, du vin du Rhin ; puis d'excellent médoc, du sauterne délicieux, dont cinquante bouteilles venaient de m'arriver de Bordeaux ; du chambertin, qui me coûte cinq francs la bouteille chez le propriétaire. Je me suis avisé de lire au dessert mes versiculets *faits en omnibus ;* tous les convives en ont ri, et M. l'abbé le premier. On a fini par du champagne Moët ; et voilà ! »

Notez bien cet abbé, nous le retrouverons tout à l'heure.

Van den Zande paya cette imprudence d'une rechute. Son genou se gonfla ; il fallut y appliquer un vésicatoire. Il s'alita avec la fièvre. Son dernier billet de quinze lignes à Grille est encore une prière, et qu'il était permis de croire irrésistible : « Mon cher monsieur... je ne suis plus en état d'écrire ni de recevoir des lettres ; je vous prie de trouver bon *que notre correspondance reste suspendue jusqu'à mon rétablissement.* »

Grille fit la sourde oreille. Un sentiment d'humanité, plus fort que tout autre, le guidait évidemment. Le gendre de Van den Zande fut forcé de s'en mêler :

« Il est absolument impossible à mon beau-père de vous remercier lui-même de l'intérêt que vous prenez à sa santé. Quand il sera rétabli, vous apprendrez par lui tous les détails de sa maladie. Vous lui enverrez alors, comme auparavant, des vers pleins de facilité et de sel... Je n'ai de vos épitres que celles qui sont arrivées depuis que le malade ne reçoit rien directement. Dès qu'il sera remis, *nous réunirons le tout et nous le ferons brocher.* »

Et nous le ferons brocher ! Après cela, il n'y a plus qu'à tirer l'échelle. O cruel gendre ! Il assène le coup du lapin à François Grille, qui, cette fois, baisse la tête et se tait définitivement...

Définitivement ? — Van den Zande, soigné par M. Andral, lutta quelques semaines encore ; puis les rhumatismes revinrent à l'assaut, et sur tous les points : ils gagnèrent la poitrine. Le 1er avril 1853, cet excellent homme rendit le dernier soupir. La veille, l'abbé Lavigerie, — l'abbé du dîner d'anniversaire, — était venu le voir ; mais après quelques mots de politesse, Van den Zande l'avait renvoyé.

Le tour de Grille vint quelques années plus tard.

Aujourd'hui ces deux aimables esprits, réunis pour toujours, devisent sans doute dans ce *Paradis des bibliophiles* si curieusement décrit par mon ami Charles Asselineau en une rarissime plaquette.

CHAPITRE V

Auber. — Émile de Girardin. — Du bonheur en politique.

Je le vois toujours, dans sa petite et fine taille, avec sa face de grenouille, impassible, mais intelligente cependant ; ses sourcils épais et gris, ses favoris arrêtés court, sa bouche comme morte ; une physionomie non sans rapport avec celle de Scribe, n'attirant ni ne repoussant la sympathie. On vous aurait dit : « Voici un homme de loi ! » Vous auriez répondu : « Je n'en suis pas surpris. »

Correctement vêtu, de ceux dont le peuple dit : propre comme un sou.

Auber a été un des heureux de ce monde. Il n'a point connu les épreuves des commencements. Né d'un père riche et ami des artistes, il n'a eu qu'à se laisser aller à la vie facile et élégante, pour laquelle il avait d'ailleurs toutes les dispositions. Lorsque la fantaisie le prit de devenir compositeur, — car la vocation impérieuse n'a jamais existé, — il obéit doucement à cette fantaisie.

Il avait trente ans lorsque ses amis et *amies* l'engagèrent à travailler pour le théâtre, et il n'eut pas d'abord à s'applaudir de les avoir écoutés.

Son premier poème d'opéra-comique, le *Séjour militaire*, lui fut fourni par un homme assez expérimenté, mais qui ce jour-là n'eut pas la main heureuse, — Bouilly, — l'auteur de *Fanchon la Vielleuse* et de l'*Abbé de l'Epée*. Bouilly crut faire un cadeau véritable au jeune Auber en lui donnant cette piécette, « tableau fidèle des espiègleries de plusieurs jeunes officiers de dragons, s'amusant à égayer leur séjour dans une petite ville. »

Il faut entendre le bonhomme Bouilly raconter dans ses *Souvenirs* les obstacles qu'il eut à renverser pour faire arriver son protégé à la scène. L'appui de Cherubini et de Méhul ne lui fut pas inutile. « Ils déclarèrent que la partition du *Séjour militaire* n'était à la vérité qu'un ballon d'essai, mais qu'il renfermait un gaz qui ne demandait qu'à se développer. »

Cette image de ballon est chère à Bouilly, qui y revient quelques pages plus loin en constatant le succès d'Auber devant le public. « Son ballon d'essai s'éleva très heureusement dans les airs, sans essuyer la moindre intempérie ; il est vrai que Gavaudan et sa charmante femme étaient dans la nacelle, et dirigeaient sa course. »

Ou le bonhomme Bouilly avait une taie sur l'œil, ou il n'était pas exigeant en fait de succès, car, de l'aveu de tous les contemporains, le *Séjour militaire* fut une de ces *vestes* qui datent dans une carrière.

En ce temps-là, comme en ce temps-ci, du moment que deux auteurs n'étaient pas tout à fait sifflés, ils tombaient volontiers dans les bras l'un de l'autre. Le jeune Auber ne faillit pas à cet usage, s'il faut en croire ce vieux malin de Bouilly. « Il vint, après la première représentation de notre ouvrage, se jeter dans mes bras avec l'élan de la joie et de la reconnaissance ; et je lui dis, en partageant la douce émotion qu'il éprouvait... »

Écoutez, oh ! écoutez l'extraordinaire discours du père Bouilly :

« N'oubliez jamais que le moyen le plus sûr de vous faire un nom c'est de vous livrer avant tout à la vérité du chant. Laissez vos rivaux, sacrifiant au goût du jour, mettre la statue dans l'orchestre ; placez-la toujours sur le théâtre, *c'est-à-dire dans la bouche de vos acteurs.* »

Une statue dans une bouche !

Et l'on parle de nos Prud'hommes !

Ces choses-là se passaient en 1813. Le *Séjour militaire* eut pour résultat de tenir Auber éloigné du théâtre pendant cinq ou six ans. Au bout de ce temps, il s'adressa à Planard, qui ne valait guère mieux que Bouilly.

Planard lui délivra, l'un après l'autre, deux pots de pommade, c'est-à-dire deux livrets étiquetés : le premier la *Bergère châtelaine ;* le second, *Emma ou la Promesse imprudente.* Vous voyez cela d'ici. Auber, qui commençait déjà à n'être plus le jeune Auber, triompha de ces deux produits ; — mais il ne se trouva complètement que lorsqu'il eut rencontré Scribe. Ce jour-là, il y eut rupture complète avec le ridicule.

Alors, il se sentit complètement maître de l'Opéra-Comique, et même de l'Opéra, et l'on sait ce que cette association a valu d'œuvres charmantes à ces deux théâtres.

Je ne suis pas ici pour apprécier la valeur d'Auber.

Je ne veux qu'ajouter quelques traits à une figure essentiellement parisienne, — si parisienne qu'on s'attend encore involontairement d'un instant à l'autre à la croiser au bout d'une rue.

Auber avait beaucoup de relations, mais peu d'amitiés. Il était défiant comme un Normand. Pourtant les habitudes de la vie de Paris le rapprochèrent insensiblement du docteur Véron.

Tous les deux étaient vieux garçons et vieux garçons endurcis. Tous les deux étaient des « épicuriens » attardés, Véron avec plus de morgue et de suffisance, Auber avec plus de discrétion et de distinction. Tous les deux avaient des points de vue semblables sur les choses et les hommes. Je ferai pourtant des réserves en faveur de Véron, qui avait ou qui s'était procuré le goût des objets d'art, des tableaux de maîtres, de l'ameublement, — tandis qu'Auber était logé comme un pire bourgeois, avec deux ou trois bustes en plâtre bronzé et des gravures d'héritage.

Tous les deux, ces êtres sans famille, s'étaient rencontrés dans leur goût des petites loges profondes de l'Opéra et de l'Opéra-Comique, où chanteuses, danseuses et même figurantes briguaient l'honneur de venir à tour de rôle occuper une chaise derrière ces sultans sexagénaires.

Et puis, quand la représentation touchait à sa fin, leurs voitures les attendant, tous les deux s'en allaient parfois finir la soirée rue des Moulins, chez la Guérin, une contrefaçon moderne de la Gourdan ou de la Fillon, s'attablant à une partie de cartes ou de dominos, gais si l'on veut, spirituels assurément, mais toujours avec cette froideur de deux vieux garçons qui n'ont que des distractions d'apparat.

Véron, lorsque l'ambition lui poussa d'écrire les *Mémoires d'un bourgeois de Paris*, consacra un de ses premiers chapitres à l'éloge d'Auber. — Ah ! comme il le préférait à Meyerbeer, dont le *Robert le Diable* avait commencé sa fortune cependant ! — Auber était son idéal, sa moyenne, juste ce qu'il lui fallait de mélodie et de rêverie à ce gros parvenu. L'autre, l'homme de génie, troublait sa digestion avec ses cuivres.

Le docteur ou plutôt le *bourgeois de Paris* s'exprimait en ces termes :

« M. Auber cache tant qu'il peut l'esprit le plus attique et le plus charmant ; sa prétention, c'est d'être paresseux. Les femmes, les chevaux, les boulevards, le bois de Boulogne et la musique, c'est tout ce qu'il aime. Il se rappelle avoir traversé la Manche, dès sa première jeunesse, pour se rendre en Angleterre, mais il n'a jamais fait d'autre infidélité à son Paris... J'ai assisté à la répétition générale de la *Muette*, dans les derniers jours de février 1828 ; j'aurais parié que M. Auber avait été chercher ses inspirations et ses pittoresques mélodies sous le beau ciel de Naples ; il les avait trouvées, soit au trot dans une allée du bois de Boulogne, soit dans des causeries intimes avec *les beautés, aux séductions engageantes, de nos théâtres lyriques.* »

Les *beautés !* quel style ! Et les *beautés aux séductions engageantes !* Allons ! le docteur Véron n'écrivait pas mieux que le papa Bouilly...

Les dernières années d'Auber sont connues, très connues même. Directeur du Conservatoire, on voudrait pouvoir jeter et épaissir quelques voiles sur ce que certaines gazettes appelaient sa « galanterie proverbiale ». On est plus que clément en France. Le petit père Auber a fréquemment recommencé, — ou essayé de recommencer, — à son bénéfice, son dernier succès : *Un premier jour de bonheur.*

Tout était antithèse dans sa vie : il habitait, au n° 24 de la rue Saint-Georges, une maison qui avait le triste, le glacial et le sombre d'un tombeau. Le docteur Piogey, qui lui a succédé, en a fait un musée brillant et riant.

Où s'en est allée la fortune considérable d'Auber? A des parents éloignés et obscurs, m'a-t-on dit. Au moins, Rossini avait fondé une rente pour les vieux musiciens pauvres.

———

L'œuvre imprimée d'Émile de Girardin est considérable. Rien que les *Questions de mon temps* représentent un ensemble de douze volumes in-octavo. *Mon temps !* le temps d'Émile de Girardin ! La vérité est qu'il a mis de son encre partout, qu'il est intervenu dans une foule de questions et d'événements.

N'a jamais eu, par exemple, le sentiment littéraire qu'à un très mince degré. Et cependant il l'a deviné chez les autres. Tous les hommes de lettres les plus fameux lui ont passé par les mains pendant son directorat de la première *Presse*. Il est allé chercher (poussé par le sens du succès, et un peu aussi par les conseils de sa femme, Delphine Gay) Balzac, Théophile Gautier, Méry, Eugène Sue, et même je ne dirai pas les petits, mais les demi-aperçus d'alors, tels que Gérard de Nerval, Édouard Ourliac, Marc Fournier, Paul Meurice. Grâce à cet instinct, il a fait du feuilleton de la *Presse*, pendant une dizaine d'années, — jusqu'en 1848, — un recueil littéraire d'une valeur aussi haute que la *Revue des Deux-Mondes* et la *Revue de Paris*.

Quant à lui, pour son usage personnel, il se contentait du premier style venu, style d'affaires, style de prospectus, style d'affiches. Pourvu qu'il se fît comprendre, il n'en demandait pas davantage. Petit à petit cependant il s'est fabriqué une sorte de manière avec des demandes, des réponses, des apostrophes, une armée de petits alinéas, des épigraphes, des titres voyants : *Confiance ! confiance ! — Sécurité ! sécurité ! — Où allons-nous ?...*

Un article de M. de Girardin se reconnaissait à dix pas.

Je ne m'entends pas beaucoup (autant dire pas du tout) aux questions d'impôts et de budget, aux agissements financiers, aux conversions de rentes, aux fondations de banques ; mais on a souvent répété autour de moi que M. Émile de Girardin était des plus habiles à ce jeu. Il aurait dans ces derniers temps donné de nouvelles preuves de son expérience. Toujours de son siècle et de son heure !

Il me paraît oiseux de s'étendre sur le polémiste. J'estime que cette faculté, qui a pourtant fait beaucoup pour sa réputation, était une des plus secondaires chez lui. Il n'y apportait qu'une force maîtresse : l'insistance. C'était la supériorité du boule-dogue, qui ne lâche pas prise. Girardin n'a jamais ce qui s'appelle turlupiné un adversaire ; lorsqu'il le jugeait digne d'une riposte (et c'est un honneur qu'il ne faisait pas à tout le monde), il lui enfonçait du premier coup ses crocs dans la gorge et le secouait, le secouait, jusqu'à perte de respiration et de sang.

On l'a vu dans sa dernière polémique avec le vieux

Villemessant. Ce fut un spectacle digne des beaux jours de l'ancienne barrière du Combat. Il fallut que la galerie criât : Assez ! assez !

Une des prétentions qui semblent lui avoir le plus tenu à cœur est la prétention d'être un auteur dramatique. En cela comme en beaucoup d'autres choses, il croyait apporter des formules nouvelles. Il y avait en effet du nouveau dans la *Fille du Millionnaire*, une pièce en quatre actes, représentée au théâtre Cluny, et qui inaugurait la comédie financière. Mais ce nouveau-là ne toucha que médiocrement le public ; la moindre petite fleur bleue aurait bien mieux fait son affaire.

Je fis à cette époque le compte rendu suivant de la *Fille du Millionnaire* :

PREMIER ACTE

Testaments, scellés, biens, terres, code, patrimoines, ascendants, descendants, majorats, notaires, plaidoiries, agent, douaires, actions, chemins de fer, revenus, intérêts, juge de paix, honoraires, quatre cent mille francs, expropriation, dot, fortune, la Bourse, épargnes, affaires, héritiers, référé, procès-verbal, hypothèques, baux, seing privé, pensions, collatéraux, litige, douze cent mille francs, timbre, appoint, consignation, immeubles, ventes, coupons, partage, divisions.

DEUXIÈME ACTE

Administration, liquidation, déficit, escompte, la Bourse, emprunt, transaction, dossiers, six millions, mémoires, reports, banques, coulisse, dette, quotité, jeu, usine, banqueroute, viaduc, commerce, télégraphie, locomotives, primes, vendeurs, acheteurs, volés, voleurs, fonds, la Bourse, échanges, fusions, panique, finance, opérations, achats, gouvernement, statuts, obligations, comptoirs, entreprises, fourneaux, dix pour cent, la Bourse, caisse, reçus, prix, réunions, marché, conventions, arriéré, stipulations, articles, cession, bureaux.

TROISIÈME ACTE

La Bourse, contrat, placement, clients, ruine, loterie, solidarité, dividendes, apports, traitements, inscriptions, Ponts et Chaussées, garanties, entrée en jouissance, expertises, licitation, quatre cent neuf mille francs, concurrence, syndicat, grand livre, échéances, délégation, la Bourse, onze millions, effets, enregistrement, fidéi-commis, codicille, saisie, enquête, inventaire, donation, cession, règlements, valeurs, dépenses, avances, assemblées, lingots, tarifs, commandite, liquidation, cote, consolidés, onze cent mille francs.

QUATRIÈME ACTE

Industrie, négociation, hausse, faillite, avoués, deux milliards, bordereau, la Bourse, compte courant, déroute, compagnies, actionnaires, rentes, bilan, monnaies, impôts, contentieux, arrérages, canaux, commission, circulation, surveillance, émissions, expéditions, six cent mille francs, douze cent mille francs, succursales, estimations, coupures, espèces, recouvrements, billets, taux, sommes, or, argent, billon, millions, la Bourse, la Bourse, la Bourse, etc., etc., etc.

Sainte-Beuve avait un faible pour M. Émile de Girardin. Ses *Lettres à la Princesse* l'attestent en vingt endroits. Était-ce affaire de relations personnelles seulement ? Non ; cet esprit réservé se sentait attiré par cet esprit agressif. La prudence aime l'audace. Les gens d'intérieur se mettent volontiers aux fenêtres pour voir passer les bruyants militaires. Supposons que Sainte-Beuve n'ait pas connu M. de Girardin et n'ait pas échangé avec lui le pain et le sel de la princesse Mathilde Demidoff, il s'en serait néanmoins occupé, il l'aurait lu et il en aurait parlé, n'eût-ce été que pour faire niche à Véron.

Au cours des deux articles qu'il lui a consacrés sur le tard dans ses *Lundis*, on remarque une tendresse qui se traduit presque ingénument.

« Il paraît difficile, dit-il, de conquérir ce nom à la littérature, et cependant c'est ce que je voudrais faire jusqu'à un certain point. »

Après beaucoup de peine, Sainte-Beuve parvient à rassembler deux ou trois petites citations, qu'il essaie de faire passer pour des exemples de style qui s'ignore.

———

Qui ne se rappelle cet homme gras et rose, aux cheveux blonds naturellement frisés, aux yeux bleus, la tête légèrement renversée par l'envahissement de l'estomac et du ventre ? C'était Ernest Picard. Il ressemblait vaguement à un Jules Janin rajeuni ; il avait comme Janin un épanouissement de santé, un débordement de bien-être.

Ernest Picard restera comme le type d'une certaine bourgeoisie particulière à l'empire. Tout était bourgeois en lui, dans le sens bon du mot. Et d'abord son nom bourgeois de Picard ; j'affirme qu'il lui eût été difficile de s'appeler autrement. Pour moi, je ne le vois point sous le nom de Valençay ou de Noirmont.

Picard ! et comme correctif Ernest. Avec cela, de l'argent plein son berceau, une jeunesse enjouée. A trente ans, il ne lui manquait rien pour incarner le parfait bourgeois de Paris. Eh bien ! si, il lui manquait d'être... actionnaire du *Siècle*. Il le devint bientôt, — et dès lors il fut complet.

On le poussa dans la politique plutôt qu'il n'y entra de son gré. Il avait été bon avocat, il fut bon député. Il avait le sens pratique des choses, un jugement droit, l'habitude des affaires et sa belle humeur tranchant sur le tout. On sait la situation exceptionnelle qu'il se fit du premier coup à la Chambre, par la vivacité de ses interruptions, la prestesse de ses apostrophes, l'à-propos et le mordant de ses répliques. Il s'y acquit bientôt une réputation d'enfant terrible.

D'opinion bien caractérisée, on ne lui en connut pas, il n'en afficha pas. Jules Favre a dit : « Son idéal était la vérité, la justice, la liberté. » Avec de pareilles phrases on ne se compromet jamais et l'on évite bien des explications. Aussi chacun des biographes et des portraitistes d'Ernest Picard l'a-t-il un peu arrangé à sa fantaisie.

Un de ceux-ci, M. Platel, a fait de lui, avec plus ou moins de vraisemblance, un joli sceptique.

« Au fond du cœur, dit-il, M. Picard trouvait que tout allait mieux qu'il ne le disait à ses amis politiques. Il ne désirait pas vivement la chute de ce gouvernement qui, en lui donnant le monopole d'une opposition maligne, lui faisait une situation pleine de charme. Il avait la popularité sans craindre des rivaux. »

Et encore :

« M. Picard avait apporté dans le commerce de la politique l'honnêteté que ses ancêtres avaient dans leur boutique. Possédant à merveille tout le solfège oratoire, il a redit, sans notes vibrantes, l'éternelle chanson d'opposition qui séduisit nos pères et séduira nos fils. »

Quelquefois, pour être juste, la chanson de M. Ernest Picard haussait le ton. Il vibrait alors. On l'entendit bien dans la séance du 19 mars 1861, lors de sa revendication d'un conseil municipal électif.

— Paris est aux Parisiens comme la France est aux Français ! s'écria-t-il ; quand nous rendrez-vous Paris ?

— Nous ne vous le rendrons jamais, répondit M. Billault.

— Nous le reprendrons, alors ! riposta Ernest Picard.

A ce moment, il eut quelque chose d'un Mirabeau de la rue des Bourdonnais.

Peut-être ne croyait-il pas être si bon prophète, ou du moins prophète à si courte échéance.

Les événements de 1870 arrivèrent, précipités comme l'ouragan. Ernest Picard se trouvait tout désigné pour le pouvoir.

On a apprécié diversement son rôle pendant ces jours néfastes. L'opinion presque générale est qu'il fut, comme plusieurs autres, au-dessous de sa tâche. Ce qui lui fit surtout défaut, ce fut la foi républicaine. Il agissait sans conviction. On ne fait pas de bonne besogne dans ces conditions-là.

A la dernière heure, il lâcha pied, laissant Paris se débrouiller comme il le pourrait, et il alla se réfugier à Versailles.

Pouvait-il agir autrement ? L'avenir répondra, et

peut-être d'une façon sévère. L'avenir est exigeant, parce qu'il est désintéressé ; l'avenir rêve des héroïsmes souvent irréalisables ; il se complaît dans des attitudes de Romains mourant sur leurs chaises curules. Depuis longtemps on ne fabrique plus de ces chaises-là à Paris. Encore une industrie que les chemins de fer ont ruinée !

En résumé, le temps de la guerre fut un mauvais temps pour Ernest Picard. Le pauvre homme y perdit momentanément ses belles couleurs ; il y gagna des amertumes inconnues et des rancunes étranges contre les hommes généralement.

Le cataclysme passé, il se remit peu à peu de son ébranlement et redevint non pas tout à fait l'homme qu'il était autrefois, — la secousse avait été trop forte, — mais l'homme d'heureuse chance qu'il fut toujours. Il vécut à nouveau sur son ancienne opposition et en recueillit des récompenses inattendues. Après avoir été l'enfant terrible de l'empire, il fut l'enfant gâté de la république. Et cependant quelle grise mine ne lui faisait-il pas ! Cela alla un jour jusqu'à réclamer le rétablissement du cautionnement pour les journaux.

Que n'a-t-il pas été ? Où n'a-t-il pas atteint ? La république a fait successivement d'Ernest Picard un ministre de l'intérieur, un ministre des finances, un ambassadeur, un sénateur. On est allé jusqu'à lu offrir le gouvernement de la Banque de France, — mais il a refusé.

Le bonheur l'a poursuivi jusqu'au seuil de la tombe, car il est mort le jour même du fameux 16 Mai. C'était ce qui s'appelle fausser la compagnie et décliner les responsabilités au moment le plus difficile.

CHAPITRE VI

Un des derniers amis de Béranger.

Cet ami n'était autre que M. Jousselin, curé de Sainte-Élisabeth du Temple, un ecclésiastique hors ligne. Je ne parle pas de ses connaissances, qui étaient fort étendues, mais particulièrement de son caractère, qui était fait de tolérance et d'aménité.

Lorsque Béranger, sur les dernières années de sa vie, vint s'installer dans la rue de Vendôme, le curé de Sainte-Élisabeth s'empressa de lui faire visite.

— C'est le voisin qui vient vous voir, lui dit-il en l'abordant.

— Je l'entends bien ainsi, monsieur le curé, répondit Béranger en souriant.

A partir de ce jour, leur liaison devint insensiblement très étroite. A l'humble table du chansonnier, Lisette ajouta souvent un couvert de plus pour le prêtre. Ces deux hommes de bien étaient nés pour s'entendre.

Chez Béranger, M. Jousselin rencontrait fréquemment

des hommes de lettres : Benjamin Antier, Pierre Dupont, Charles Vincent, Gustave Mathieu. Il prenait un intérêt très vif à leur conversation, car il aimait l'art sous toutes ses formes.

Une histoire très piquante le prouvera.

Un soir, le curé de Sainte-Élisabeth amena chez Béranger un jeune homme à la chevelure blonde et à l'aspect timide. Il le lui présenta comme l'organiste de son église.

C'était M. Bazille, aujourd'hui répétiteur du chant à l'Opéra-Comique. On voit que je nomme mes personnages.

— Qu'est-ce que je peux pour votre protégé ? demanda Béranger à M. Jousselin.

Béranger cherchait constamment à se rendre utile, et pour cela il allait au-devant des occasions.

— Ah ! ne m'en parlez pas, mon voisin, le malheureux est à demi perdu... Il ne rêve, depuis quelque temps, que chants profanes, ballets, couplets de tréteau... En un mot, mon organiste a été mordu par tous les chiens enragés du théâtre.

— Il en guérira, dit Béranger.

Le curé hocha la tête.

— En attendant, il court après un sujet d'opéra que les auteurs lui refusent avec une unanimité parfaite. Aucun d'eux ne veut s'exposer à travailler pour un inconnu, quelque mérite qu'ils lui trouvent.

— Je les reconnais bien là.

— Il a vu tour à tour M. Scribe, M. de Saint-Georges, je ne sais plus qui encore. Partout il a été éconduit.

— Ah ! si j'étais plus jeune, dit Béranger, comme je lui écrirais son opéra !

— Vous, mon cher voisin ?

— Certainement. Ignorez-vous donc que j'ai fait jouer autrefois un vaudeville au théâtre de la rue de Chartres?... un vaudeville, presque un opéra comique.

— Et qui s'appelait...

— *Attila*... rien que cela. Mais le temps des regrets est passé. Revenons à votre organiste.

Son regard s'était arrêté avec bienveillance sur M. Bazille.

Il réfléchit un instant, puis il lui dit :

— Pourquoi ne vous adressez-vous pas à Alexandre Dumas?

— J'y ai souvent pensé, répondit M. Bazille, mais...

— Mais quoi?

— Je n'ai jamais osé... Lui si grand, moi si petit... De quel front me présenter à lui sans recommandation?

— Eh bien! dit Béranger, allez le trouver de ma part; je le connais, il a bon cœur, il fera certainement quelque chose pour vous.

— Eh quoi! cher maître, s'écria M. Bazille, vous m'autorisez à me prévaloir de votre illustre nom?

— Absolument; allez chez Dumas.

— Seul?...

— Non, ajouta Béranger avec son inexprimable sourire; allez-y avec M. le curé.

M. Jousselin était loin de s'attendre à ce coup droit; il fit un soubresaut sur sa chaise.

— Avec moi! s'écria-t-il plein de surprise.

— Certainement.

— Et pourquoi?

— Parce que M. Bazille est non seulement votre protégé, mais votre organiste, et que nul mieux que vous ne peut attester son talent.

— C'est vrai, dit M. Jousselin; cependant...

— Soyez assuré, M. le curé, ajouta Béranger, que

vous vous trouverez en face d'un homme parfaitement élevé.

— Je n'en doute pas, mais...

M. Bazille hasarda timidement :

— Je crois que M. Béranger a raison ; la présence de mon vénéré pasteur doublera certainement l'intérêt que je peux inspirer.

M. Jousselin sourit à son tour, et dirigeant son index vers le malin chansonnier, qui semblait guetter ses impressions :

— Ah ! maître fourbe, dit-il, vous croyez me jouer un tour... Eh bien ! vous n'en aurez pas le démenti... j'accompagnerai mon cher enfant, mon organiste, chez M. Alexandre Dumas... et nous verrons bien !

— Vous verrez un homme charmant, complètement digne de vous apprécier tous les deux, répondit Béranger.

Il fut fait comme l'avait décidé l'auteur du *Dieu des bonnes gens*. Un beau matin, le curé et l'organiste se dirigèrent vers la demeure d'Alexandre Dumas. Le plus tremblant des deux n'était pas le prêtre.

Ceux qui ont connu Dumas seront persuadés de l'accueil cordial qu'il fit à ses visiteurs et comprendront l'enthousiasme qu'excita en lui la recommandation de Béranger.

— Quoi ! vous venez de la part de Béranger ! de mon vieil ami Béranger ! Béranger s'est souvenu de moi ! Entrez, entrez vite, messieurs !

Lorsque M. Jousselin eut décliné son titre :

— Gageons, dit Alexandre Dumas, que je devine le but de votre visite, monsieur le curé.

— Prenez garde, monsieur Dumas, vous pourriez vous tromper.

— Vous venez pour vos pauvres.

Et déjà l'excellent homme courait à son secrétaire.

— Quand je vous le disais ! fit M. Jousselin ; vous n'y êtes pas du tout.

— Alors ?... interrogea Dumas, dont les regards pétillants allaient de l'un à l'autre.

— C'est un peu embarrassant pour moi à expliquer.

— Allez toujours, monsieur le curé.

— Nous venons vous demander.....

— Quoi ?

— Un poème.

Dumas éclata de rire.

— Un poème, monsieur le curé ! Est-ce bien possible ? Vous vous êtes trompé de porte, vous avez cru entrer chez Milton ou Camoëns. Un poème ! mais on n'en fait plus depuis la *Henriade* de votre ennemi personnel, M. de Voltaire.

— Je ne suis l'ennemi de personne, pas même de M. de Voltaire, répondit doucement le prêtre.

Le gros rire de Dumas durait toujours.

— Un poème ! répéta-t-il ; vous venez me demander un poème ! C'est beaucoup d'honneur que vous me faites, en vérité. Comment vous le faut-il, monsieur le curé ? dites-le-moi. Est-ce un poème comme la *Divine Comédie* de Dante, comme la *Messiade* de Klopstock, comme les poèmes de l'Inde ?...

M. Jousselin et M. Bazille se regardaient d'un air confus.

— Je vois que je me suis mal exprimé, dit le premier ; le poème que nous venons solliciter de votre bonne grâce n'est qu'un poème d'opéra.

— Un libretto, ajouta M. Bazille d'une voix si faible qu'on l'entendait à peine.

— A la bonne heure ! dit Dumas ; et pour qui ce

libretto, s'il vous plaît? Ce n'est pas pour Béranger, je pense?

— Ni pour moi, dit naïvement le curé.

— Je le comprends.

— C'est pour mon organiste que voici... Ah ! monsieur Dumas, si vous saviez quel beau talent a ce garçon ! Que ne pouvez-vous venir l'entendre un de ces dimanches ?

— J'irai dimanche prochain, dit Dumas.

— Pourquoi faut-il que la musique sacrée ne lui suffise pas ? Les hommes ne sont jamais contents de leur sort. Bazille mourra s'il n'a pas un livret d'opéra.

— D'opéra comique, murmura M. Bazille.

— J'entends bien, dit Dumas ; mais c'est que ce n'est pas précisément mon genre... Je n'ai fait qu'un seul livret d'opéra comique, et encore ne suis-je pas bien sûr qu'il soit de moi.

Il voulait parler de *Piquillo*, musique de Monpou.

— Vous voulez rire, reprit le curé de Sainte-Élisabeth ; tous les genres vous sont familiers.

— Croyez-vous ?

— C'est du moins ce que Béranger prétendait l'autre jour.

— Monsieur le curé, vous êtes un homme d'esprit, dit Alexandre Dumas.

Et se tournant vers M Bazille :

— Jeune homme, touchez là, je vous promets votre livret.

Dumas promit tout ce qu'on voulut ce jour-là.

Il promettait encore au bas de l'escalier, en reconduisant ses visiteurs.

Le bon curé ne se possédait pas de joie.

Je tiens cette histoire de M. Bazille lui-même, — qui,

entre parenthèses, — n'eut jamais son livret d'opéra comique.

Le brave M. Jousselin avait gardé dans sa mémoire tous les détails de cette visite, qu'il racontait encore peu de jours avant sa mort à M. Bloch, un israélite, un autre de ses voisins et de ses amis.

CHAPITRE VII

Grandes dames et écrivains.— Une aventure de Léo Lespès.

De toutes les grandes dames du règne de Louis-Philippe, celle qui s'est montrée le plus curieuse de connaître personnellement les hommes de lettres (je parle des illustres), c'est à coup sûr madame la duchesse de Castries.

Connaître personnellement les gens de lettres, les voir face à face, causer avec eux, — chose hardie! désir imprudent! source de désillusions... quelquefois!

Si l'on veut un portrait fidèle de madame la duchesse de Castries, née de Maillé, parente des Fitz-James et des Montmorency, alliée à toutes les blancheurs du faubourg Saint-Germain, il faut s'adresser à Philarète Chasles, cette méchante langue, ce peintre devenu si effroyablement sincère après sa mort :

« Rien de plus étonnant dans notre siècle et de plus charmant que de voir, le soir, dans un petit salon des plus simples, meublé à l'antique, avec les tables volantes et les guéridons, cette femme malade, aux reins brisés, étendue sur sa chaise longue, languissamment, mais sans afféterie, la figure noble et chevaleresque, le profil plus romain que grec, les cheveux rouges sur un front très élevé et très blanc.

» C'était la duchesse de Castries. Un jour, en suivant le jeune Metternich à la chasse, elle s'était accrochée à une branche d'arbre, était tombée sur les reins et s'était brisé l'épine dorsale. Un demi-cadavre élégant, voilà ce qu'était devenue cette belle, si éclatante de fraîcheur, qu'au moment où elle mettait le pied dans un salon, à vingt ans, sa robe nacarat sur ses épaules dignes du Titien, elle effaçait littéralement l'éclat des bougies. »

Le portrait est complet.

On conçoit ce que cette infirmité devait produire d'impatience et développer de curiosité chez une femme douée des plus brillantes qualités de l'esprit.

Ne pouvant, comme les autres femmes du monde, rencontrer les littérateurs en renom, les artistes fameux et les étudier sur des terrains neutres, madame la duchesse de Castries employait d'innocents subterfuges : elle leur écrivait de sa plume la plus coquette et la plus fine, le plus souvent sous le masque de l'anonyme, pour commencer ; — mais telle était la tournure supérieure de ces lettres, qu'elles ne restaient jamais sans réponse.

Elle en usa de la sorte avec Balzac, qui s'annonçait déjà comme le romancier des femmes, vers 1831 ; elle le taquina assez vivement sur son gros scandale de la *Physiologie du mariage*. Il se défendit de son mieux en se plaignant de l'incognito qu'on gardait, et de la triste nécessité qu'on lui faisait de parler de lui-même à une femme *dont il ignorait l'âge et la situation*.

Madame la duchesse de Castries ne demandait pas mieux que de dénouer les cordons de son masque. Balzac fut ébloui. On l'engagea à venir ; il objecta ses travaux surhumains, enfin il accepta. « J'espère devenir meilleur auprès de vous, dit-il, et je suis persuadé que je ne peux que gagner dans le commerce d'une âme aussi noble, aussi bien douée que l'est la vôtre. »

A partir de ce moment, Balzac eut ses grandes et ses petites entrées dans un monde qui devait fournir des types exquis à sa *Comédie humaine*.

Il était ce qu'il a toujours été : un causeur entraînant, un charmeur. La duchesse de Castries ne put bientôt plus se passer de lui. Elle l'engagea à venir à Aix-les-Bains où elle se rendait tous les ans. Le duc et la duchesse de Fitz-James, qui étaient du voyage, joignirent leurs instances à celles de madame de Castries.

Il fallait que le charme fût bien puissant pour que Balzac y cédât, lui, le cénobite de la rue Cassini. Aussi est-ce sur un ton singulier, moitié enjoué, moitié ironique, qu'il en écrit à ses amis d'Angoulême :

« Il faut que j'aille grimper à Aix, en Savoie, courir après quelqu'un qui se moque de moi peut-être, une de ces beautés angéliques auxquelles on prête une belle âme, la vraie duchesse, bien dédaigneuse, fine, spirituelle, coquette, rien de ce que j'ai encore vu ! »

Balzac avait fait ses conditions en partant : il ne changerait rien à sa manière de vivre, il serait indépendant. On lui avait tout concédé. Les détails qu'il a donnés sur son genre d'existence pendant cette période sont charmants et font sourire :

« J'ai une petite chambre simple, d'où je vois toute la vallée. Je me lève impitoyablement à cinq heures du matin et travaille devant ma fenêtre jusqu'à cinq heures et demie du soir. Mon déjeuner me vient du cercle : un œuf. Madame de Castries me fait faire de bon café. A six heures, nous dînons ensemble, et je passe la soirée près d'elle. C'est le type le plus fin de la femme : *Madame de Beauséant en mieux*. Mais toutes ces jolies manières ne sont-elles pas prises aux dépens de l'âme ? »

On aura remarqué cette phrase : C'est madame de Beauséant en mieux. Il est clair que la duchesse de Castries posait à son insu devant Balzac. Si discret qu'il ait toujours été, il est convenu plus tard lui avoir emprunté quelques traits pour le portrait de la duchesse de Langeais, la principale héroïne des *Treize*.

Balzac paraît avoir conservé jusqu'à la fin les meilleures relations avec madame de Castries. Comment aurait-il pu en être autrement ? La dernière lettre qu'il lui ait écrite (du moins d'après sa correspondance imprimée) est de 1838. Il s'y plaint comme toujours de ses travaux accablants. Par bonheur, se dit-il, « j'ai une santé de fer, parce que je ne me suis jamais ébréché qu'au service des muses, *ce que vous ne voulez jamais croire.* »

Après Balzac, madame de Castries se tourna vers Alfred de Musset.

Mais celui-ci avait plus de sans-façon que Balzac. Je n'en veux pour preuve que ce passage d'une de ses réponses cavalières à la grande dame, qui l'avait probablement interrogé sur son *état moral :*

« Vous me parlez d'un méchant sujet qui est moi-même. Je crois avoir le droit de dire que je m'ennuie, parce que je sais très bien pourquoi... Je ne me crois pas très difficile à guérir ; cependant je ne serais pas non plus très facile. Je n'ai jamais été banal. *Ce qu'on appelle les femmes du monde, d'une part, me font l'effet de jouer une comédie dont elles ne savent pas même les rôles.* D'un autre côté, mes amours perdues m'ont laissé quelques cicatrices qui ne s'effaceraient pas avec de l'onguent miton mitaine. Ce qu'il me faudrait, c'est une femme qui fût quelque chose, n'importe quoi, ou très belle, ou très bonne, ou très méchante, à la rigueur ; ou très spirituelle, ou très bête, mais quelque chose. En connaissez-vous, madame ? Tirez-moi par la manche, je vous en prie, quand vous en rencontrerez une. »

Qu'en dites-vous ?

Cela sent son Rafaël Garucci d'une lieue.

Une autre fois que madame la duchesse de Castries l'invitait à l'accompagner, non pas à Aix, mais à Dieppe, elle n'en obtint qu'un petit billet, très gentil, mais très court, où il disait qu'il *travaillait*, et qu'il ne savait rien faire *que d'arrache-pied* et qu'il fallait l excuser...

Ainsi, comme avec Balzac, l'aimable femme se heurtait à l'invisible et redoutable ennemi : le travail !

Cela prouve... — Mais non, cela ne prouve rien du tout.

Léo Lespès se préparait à sortir pour aller dîner et achevait une toilette victorieuse, — c'est-à-dire il essayait des cravates rouges et des gilets de velours, — lorsque le tailleur Bilderbeck entra chez lui sur la pointe du pied.

— Ah ! c'est vous, monsieur Bilderbeck ?

— Comme vous voyez, monsieur Lespès.

— Tiens ! on vous a laissé entrer ?...

Le tailleur réprima une grimace et répondit à cette remarque désobligeante par les mots suivants, accompagnés d'un sourire malin :

— Oh ! j'ai pris un prétexte.

— Bah !

— J'ai dit à votre domestique que je vous apportais un vêtement.

— Tant d'astuce, monsieur Bilderbeck !

Et se tournant à demi vers lui :

— Voilà donc pourquoi la plupart des tailleurs ont toujours un paquet sous le bras ?

— Précisément, monsieur Lespès.

— Eh bien ! mon cher, profitez de votre stratagème comme vous l'entendrez... Asseyez-vous ou restez debout... Prenez un cigare sur la cheminée, faites sauter les bandes de mes journaux... Mais permettez-moi de continuer ma toilette devant vous. Vous êtes un homme.

— Ne vous gênez donc pas, monsieur Lespès ! Moi-même, je suis un peu pressé. J'étais venu pour ma facture...

— Cela se voit bien... Vous êtes incapable de venir chez moi mû par un sentiment désintéressé.

— Je ne l'oserais pas.

— Des mots, monsieur Bilderbeck !

— C'est le désespoir, réplique le tailleur... Figurez-vous que depuis midi je suis sorti de chez moi dans l'intention de réaliser quelques fonds parmi ma clientèle...

— Et vous avez fait chou-blanc ? fit Lespès.

— Hélas !

— Même avec votre paquet sous le bras ?

— Ne vous moquez pas, monsieur Lespès... j'ai mis en vous mon dernier espoir.

— Après tout le monde... ce n'est pas gentil, monsieur Bilderbeck. Donnez-moi votre note.

— Je vous l'ai déjà donnée une douzaine de fois, vous le savez... C'est 3,203 francs, sans les intérêts.

— Alors, vous n'avez pas votre note ?

— Si fait ! si fait ! s'écrie le tailleur en surprenant le geste de Lespès... j'en ai toujours un double sur moi... plusieurs doubles... La voici...

— C'est bien. Posez-la sur ce plateau maroquin. Je la ferai examiner.

— Examiner ? Mais vous l'avez maintes fois examinée et consentie.

— Ah ! c'est qu'à présent j'ai un intendant... c'est bien différent... il faut que tout lui passe par les mains.

— Remettez-moi au moins un acompte ; j'attendrai pour le reste.

— Impossible sans le visa de mon intendant.

— Voyons... trois cents francs... deux cents francs, là !... Il y a assez longtemps que je patiente.

Léo Lespès ne l'écoute pas ; il essaie toujours des cravates rouges.

— Cent francs !... je me contenterai de cent francs aujourd'hui ! reprend le tailleur.

— Fantaisiste !

— Je ne peux cependant pas rentrer chez moi, comme j'en suis parti, murmure-t-il ; que penserait ma femme ?

— Pourquoi l'avoir accoutumée à penser ? Mauvaise habitude dans un ménage !

— Elle ne doit plus m'attendre pour dîner. Déjà six heures et demie ! Et moi qui demeure boulevard Voltaire... Je trouverai tout froid.

— Eh bien ! dînez avec moi, mon cher monsieur Bilderbeck.

— Oh ! monsieur Lespès, vous plaisantez...

— Non, non... je n'aime pas à dîner seul. Nous irons au restaurant.

— La compagnie d'un simple tailleur ?...

— Vous ne vous rendez pas justice, Bilderbeck A défaut d'instruction, vous avez du jugement, de l'acquit...

— Oh ! de l'acquit ! si peu !

— Ravissant ! ce sera le plus joli mot de la soirée. Nous ferons un petit dîner délicieux. En marche !

Sur le seuil de l'appartement, le tailleur hésite une dernière fois.

— Tenez, monsieur Lespès, dit-il, je préférerais un acompte de cinquante francs.

— Allons dîner !

Avant dîner, comme on est dans les plus beaux jours de l'été, le ciel étant bleu et l'air étant tiède, Léo Lespès propose une courte apparition aux Champs-Élysées, en remise découverte.

Nouvel accès de confusion de Bilderbeck !

Enfin on roule dans la grande allée ; de temps en temps, le tailleur désigne à Léo Lespès quelques-uns de ses clients, en accompagnant leurs noms du chiffre de leurs créances chez lui.

— M. Ernest, 2,700... le comte Fleurange, 4,000... les frères Della Banca, 8,000...

Tout cela ne porte pas à la gaieté ; Lespès fait tourner bride ; on se dirige vers Brébant.

Les voilà tous deux attablés dans la salle du premier étage.

— Aimez-vous la bisque, Bilderbeck ?

— Oui... non...

— Peut-être préférez-vous commencer par une tartine de caviar ?

— Cela m'est égal.
— Bilderbeck, de quel pays êtes-vous ?
— Du duché de Luxembourg.
— Qu'est-ce qu'on mange dans le duché de Luxembourg ?
— Du mouton aux prunes.
— Ils ne connaissent peut-être pas cela ici. Je vais tout simplement faire dire à Brébant de se charger de notre menu... Et qu'est-ce qu'on boit dans le duché du Luxembourg ?
— Du deidesheiner et du niersteiner.
— Nous le remplacerons aujourd'hui par de l'yquem.
— Oh ! monsieur Lespès, si j'avais su, je n'aurais pas accepté votre invitation...

Le dîner est fin. Chaque plat détermine chez le tailleur un soubresaut admiratif. Il perd insensiblement de sa gêne ; ses yeux brillent, autant que peuvent briller des yeux d'Allemand. On s'est mis à table à sept heures et demie, il en est neuf lorsqu'on se décide à quitter le restaurant.

Auparavant, Léo Lespès a demandé l'addition. Il la dissimule du mieux qu'il peut aux regards de Bilderbeck, mais celui-ci le voit donner un billet de banque au garçon et l'entend prononcer ces paroles :

— Gardez le reste !

Le tailleur Bilderbeck porte la main à son cœur, comme s'il venait d'y recevoir un coup.

— Adieu, monsieur Lespès !

Ils sont sur le trottoir du boulevard.

— Comment, vous me lâchez, Bilderbeck ? Vous êtes encore un joli seigneur, vous !

— Monsieur Lespès, dit le tailleur de sa voix la plus

grave, je suis pénétré de l'honneur que vous m'avez fait... j'en conserverai le souvenir jusque dans ma plus extrême vieillesse... Pourtant, j'aurais préféré, ainsi que je vous l'ai déjà dit, un acompte, si faible qu'il fût.

— Monomane !

— Eh bien ! oui, nous autres hommes de commerce, nous avons de ces idées fixes... M. Lespès, ne me laissez pas rentrer les mains vides.

— Savez-vous à quoi je pense en ce moment, mon cher Bilderbeck ?

— A me donner...

— A continuer avec vous la soirée au théâtre de la Porte-Saint-Martin, où l'on joue une féerie à sensation.

— Vous n'y pensez pas, il est beaucoup trop tard.

— Nous arriverons juste pour l'heure du ballet... Ah ! quel ballet !... Figurez-vous, mon cher, trois cents jeunes et jolies filles, presque nues.

— C'est que je n'ai pas prévenu chez moi, dit le tailleur ébranlé... Au moins, vous êtes sûr que cela finit à minuit ?

— Parbleu ! la direction ne voudrait pas être frappée d'une amende tout exprès pour vous.

— Nous trouverons peut-être à acheter deux contre-marques.

— Fi donc ! mon cher Bilderbeck, vous êtes mon hôte ce soir ; je sais les égards qu'on doit à un fournisseur tel que vous.

Disant cela, Léo Lespès se dirige vers le guichet du théâtre.

— Il ne reste plus qu'une petite loge de balcon, répond la buraliste interrogée.

— Combien ?

— Trente-huit francs.

— Arrêtez ! s'écrie le tailleur ; arrêtez !... Je ne

souffrirai pas... Ce serait une folie.., J'aime mieux renoncer au ballet. Donnez-moi cinquante francs et je m'en vais.

Mais Lespès est déjà possesseur du coupon de la loge.

— Entrons ! dit-il.

Bilderbeck le suit en marmottant :

— Cinquante francs... rien que cinquante francs ! Puisque vous avez de l'argent !

— Ce n'est pas une raison.

...... Ils se prélassent dans la loge et se repassent une énorme lorgnette louée à l'ouvreuse.

Le ballet est commencé depuis longtemps.

— Bilderbeck, que pensez-vous de cette petite sauteuse ?

— Laquelle ?

— La seconde, de ce côté-ci... celle qui lève...

— Le bras ?

— Non, la jambe.

— Prêtez-moi la lorgnette, fait le tailleur.

— Vous plaît-il qu'après le spectacle nous l'invitions à sucer quelques écrevisses et à tremper le bout de son museau rose dans une coupe de champagne ?

— Qui ?

— Elle, parbleu ! la petite Verdurette.

— Oh ! vous croyez qu'elle accepterait... comme cela ?

— Si je le crois ? j'en suis certain... Rendez-moi la lorgnette.

— En vérité, observe le tailleur Bilderbeck, ces actrices forment une corporation bien séduisante !

— Attendez ! dit Léo Lespès ; je viens de faire un signe à Verdurette... et elle m'a compris.

— C'est merveilleux ! s'écrie le tailleur... Mais voilà bien longtemps que vous avez la lorgnette. A mon tour !

Il est trois heures du matin.

Un fiacre essoufflé suit péniblement l'interminable boulevard Voltaire, transportant dans ses flancs Léo Lespès et son tailleur.

Nous devons à la vérité de dire que celui-ci semble considérablement *vanné*. Il cache sa tête dans ses mains et pousse, par intervalles, de petits soupirs dont l'expression participe à la fois du ravissement et du remords. C'est à peine si Léo Lespès peut tirer de lui quelques paroles.

— Diable de boulevard ! maugrée Lespès, il n'en finit pas... Mais, Bilderbeck, mon bon, vous demeurez au bout du monde, aux terres australes !... Est-ce bien le numéro 223 que vous avez indiqué au cocher ?

Le tailleur ne répond pas. Lespès le secoue par le bras.

— Verdurette ! soupire le tailleur.

Cependant, à mesure qu'il se rapproche de sa demeure, il paraît recouvrer le sens moral.

— C'est égal, dit-il, cette soirée a dû vous coûter assez cher ?

— Trois cents francs environ, répond négligemment Léo Lespès.

— Ah ! si seulement vous m'aviez donné vingt francs ! murmura le tailleur.

— Où aurait été le charme ?...

CHAPITRE VIII

Arrestation de l'auteur. — Les cantates et Du Boys.

On me fait voir une livraison illustrée de l'*Histoire du second empire*, par M. Taxile Delord, où je figure dans une gravure hors texte, intitulée : *Arrestation de M. Charles Monselet.*

C'est une façon comme une autre de prendre place dans l'histoire, et contre laquelle je n'ai pas à protester, le fait étant d'une exactitude absolue. Je ne demande qu'à rectifier certains détails d'une mise en scène arrangée par le dessinateur d'une manière un peu trop arbitraire.

J'ai été arrêté en effet, sous le règne de Napoléon III, dans l'hiver de 1853. Pourquoi? Je ne l'ai jamais su, mais je m'en doute. Je faisais alors le *Courrier de Paris* dans le feuilleton de *l'Assemblée nationale*, qui n'était pas bien en cour. On voulait frapper les journalistes en général ; on s'y prit un peu au hasard, comme on va le voir.

« Le gouvernement, — dit M. Taxile Delord, — ne voulant pas avoir l'air de frapper uniquement sur les journalistes légitimistes, mit la main sur MM. Chatard et Charreau père, de l'*Estafette ;* Théodore Pelloquet, du *National ;* Venet, Monselet, Vergniaud, Etienne Gérard, appartenant à divers journaux. Un Polonais, M. Tanski, ancien rédacteur du *Journal des Débats*, fut également incarcéré. M. Walewski et M. de Rothschild le réclamèrent vainement ; il resta plusieurs jours en prison, ainsi que M. Monselet. »

C'est la vérité, mais sur cette vérité le dessinateur a brodé des détails tout à fait de son invention. Il a voulu reproduire, tel sans doute qu'il le concevait, le tableau de mon arrestation. La scène se passe dans une chambre, la mienne, j'aime à le supposer. Un commissaire de police, ceint de son écharpe, vient d'y faire invasion, accompagné d'un agent en bourgeois et de quatre soldats armés de leurs fusils.

Un jeune homme, qui n'est autre que moi-même, se tient debout dans l'attitude parfaitement justifiée de l'étonnement. Il vient de quitter une petite table ronde où il prenait son repas ; sa serviette est encore passée dans son gilet. Devant lui est assise une femme, en robe à sept ou huit volants et en manches bouillonnées, qui se cache la figure dans un mouchoir.

Au besoin, et bien que je fusse alors garçon, on peut croire que cette personne est une épouse légitime. Mais on peut croire aussi beaucoup d'autres choses. Ces volants surtout me chiffonnent. — Je sais bien encore que le couple ainsi représenté pouvait être tout préparé et tout habillé pour aller passer la soirée au théâtre, par exemple. Moi-même, je suis en toilette de ville, en habit noir, très correct en somme.

On voit que je fais tout mon possible pour excuser

le dessinateur, lequel est M. Régamey, un artiste de talent, qui n'a, je le présume, aucun motif pour me livrer au ridicule (c'est bien assez des soldats) ou de faire planer sur moi un soupçon d'immoralité. Mais il est vraiment trop contraire à la vérité pour que j'accepte son dessin, si bien composé qu'il soit.

Je m'en vais lui raconter comment les choses se sont passées.

Ce n'est pas chez moi, dans ma chambre, que j'ai été l'objet d'une arrestation politique, mais dans une compagnie d'amis, une dizaine environ, tous gens estimables. Nous voilà loin du tête-à-tête avec une dame.

J'y dinais, c'est vrai. — Et à ce propos je ne peux m'empêcher de remarquer avec quelle fatalité l'élément gastronomique s'est toujours trouvé mêlé aux principaux événements de ma vie. Tout m'arrive à table. Il n'y a pas de mon fait autant qu'on pourrait le croire. Je suis né sous une étoile particulière.

Il m'est impossible de nier l'éloquence du jour de cette arrestation mémorable : c'était un dimanche gras. Paris était en fête ; des masques remplissaient et agitaient la ville. Seule, la police poursuivait ses sombres projets. — J'ai plaint souvent la police, et particulièrement ce jour-là, où il lui eût été si facile de prendre part à la gaieté générale et de se fondre dans le tourbillon du carnaval. Pauvre police !

Mais quoi ! des ordres supérieurs !

Il lui fallait obéir à des mandats lancés de la préfecture, à des consignes mystérieuses, se rattachant à un ensemble d'intimidation. Le dimanche gras semblait même merveilleusement choisi aux meneurs de cette razzia incohérente.

A dix heures donc on frappa brusquement à la porte du logis, où le diner suivait son cours honnête et joyeux.

Un commissaire, des soldats, — comme dans la gravure. « Que personne ne bouge ! » Personne n'y songeait, ne se sentant pas coupable.

Le commissaire de police procéda, séance tenante, à une perquisition minutieuse. Il trouva chez notre hôte deux pistolets en mauvais état, un fusil sans batterie, des brochures politiques et une statuette de la Liberté, petit module.

En dépit du mince résultat de la saisie, nous fûmes tous conduits à la Conciergerie. Nous y passâmes la nuit dans un parloir dallé — c'était au moins une attention, un procédé auquel nous fûmes sensibles.

Voilà, mon cher monsieur Régamey, le récit de mon arrestation rétabli dans toute sa vérité historique. Cette vérité ne vaut peut-être pas votre joli tableau d'intérieur.

Que voulez-vous ? Je tiens à mon attitude politique.

J'ajouterai quelques mots pour ceux de mes lecteurs curieux de connaitre la suite de cette aventure, qui me montre à eux sous un jour nouveau et imprévu.

Le lendemain matin, on m'installa dans une cellule qui n'avait rien de lugubre. Il me fut permis de faire venir ma nourriture du dehors (on va railler encore) et d'écrire à qui je voudrais.

Après déjeuner, M. Boudrot, commissaire aux délégations, me conduisit en voiture à mon domicile, afin que je fusse témoin des recherches qu'on voulait y faire. Deux agents étaient avec nous. Je laisse à deviner l'effet produit] dans ma maison : on dut penser que j'étais devenu un grand criminel.

Deux heures de remue-ménage à travers mes papiers n'ayant amené aucun résultat, on me ramena à la préfecture avec le même cérémonial. J'étais fondé à croire à ma mise en liberté immédiate ; je me trompais comme un innocent que j'étais : il me restait encore à comparaître devant un juge d'instruction.

Par malheur, les juges d'instruction n'étaient pas faciles à trouver en ce moment. On était, comme je l'ai dit, dans les jours gras. Lundi gras, mardi gras se passèrent, le mercredi des cendres pareillement ; point de juges d'instruction. Je commençais à devenir véritablement perplexe.

Je m'étais lié avec mon geôlier, qui m'avait prêté des livres de sa bibliothèque particulière, pour me distraire, entre autres le *Chevalier d'Harmental*, par Alexandre Dumas. Le jeudi, les juges ne se souciaient pas encore de rentrer en fonctions. Vendredi, je recommençais pour la troisième fois le *Chevalier d'Harmental*, lorsque enfin on vint m'avertir qu'un juge d'instruction m'attendait pour m'interroger.

Ce magistrat me connaissait. Il s'écria en me voyant, autant qu'un magistrat peut s'écrier, et dit :

— Tiens ! qu'est-ce que vous venez donc faire *chez nous?*

Chez nous était adorable !

— J'allais vous le demander, lui répondis-je.

Au bout de cinq minutes, il signait l'ordre de ma délivrance. Incarcéré le dimanche, j'étais rendu à la liberté le vendredi.

J'appris que les *conspirateurs* mes co-détenus avaient été relâchés le même jour.

Il ne faudrait pas se hâter de croire cependant que ma libération eût été le simple fait de la volonté du juge d'instruction.

J'ai su plus tard que les démarches combinées de Méry et de Madame Judith, de la Comédie française, n'y avaient pas été étrangères.

Et maintenant, ô Thémis, qu'auriez-vous pu faire de moi ? « La grande foudre des cieux ne bombarde pas une laitue ! » comme dit Gringoire dans *Notre-Dame de Paris*...

———

Dans notre monde de lettrés d'autrefois, nous nous souvenons encore de Jean Du Boys.

Il faisait partie, avec Charles Bataille et Amédée Rolland, de cette petite bande qui s'était emparée de l'Odéon, sous la première direction de M. de la Rounat, et qui y faisait représenter des drames bâclés en collaboration et en trois semaines.

Entre temps, on acceptait de menus travaux qui faisaient « aller la marmite ». Ce fut ainsi qu'un ministre éperdu demanda un jour une cantate à Du Boys. C'était alors la mode des cantates ; on célébrait l'empire et l'empereur, et l'on touchait pour cela une médaille en or de six cents francs environ.

Philoxène Boyer, qui n'avait aucune espèce de conviction en dehors de la poésie, s'est souvent miré dans ces médailles-là.

Avant de s'exécuter, Du Boys prit conseil de ses amis, qui, vu l'importance de la somme, furent d'avis qu'il y avait lieu à faire céder momentanément ses principes. Il les reprendrait plus tard.

Le jour où Du Boys vit le coursier d'un dragon s'abattre, blanc d'écume, à son seuil, en lui apportant la magique médaille d'or, ce jour-là fut un beau jour pour la petite bande. Il fut résolu, séance tenante, qu'on mangerait ce disque éclatant, ce qui était le seul moyen d'en atténuer la signification politique.

Cependant Du Boys souleva timidement quelques objections.

Son père, son excellent père d'Angoulême, lui avait écrit pour lui demander de lui envoyer la médaille, dont il voulait orner son salon. Il laissait entendre, le digne père, qu'il lui renverrait la valeur en argent. Ne devait-il pas, lui, Jean Du Boys, obéir à ce vœu respectable, qui ne lésait d'ailleurs en rien ses intérêts ?

La petite bande garda le silence. Le sentiment de la famille n'était pas entièrement étouffé en elle.

Seul, un familier éleva la voix en ces termes :

— Écoutez-moi, dit-il ; je sais un moyen de tout concilier et de tirer deux moutures de ce seul sac. Du Boys peut avoir à la Monnaie une très fidèle reproduction en cuivre de sa médaille, qu'il envoie cette reproduction à l'auteur de ses jours. Quant à l'original, je l'engage fortement à en opérer le lavage chez le premier orfèvre venu. Il sait ensuite ce qu'il lui reste à faire.

La petite bande éclata en applaudissements.

— C'est un dieu qui a parlé par cette voix ! dit Lemercier de Neuville attendri.

Il fut fait comme il avait été décidé. Le père de Jean Du Boys reçut sans méfiance une copie resplendissante du glorieux trophée, tandis que le trophée lui-même fit les frais d'une exquise ripaille.

Puis vint la chute du gouvernement impérial et la dispersion de la petite bande. Passons. M. Du Boys existe toujours ; il a perdu son enfant, mais il a gardé sa médaille. Il ne la regarde jamais sans entrer en fureur contre les gens de l'empire.

— Tous escrocs ! s'écrie-t-il ; tous voleurs ! Voyez plutôt : n'avaient-ils pas donné à mon pauvre Jean une médaille en cuivre au lieu d'une médaille en or ?

Honte et bassesse ! Je m'y suis trompé longtemps moi-même, jusqu'au jour où la rouille et le vert-de gris s'y sont mis. C'est un voisin qui m'en a fait apercevoir... Je l'avais payée six cents francs à mon fils. Oh ! les coquins de l'empire ! les filous !

CHAPITRE IX

Marc Fournier. — Grandeur et décadence. — Les cinq
pots de chambre de M. d'Ennery.

L'existence de Marc Fournier vaut la peine d'être
racontée dans quelques-uns de ses détails. Elle a eu
ses hauts et ses bas. Elle porte surtout sa marque parisienne. Je suis aussi bien placé que personne pour la
raconter, car j'ai été un des amis de Marc Fournier
— ami intermittent, c'est vrai. Je l'ai vu arriver, je
l'ai vu s'en aller Entre ces deux points, beaucoup de
bruit, d'argent, de travail, de désordre, de plaisir.

J'ai connu Marc Fournier pour la première fois en
1846.

Tel il m'apparut alors, tel il est continuellement
resté à mes yeux. Un masque nerveux, blême, une
bouche contractée, des yeux inquiets, un Génevois qui
a jeté le mont Blanc aux orties, la parole saccadée,
quelqu'un qui se sent quelque chose à dire. Il faisait de
la critique littéraire, et il la faisait bien ; cela avait un
accent âpre, un ton pittoresque, en dehors du convenu,

sans manquer de race cependant. Ce jeune homme, — il avait vingt-sept ou vingt-huit ans, — avait dû dévorer beaucoup de volumes, dévorer plutôt que lire. Mais il était d'aplomb, et prêt à toute besogne.

Il le fit bien voir en allant rédiger au feuilleton de la *Presse*, qui était le premier endroit littéraire de l'époque, des *Historiettes parisiennes* hebdomadaires qui purent soutenir pendant quelques mois sans désavantage le voisinage des Courriers de Paris, du vicomte de Launay. J'ai l'air de tomber de la lune en racontant ces choses d'un autre âge ; tout est révélation au bout de trente ans. Mais j'en ai pris mon parti.

Peu de temps après, je retrouve mon Marc Fournier à la Comédie-Française, où il fait jouer, en collaboration avec M. Eugène de Mirecourt (écoutez bien ceci, jeunes gens !), un drame en cinq actes, intitulé *Madame de Tencin*. Il y avait d'assez fortes situations dans ce drame où Beauvallet jouait le rôle du chevalier Destouches. Trait curieux à noter : chacun des deux auteurs avait, à tour de rôle, son nom *en premier* sur l'affiche : aujourd'hui Marc Fournier, demain Eugène de Mirecourt.

La révolution de 1848 troubla Marc Fournier au point de lui faire fonder un petit journal satirique qui était imprimé sur papier rose et qui est devenu excessivement rare. Il le rédigeait à lui tout seul ; il avait loué sur le boulevard une boutique pour la vente, que dirigeait son beau-père, — car Marc Fournier avait trouvé le temps de se marier : il avait épousé, tout à fait par inclination, une jeune et jolie actrice, mademoiselle Delphine Baron, sœur de M. Alfred Baron, acteur lui-même dans les théâtres de drame. Trop de Baron, et pas assez de baronies !

Ces alliances devaient contribuer cependant à le pousser vers la carrière dramatique, qui paraît avoir été sa véritable vocation. Cette année 1848 ne s'était pas écoulée qu'il faisait représenter les *Libertins de Genève* à la Porte-Saint-Martin, une pièce en cinq actes, d'un ton très élevé, d'un souffle puissant et soutenu, qui met en scène la lutte entre Calvin et Michel Servet. Ce fut un succès chaleureux et légitime; je vois encore Victor Hugo au balcon, donnant le signal des applaudissements. On put croire un instant qu'un auteur de génie venait de surgir. Et, de fait, les *Libertins de Genève*, si complètement ignorés maintenant, représentent le plus grand effort littéraire de Marc Fournier. Ils seraient encore aujourd'hui l'honneur d'un débutant.

Le malheur est qu'il s'arrêta dans cette voie et qu'il se contenta d'être un homme de talent. Aux *Libertins de Genève* il fit succéder le *Pardon de Bretagne*, — où Saint-Ernest rendait avec beaucoup d'originalité une figure d'assassin-poète, évidemment calquée sur Lacenaire. Marc Fournier s'associa avec d'Ennery pour faire un *Paillasse*, et avec Barrière pour faire une *Manon Lescaut*. *Paillasse* eut l'heureuse chance d'être joué par Frédérick Lemaître, et *Manon Lescaut* la mauvaise chance d'être jouée par Rose Chéri. Frédérick était l'idéal du saltimbanque qu'il représentait, tandis que Rose Chéri n'avait rien de la fille entrevue par l'abbé Prévost.

En 1851, Marc Fournier, qui avait enfin trouvé des débouchés à son activité, se jugea mûr pour la direction de la Porte-Saint-Martin. A ce moment, ses instincts littéraires reprirent le dessus : il voulut sincèrement rendre ce beau théâtre au drame romantique et même à la poésie ; sa pièce d'ouverture fut commandée à Méry et Gérard de Nerval, qui lui firent un drame-légende-féerie : l'*Imagier de Harlem*, amalgame fantastique de la découverte de l'imprimerie et de la tradition de Faust. Cet imagier n'est autre que Laurent Coster, dans lequel les Hollandais veulent voir le prédécesseur et le précurseur de Gutenberg. Les Hollandais ont peut-être raison.

Ce fut une belle soirée, la représentation de l'*Imagier de Harlem*, pleine de spectacle et de fatigue, où l'on entendit de fort beaux vers et où l'on admira de superbes décors. Mélingue était un incomparable Méphistophélès ; Madame Marie Laurent était magnifique dans les nombreuses incarnations de la *belle Hélène*, — où l'on reconnaissait l'imagination rêveuse de Gérard de Nerval. Malgré cela, la pièce ne fit pas un radis.

Marc Fournier lutta pourtant : ses *Nuits de la Seine*, qui eurent un meilleur destin, se rattachent encore à l'art, surtout par le prologue, qu'égayaient les lazzis d'un *professeur de langue verte*. Les *Nuits de la Seine* sont un de ses bons ouvrages, — préférable à la *Bête au bon Dieu*, malgré l'idée de comédie que contient ce dernier drame.

Puis, vint le moment où on lui défendit de jouer ses propres pièces. Il se résigna et trouva dans les pièces d'autrui quelques succès qui lui amenèrent l'argent tant convoité, les *Chevaliers du Brouillard* entre autres. Mais sa véritable fortune ne date guère que de la reprise de certaine féeries fameuses, et particulièrement de la *Biche au bois*.

Oh ! cette *Biche au bois* !

A-t-elle tenu assez de place dans l'histoire de la Porte-Saint-Martin ? Elle a été comme ce couteau de

Janot dont on changeait tantôt le manche et tantôt la lame, et qui restait toujours le même couteau. Toutes les trois semaines, on ajoutait trois ou quatre tableaux à la *Biche au bois*, et le joyeux quadrupède repartait pour de nouvelles représentations.

A ce jeu-là, qui devait lui coûter si cher, Marc Fournier gagna le renom de premier metteur en scène de Paris. L'État, étonné, pensa un instant à lui confier la direction de l'Opéra. Que ne donna-t-on suite à cette idée ! Elle l'aurait sauvé... peut-être.

Quoi qu'il en soit, Marc Fournier subit pendant quelque temps l'enivrement de sa nouvelle position. Il remplaça l'air d'assurance qui lui était habituel par un air d'impertinence qui lui fut beaucoup reproché. Il donna des fêtes (on ne les lui reprocha pas) fastueuses, bruyantes, — dont quelques-unes furent présidées par une beauté du temps, madame Jeanne de Tourbet. Marc Fournier crut dès lors à la perpétuité de son étoile.

Ce train dura une douzaine d'années environ. Puis, l'heure arriva où la *Biche au bois* n'eut plus d'action sur le public. Les marchands d'argent guettaient Marc Fournier ; ils en firent leur victime. Il se débattit longtemps entre leurs mains ; j'ai assisté aux derniers épisodes de son agonie. C'est à dégoûter du métier de directeur de théâtre !

On sait la fin, le désastre fut complet. Marc Fournier en demeura étourdi pour longtemps. Lorsqu'il revint à sa plume pour vivre (la nécessité en était absolue), il s'aperçut qu'il était oublié comme écrivain ; il dut accepter ou chercher des collaborations pour ses nouveaux romans.

Lors de la guerre, d'Ennery lui offrit l'hospitalité dans

sa villa d'Antibes, au bord de la Méditerranée. Marc Fournier avait demandé d'habiter l'étage le plus élevé, faveur qui lui fut accordée avec empressement. Mais il avait compté sans les pluies d'hiver, qui, même dans ce pays privilégié, savent se frayer des passages à travers tous les toits.

Un matin, après le déjeuner, il se décida à dire à son hôte :

— Vous savez, il pleut dans ma chambre.
— Vous badinez ? fit d'Ennery.
— Il y pleut en cinq endroits.
— Bah !
— Montez avec moi, vous allez vous en convaincre par vos yeux.
— Montons.

D'Ennery dut se rendre à l'évidence : il constata cinq places marquées par la pluie.

— Eh bien ? dit Marc Fournier.
— C'est vrai, murmura d'Ennery.
— Vous allez me changer d'étage ?

D'Ennery ne répondit pas ; il réfléchissait.

Au dîner, Marc Fournier, inquiet, revint à la charge.

— Remontez chez vous, dit d'Ennery avec son imperturbable sourire ; *j'ai arrangé cela !*

Justement, ce soir-là, il pleuvait plus fort que les autres soirs. Fortement intrigué, Marc Fournier regagna sa chambre, de meilleure heure que de coutume. Il était curieux de voir comment d'Ennery avait *arrangé cela*.

Elle était bien simple, la façon dont s'y était pris le célèbre arrangeur.

Il avait disposé un pot de chambre à chaque place où la pluie tombait.

En tout cinq pots de chambre.

De retour à Paris, Marc Fournier s'installa rue de Bondy, et se reprit à sa tâche de romancier, encouragé, soutenu par une affection intelligente, à qui les mauvais jours furent plus familiers que les bons. Des fleurs, des oiseaux, ornaient son cabinet de travail ; on y reconnaissait la main d'une aimable femme et d'une vaillante artiste.

C'est dans ce modeste réduit que l'ancien directeur de la Porte-Saint-Martin a écrit ses derniers romans.

J'ai couru tous les photographes pour découvrir un portrait de Marc Fournier. Vainement. Ce que c'est que la notoriété quand plusieurs ans ont passé par dessus !

CHAPITRE X

Suicides d'hommes de lettres. — Bourg Saint-Edme. — Léon Laya. — Prévost-Paradol père et fils.

Je pense quelquefois par les temps de pluie triste et de méchants nuages courants, à ceux de mes confrères qui sont morts de mort volontaire et raisonnée.

Je pense aux suicidés de la littérature, surtout à ceux que j'ai connus.

Je pense à Léon Laya, le plus incompréhensible de tous, l'homme correct par excellence, qui avait l'apparence d'un agent de change ou d'un avoué ; — à Léon Laya, l'auteur heureux du *Duc Job*, qu'on a trouvé, un matin, pendu dans sa chambre à coucher.

Je pense à François Beulé, une des gloires de l'École normale, historien remarquable, ministre ; — à Beulé, qui s'est planté un couteau dans le cœur.

Je pense à Charles Didier, l'auteur de *Rome souterraine*, l'ami de George Sand ; — à Charles Didier, aveugle délaissé, qui *en a fini* dans la nuit, sans révélations.

Je pense à Prévost-Paradol, encore un normalien, jeune, beau, brillant, mondain, ambitieux, plein d'avenir.

Je pense à Bourg Saint-Edme...

Ah ! celui-là, j'y pense peut-être plus qu'aux autres, parce que son suicide a été environné de circonstances exceptionnellement douloureuses.

Peu de personnes s'en souviennent aujourd'hui.

Le nom même de Bourg Saint-Edme est inconnu de la génération actuelle ; l'homme avait cependant joué un rôle dans ses vertes années ; il avait été commissaire des guerres, puis secrétaire du maréchal Berthier, puis... homme de lettres. Ce fut ce qui le perdit.

Homme de lettres sans vocation impérieuse ; homme de lettres pour faire des entreprises de librairie. Il a attaché son nom, avec celui de M. Germain Sarrut, à une grosse affaire en plusieurs volumes, la *Biographie des hommes du jour*, qui fit du bruit et suscita un grand nombre de réclamations. Ce succès épuisé, Bourg Saint-Edme ne trouva pas à le renouveler ; les journaux étaient moins nombreux qu'à présent ; ses ressources s'épuisèrent ; la famille était venue, et l'âge, qui vient avec la famille, le laissa face à face avec le besoin.

Il lutta, mais il n'avait pas un de ces talents qui s'imposent. Un jour de mars 1852, on apprit par les journaux que M. Bourg Saint-Edme (Edme-Theodore), membre de la Société des gens de lettres, venait de mettre fin à ses jours en se pendant.

Il s'était familiarisé depuis longtemps avec la pensée du suicide. Sur sa table, on trouva une sorte de journal où il avait consigné ses dernières impressions, heure par heure, puis quart d'heure par quart d'heure, et enfin minute par minute.

J'étais dans les bureaux de la rédaction de la *Presse* lorsque M. Eugène de Monglave y apporta ce funèbre document. Je ne sais rien de plus émouvant au monde, en dehors de l'intérêt psychologique qu'il présente.

C'est pourquoi je le reproduis ici presque en entier, car une telle page appartient de droit à l'histoire littéraire du dix-neuvième siècle.

« *26 mars 1852, 10 heures du soir.*

» Je viens de rentrer. Du reste de charbon que j'avais acheté pour 19 sous, il y a six ou huit jours, je fais un peu de feu, la soirée ayant été froide et la nuit devant l'être.

» Je ne me coucherai plus.

» J'ai pris mes précautions ; ma barbe est faite, mon corps est bien lavé ; j'ai mis un caleçon propre ; j'ai remonté ma pendule ; j'ai balayé et épousseté partout ; j'ai brûlé beaucoup de papiers ; j'en ai rangé un grand nombre.

» J'ai vendu ce matin quelques livres, afin d'être à même de déjeuner, de dîner et d'acheter des bougies, qui serviront à éclairer le corps, suivant l'usage.

» Depuis quatre heures j'étais en courses. J'ai été rue Richelieu, 110, puis j'ai dîné. Quel dîner ! Vingt-un sous, rue Fontaine-Molière.

» Rentré ensuite chez moi, j'ai mis un *post-scriptum* à ma lettre à mes enfants et à celle que j'adresse à Monglave, et je suis sorti de nouveau...

» J'ai été rue de la Paix. Mes enfants sont descendues et j'ai pu les embrasser une dernière fois ! Quelle douleur ! Elles n'ont eu aucun soupçon, ces chères petites, et elles pourront au moins passer une bonne nuit.

» J'ai fait le tour du Palais-Royal.

» A mon retour, j'ai mis toutes mes lettres à la petite poste de la rue de l'Ancienne-Comédie, près de la rue Saint-André-des-Arts.

» *Minuit.* — Je prépare les bas, la chemise et le drap qui doivent être mes derniers vêtements.

» Je sens que le moment approche. Je le sens à une émotion de l'âme dont je ne puis me défendre, malgré mon courage.

» Je fais une prière à Dieu pour le repos de l'âme de Maria, pour mes enfants, pour moi-même ; car il y a un cri intérieur qui appelle à lui les sentiments du cœur les plus doux, les meilleurs et, avec eux, la confiance et l'espérance.

» J'entretiens le feu. Il me semble qu'il y a auprès de moi quelque chose qui vit.

» Si je n'avais pas été trompé, délaissé, abandonné, je n'en serais certainement pas où j'en suis.

» Mais seul, entraîné, abîmé dans un chagrin cuisant depuis la mort de Maria, sans consolation, sans espoir, poursuivi par le besoin, par la misère, humilié, calomnié, outragé, je n'ai vu qu'un moyen de sortir de cette situation extrême, et ce moyen c'est le suicide.

» *Deux heures.* — Que le temps passe vite ! Deux heures sonnent. Le vent est fort et vif au dehors.

» Je viens de mettre ma clef dans ma serrure, du côté de l'escalier, et j'ai suspendu à la clef, par un fil rouge, ma lettre à Marie Lachaise, ma concierge, dans laquelle je la préviens de l'événement et lui donne quelques instructions. De sorte que la première personne qui viendra ce matin la verra, la prendra, la remettra.

» *Deux heures et demie.* — Il faut pourtant que je m'occupe des préparatifs. Je ne veux pas que le jour me retrouve là.

» Le genre de mort ne m'était pas indifférent. Je voulais me tirer un coup de pistolet dans le cœur ; c'était un mode facile et prompt. Je n'ai pas pu me procurer de pistolet.

» J'ai fait l'essai de la strangulation à la manière de Pichegru, et j'ai compris que cela était d'une exécution aisée.

» Je vais donc attacher ensemble plusieurs petits morceaux de bois. Je les ai rapportés l'année dernière de Montmorency, où j'étais allé avec mes enfants. Attachés ainsi, il auront plus de force. Je les passerai dans le nœud de mon mouchoir de cou et je tournerai tant que les forces me le permettront.

» Pour plus de certitude de réussite encore, j'attacherai fermement au haut de ma bibliothèque une cordelière que j'ai depuis longtemps ; j'y ferai un nœud coulant, que je me passerai au cou ; je chasserai la chaise qui sera sous mes pieds et je resterai enfin suspendu.

» La strangulation et la suspension doivent avoir infailliblement leur effet.

» Nous allons voir.

» *Trois heures.* — Le feu passe ; je suis contrarié.

» Je fais une remarque : c'est que les besoins de la nature sont plus fréquents depuis tantôt.

» J'entends le bruit des voitures des maraîchers qui vont à la Halle.

» Allons !

» O mes chères enfants ! vos douces figures sont devant moi et me troublent !

» Du courage !

» *Trois heures et demie.* — Je viens de fixer la cordelière.

» J'ai essayé les quatre petits morceaux de bois attachés ensemble ; mais je ne pouvais pas les faire manœuvrer.

» J'ai pris un petit morceau de bois.

» A quatre heures ou quatre heures un quart j'exécuterai, pourvu que tout marche à mon gré.

» Je ne crains pas la mort, puisque je la cherche, puisque je la veux ; mais la souffrance prolongée m'effraie.

» Je me promène ; les idées s'évanouissent.

» Je n'ai que la conscience de mes enfants.

» Le feu noircit.

» Quel silence m'environne !

» *Quatre heures.* — Quatre heures sonnent. Voilà bientôt le moment du sacrifice.

» Je mets ma tabatière dans le tiroir de mon petit bureau.

» Adieu, mes filles chéries.

» Dieu pardonnera à mes douleurs.

» Je mets mes lunettes dans mon tiroir.

» Adieu... encore une fois, adieu, mes enfants bien-aimées ! vous avez ma dernière pensée. A vous les derniers battements de mon cœur ! »

Eh bien !
Qu'en dites-vous ?
Je défie qui que ce soit de lire sans effroi ce sombre mémorial.

Toutes les inventions du naturalisme pâlissent devant ce récit à la fois touchant et terrible. Je n'ai voulu le couper par aucune réflexion ; quelles réflexions vaudraient cette éloquence farouche, cette phrase brève et sans adjectifs, ces détails familiers qui donnent le frisson ?

L'horreur dans la simplicité ne saurait être poussée plus loin. Il n'est pas d'agonie célèbre qui soit comparable à celle de ce pauvre homme dans sa chambre chauffée par *le reste de dix-neuf sous de charbon*, vaquant à ses lugubres préparatifs, écrivant à tout son monde, sortant, rentrant, essayant ses petits morceaux de bois, s'arrêtant quelquefois, mais n'hésitant jamais.

Ici, l'homme de lettres s'efface absolument pour faire place à l'homme. Pas la moindre trace de pose. Rien que le tableau d'un individu tragiquement acculé dans la mort par la fatalité. Un acte de soumission à la Divinité, un regret à la famille, — et puis, comme mot de la fin : « Je mets ma tabatière dans le tiroir de mon petit bureau. »

Je pense quelquefois à la tabatière de Bourg-Saint-Edme.

———

Léon Laya était un honnête homme et un honnête littérateur. Il aimait son art et le pratiquait avec conscience. Souvent il s'était senti attristé par les feuilletons de la *jeune critique ;* elle lui reprochait de n'être plus de son temps, d'employer une phraséologie surannée. En vain se savait-il le public pour lui ; ce qui peut contenter les auteurs vulgaires, accoutumés à voir dans le chiffre de la recette le niveau de l'intelligence humaine, ne le contentait pas, lui. Il aurait voulu pouvoir satisfaire *tout le monde et son père*.

C'est ce louable sentiment qui l'a fait sortir un jour

de ses habitudes de discrétion pour m'écrire la lettre qu'on va lire.

Tout Léon Laya est là, avec ses pudeurs, ses fiertés, sa nature ombrageuse et essentiellement distinguée.

« Monsieur,

» La mesure est délicate entre les remerciements que nous devons à nos juges et la réserve qu'il convient d'observer dans leur propre intérêt, rien n'étant plus dangereux pour la liberté d'un galant homme qu'une main adroitement glissée dans la sienne, à un moment donné. J'avoue que je ne fuirais rien tant que l'apparence d'un aussi plat calcul.

» Toutefois, je ne voudrais pas paraître indifférent aux quelques mots obligeants publiés par vous, à plusieurs reprises, à propos du *Duc Job* et des *Jeunes gens*.

» Permettez donc, Monsieur, que je vous en adresse mes remerciements, toute réserve faite pour votre liberté passée et future, et même pour cette pointe de malice qui rehausse d'un sel aimable et courtois les efforts de votre bonne grâce.

» En accusant çà et là, dès votre point de départ, des doctrines littéraires en désaccord avec les miennes, votre critique donne plus de valeur à la sincérité avec laquelle vous recherchez et signalez ce qui, dans mes pièces, peut expliquer et légitimer à vos yeux, dans une certaine mesure, le succès obtenu par des procédés peu conformes aux vôtres. Il y a là, Monsieur, un fait fort à l'honneur de votre caractère et de votre bon sens, et auquel ne peuvent être insensibles ceux qu'en général la presse a peu habitués à de semblables délibérations.

» C'est ce qui m'a mis la main à la plume et m'a

dicté ces quelques lignes, que votre esprit clairvoyant saura, je n'en doute pas, apprécier.

» Votre dévoué,

« Léon Laya. »

Les auteurs dramatiques n'écrivent pas assez de ces lettres-là.

Leur adresse-t-on quelques vérités, enveloppées poliment, ils se renfrognent, boudent, se hérissent...

Les étouffe-t-on sous l'éloge, ils se décident à envoyer à leur juge, par la poste, un petit bout de carton-porcelaine, avec leur nom imprimé et ces mots au crayon : *Mille remerciements.*

Encore, pour cela, faut-il que l'éloge soit sans mélange, bien net, bien enthousiaste !

Rarement ils poussent jusqu'à la lettre, comme Léon Laya.

Tout s'enchaîne, et quelquefois aussi tout s'explique, — à la longue.

Une des meilleures pages de Paradol père — car il y aura désormais, unis dans une funèbre légende, Paradol père et Paradol fils — est intitulée : *De la Tristesse.*

J'y relève des passages bien significatifs :

« La jeunesse et la santé sont deux remparts qui bravent les assauts de la tristesse, et, tant qu'ils nous protègent, elle ne peut guère remporter sur nous que de faibles et courts avantages. Mais ces murailles protectrices sont sans cesse minées par le temps, et les déceptions de la vie en détachent chaque jour quelque pierre, jusqu'à ce que, la brèche étant une fois ouverte et s'élargissant toujours, la tristesse passe et repasse à son aise, en attendant qu'elle s'établisse au cœur de la place et n'en sorte plus. »

Un peu plus loin, Prévost-Paradol arrive à la véritable éloquence :

« Le sort nous demande incessamment un sacrifice après un sacrifice. Comme l'impitoyable Romain qui, après avoir dit au peuple de Carthage : « Donne-moi » tes vaisseaux, donne-moi tes éléphants, donne-moi » tes armes ! » lui dit enfin : « Donne-moi ta cité, que » je veux détruire, et va habiter plus loin ! » ainsi le sort nous presse ; et, après nous avoir dépouillés de cette illusion, il nous dit : « Quitte encore cette autre ; donne-moi enfin ce que tu as de plus sacré ou de plus cher, il faut que j'atteigne le fond de ton cœur ! »

Le sens de la fin de l'article est un peu plus obscur :

« Nos tristesses sont du même ordre que nos désirs, puisque nos désirs déçus les composent, et nos désirs, c'est nous-mêmes. Quelles sont donc les causes de notre tristesse ? Sont-elles nobles, élevées, avouables ou égoïstes, misérables, bonnes à cacher loin de toute lumière ?... Notre tristesse vient-elle seulement de l'inexécution de nos vœux injustes et de la soif inassouvie des plaisirs vulgaires ? »

Il est évident pour moi que Prévost-Paradol a *vécu* cet article.

C'était un inquiet. Après avoir été un écolier prodige, après avoir remporté toutes les palmes universitaires, après avoir trôné dans les salons et avoir joint, dit-on, plus d'un brin de myrte aux lauriers académiques ; après s'être vu proclamer le premier journaliste de son temps, dans un temps où il n'était pas aisé de faire du journalisme ; enfin, après avoir été heureux en tout, Prévost-Paradol s'était laissé gagner par la *tristesse*, ou pour mieux dire par l'inquiétude.

Je l'ai vu glisser des salons dans les coulisses des petits théâtres, venir s'asseoir sur une banquette du foyer des Variétés ou des Bouffes-Parisiens, conter nonchalamment fleurette à la première venue, en demandant, comme dans les *Marrons du feu :*

Est-ce la Monanteuil, ce soir, qui fait la reine ?

La vérité est que Prévost-Paradol était en train de tourner insensiblement à l'Alfred de Musset, — un Alfred de Musset encore un peu raide, un peu gauche, — lorsque le funeste caprice lui passa par la tête de traiter avec le gouvernement et d'en accepter une ambassade.

On sait le reste : à peine avait-il foulé le sol américain qu'il se faisait sauter la cervelle.

Le malheureux laissait un enfant en bas âge.

On est en droit de se montrer sévère pour Prévost-Paradol.

Et dire que, quelques années auparavant, il avait composé un mémoire intitulé : — *Du Rôle de la famille dans l'éducation,* mémoire couronné par l'Académie des sciences morales et politiques!

Du *Rôle de la famille* !

Devait-il donc oublier ce rôle si vite en un jour d'effrayant délire ?

Prévost-Paradol a été deux fois coupable, comme homme et comme père. On peut dire que c'est lui qui a tué son enfant.

Se représente-t-on, en effet, ce petit être grandissant, — en même temps que grandit à côté de lui, sans cesse présente, l'image de son père le suicidé ?

Combien de fois il a dû mettre ses mains sur ses yeux comme pour fuir cette obsession ! Que de cris il a dû pousser pour se débarrasser de ce cauchemar persistant.

Oublier, se consoler, cela lui eût été possible peut-être avec un père obscur, avec le premier pauvre homme venu.

Mais Prévost-Paradol ! Prévost-Paradol l'académicien ! Prévost-Paradol l'homme d'esprit ! (Voilà donc où conduit l'esprit !) — Impossible de ne pas rencontrer ce nom à chaque pas, à chaque détour de l'histoire contemporaine, dans chaque livre, dans chaque mémoire ! Toute la jeune génération connaissait Prévost-Paradol.

Aussi, lorsque ce pauvre jeune homme était forcé de se nommer, comprenez-vous ce supplice ? Voyez-vous les regards se fixer sur lui avec une étrange expression de curiosité et de compassion ? « Eh quoi ! semblait-on lui dire, vous seriez le fils de cet infortuné qui n'a pas eu de courage pour accomplir son devoir, pour vous consacrer sa vie, pour veiller sur votre berceau ? Ah ! comme nous vous plaignons, et quelle mélancolie vous devez traîner après vous ! »

C'était plus que de la mélancolie, hélas ! c'était une idée fixe. L'idée du suicide !

Le père l'avait déposée dans l'esprit de l'enfant, et l'enfant s'était insensiblement habitué à elle.

Il avait voulu comprendre la détermination de son père, et il avait fini par croire qu'il l'avait comprise. Il s'était dit : « Mon père était une haute intelligence, une pensée supérieure, de l'aveu de tous. S'il s'est tué, il a bien fait. Son exemple m'autorise à me tuer comme lui, lorsque je le voudrai, et lorsque je croirai mon heure venue. »

Le malheur est que le pauvre enfant a horriblement hâté son heure, et qu'il s'est tué à dix-huit ans.

C'est son père qui a chargé le pistolet.

C'est Paradol père qui a tué Paradol fils, par delà les mers et par delà les années.

L'orgueilleux écrivain, à qui je suppose une profonde hésitation au moment suprême, se sera peut-être dit : « L'enfant que je laisse après moi réagira contre mon mystérieux attentat et tentera de s'élever au-dessus de moi-même. »

Hélas ! il ignorait qu'il laissait un être aussi faible que lui, plus désarmé que lui, et qui, sans ressort, sans énergie native, sans grande pensée pour guide, sans but audacieux, au premier malheur, à la première déception, aveuglé, fou, devait se jeter du premier coup dans les bras de la mort, que lui avait entr'ouverts le fantôme paternel !

CHAPITRE XI

Un grand exemple de travail. — George Sand. — Trop de comédiens.

Dès qu'elle ne put plus écrire, elle mourut.

Ces mots devraient être inscrits sur la pierre de son tombeau.

Ils résument toute une existence presque absolument vouée au travail, ils évoquent un ensemble prodigieux de compositions, dont quelques-unes portent le sceau du génie.

> Après grand'peine et grand couraige,
> George Sand, voicy la mort !

Ce qui m'attire, lorsque j'examine l'œuvre et la vie de George Sand, ce qui m'arrête, ce qui me charme par-dessus tout et ce qui me paraît en dehors de tout, c'est la première période de son existence, — période éclatante, où le fantastique se mêle au réel. Cette période comprend son arrivée à Paris, ses années d'apprentissage, ses premiers succès, rapides et retentissants, et son apparition dans le monde littéraire sous ce mystérieux demi-masque d'hermaphrodite qui devait tant ajouter à sa renommée. Je vais de prime abord, avec une curiosité d'adolescent, à cette date lumineuse, à ces débuts qui ne ressemblent à aucun autre, à cette explosion de jeunesse, de passion et de style. Cette figure énigmatique a un attrait singulier pour moi ; je me sens si loin de la femme de lettres convenue, de la pédante ou de la minaudière !

Il y a plusieurs portraits de George Sand à cette époque. Un d'entre eux, le plus populaire, la représente en costume d'homme, une cravate de foulard lâche autour du cou. La figure est pleine, les yeux sont grands et dilatés, le menton est charnu ; ce pli auquel on a donné le nom de *collier de Vénus*, coupe un cou puissant. La gravité et la sérénité dominent dans cette physionomie toute d'exception, où la grâce féminine n'apparaît qu'au second examen. C'est une tête qui pense, et surtout une tête qui voit.

Ajoutez au bas de ce portrait un nom d'assassin : *Sand.*

Je ne m'étonne pas que les bourgeois du règne de Louis-Philippe en aient été effarouchés, et que les mères de famille se soient serrées d'effroi les unes contre les autres. Tel de ses chefs-d'œuvre a été fatalement obscurci par la fumée de sa cigarette légendaire. Au dire des bonnes gens, la queue du diable devait frétiller sous son pantalon. Et puis, il faut dire tout : la cravate de George Sand était rouge.

George Sand était républicaine.

Il y a des génies de formation successive et progressive. On doit reconnaître que George Sand n'a pas été de ceux-là. Victor Hugo a passé par les balbutiements des premières *Odes* et de *Han d'Islande ;* Lamartine a roucoulé *le Sacre de Reims ;* Balzac a eu quinze romans d'essai tués sous lui. George Sand a donné sa note du premier coup. *Indiana* et *Valentine* l'ont montrée telle qu'elle devait être.

Elle a eu plusieurs manières : la manière passionnée, d'où procèdent *Lélia, Jacques, Léone-Léoni, le Secrétaire intime, la Dernière Aldini ;* — la manière rustique, qui a donné naissance à *la Mare au diable,* à *François le Champi,* à *Jeanne,* à *la Petite Fadette ;* — la manière artistique, philosophique, politique et même géologique, comme dans *Jean de la Roche.*

Une chose devenue banale à force d'avoir été répétée, c'est que George Sand a subi en partie les influences très diverses de ses affections ou simplement de ses relations. Heureusement ou malheureusement? — la question est à réserver. On ne peut nier que de ses entretiens suivis avec Lamennais, avec Pierre Leroux, avec Pascal Duprat, ne soient sorties ces œuvres absolument mystiques ou franchement socialistes qui s'appellent *Spiridion, les Sept Cordes de la Lyre, le Compagnon du Tour de France.* Faut-il s'en étonner? Je ne le crois pas. Il vaut mieux, en adoptant les principes de critique générale de M. Taine, se rappeler que George Sand était femme, et qu'en sa qualité de femme un peu d'incertitude et même de faiblesse lui était permise. Ce qu'on ne saurait nier davantage, c'est qu'elle n'ait tiré un parti surprenant de ses relations. Celui qui écrira une étude complète sur son œuvre, et qui se fera un devoir de plonger dans ces livres à part, en rapportera des pages splendides et des aperçus éblouissants, — quelque chose de plus que ce que je n'en pourrais dire, car je n'en ai que la vision incertaine d'un souvenir déjà lointain.

Si des sommets nuageux de l'illuminisme (qui ne les gravissait alors, témoin Balzac avec *Seraphita ?*) nous redescendons dans le milieu complètement mondain de la plupart des romans de George Sand, de combien d'autres influences n'y trouvons-nous pas la trace? Une des plus accusées peut-être, sans être la plus importante, est celle qu'y ont laissée les comédiens et les comédiennes. Avec un enthousiasme souvent puéril, elle a subi leur fascination. Trente-sept ans après la première représentation de *Lucrèce Borgia*, elle écrivait les lignes suivantes :

« Je me souviens que j'étais au balcon, et le hasard m'avait placée à côté de Bocage, que je voyais ce jour-là pour la première fois. Nous étions, lui et moi, des étrangers l'un pour l'autre; l'enthousiasme commun nous fit amis. Nous applaudissions ensemble; nous disions ensemble : Est-ce beau ! Dans les entr'actes, nous ne pouvions nous empêcher de nous parler, de nous extasier, de nous rappeler réciproquement tel passage ou tel scène. Il y avait alors dans les esprits une conviction et une passion littéraires qui tout de suite vous donnaient la même âme et créaient comme une fraternité de l'art. A la fin du drame, quand le rideau se baissa sur le cri tragique : *Je suis ta mère !* nos mains furent vite l'une dans l'autre. »

Elle était allée aussi du premier jour à Madame Dorval; c'était immanquable.

« J'avais publié seulement *Indiana*, quand, poussée vers Madame Dorval par une sympathie profonde, je lui écrivis pour lui demander de me recevoir. Je n'étais nullement célèbre, et je ne sais même pas si elle avait entendu parler de mon livre. Mais ma lettre la frappa par sa sincérité. Le jour même où elle l'avait reçue, comme je parlais de cette lettre à Jules Sandeau, la porte de ma mansarde s'ouvre brusquement, et une femme vient me sauter au cou avec effusion en criant tout essoufflée : *Me voilà, moi!* »

Plus tard, ce fut Rouvière qui l'occupa, Rouvière pour qui elle écrivit son joli drame de *Maître Favilla*. Il était rare que la maison de Nohant, en ses beaux jours, n'abritât pas un ou une artiste quelconque : tantôt Mademoiselle Fernande, qui devait mourir avant l'heure ; tantôt Mademoiselle Thuillier, que la religion devait enlever au théâtre.

Afin de se mettre en garde contre les biographes, qu'elle a toujours vus d'un fort mauvais œil, et aussi peut-être pour suivre l'exemple de son maître Jean-Jacques Rousseau, George Sand a écrit l'*Histoire de ma vie*, — en dix volumes. C'est un peu plus long que les *Confessions*, et c'est surtout moins audacieux, cela va sans dire. La vérité y est arrangée et présentée d'une certaine façon, comme dans les Mémoires de Chateaubriand et les *Confidences* de Lamartine, avec une large part affectée aux paysages. Ces paysages sont traités de main de maître ; — ils ont été étudiés, dans un grand journal, par M. Anatole France, un critique des plus déliés doublé d'un excellent poète.

George Sand est assez prodigue de détails sur son enfance sauvage, — cela est sans conséquence, — sur sa famille, sur ses voisins de campagne. Ce n'est pas là qu'on l'attendait. Mais le lecteur est averti : elle ne dit que ce qu'elle veut dire. Tant pis pour le titre de l'ouvrage ! Aussi se heurte-t-on à bien des déceptions, c'est-à-dire à bien des portes closes, dans l'*Histoire de ma vie*. En revanche, des portraits en foule, d'un intérêt relatif, comme ceux de Delatouche et de M. Buloz, par exemple. Quant au roman de sa vie, — ou plutôt aux romans, — adressez-vous ailleurs. Mais ailleurs vous ne trouverez que des volumes entrebâillés, comme *Marianna* de Jules Sandeau, ou des vers éplorés, comme *la Nuit d'octobre* d'Alfred de Musset.

J'aime mieux chercher George Sand dans ses *Lettres d'un Voyageur*, le plus jeune, le plus gai, le plus inattendu, le plus varié, le plus brillant de ses livres, le plus révélateur, et celui qui lui survivra entre tous. Ah ! les livres qu'on écrit en se jouant, presque pour soi, au milieu de ses amis, dans l'âge rayonnant, par les grands soleils et par les belles campagnes, en touchant à tous les sujets, loin des bureaux de revues et d'imprimeries, sans contrôle d'aucune sorte, sous une treille embaumée, ou, la croisée ouverte, dans une chambre d'hôtellerie, au bruit d'une chanson sur l'eau, — comme ces livres-là ont chance de durer !

Telles sont les *Lettres d'un Voyageur*, où se rencontre, entre autres morceaux admirables, l'éloquent et terrible chapitre sur M. de Talleyrand intitulé : *le Prince*.

Aux *Lettres d'un Voyageur* joignez un petit roman : *André*, qui suffirait à lui seul pour rendre immortel le nom de George Sand.

Je vous défie de lire *André* sans être remué jusqu'au fond du cœur. C'est un chef-d'œuvre d'honnêteté, de simplicité, de poésie, — et qui n'est dans aucune manière...

Hélas ! je n'ai pas dit la centième partie de ce que je voulais dire sur George Sand. J'ai été à droite, à gauche. J'ai oublié *Consuelo*, j'ai oublié *Mauprat*, j'ai oublié bien d'autres romans et bien d'autres comédies. J'aurais voulu aussi dire quelques mots de ses dernières campagnes à la *Revue des Deux-Mondes* et au *Temps*.

Ce sera pour une autre fois et dans un autre livre.

CHAPITRE XII

Un négociant qui a mal tourné. — Coup d'épée avec
Théodore Barrière. — Émile Solié.

Je m'imagine aisément la stupéfaction profonde des négociants, lorsqu'un d'entre eux abandonne le négoce pour se livrer entièrement à la littérature. Il est vrai que le cas est peu fréquent. Pourtant il s'est produit dans la personne de Gustave Nadaud, apostat de la tenue des livres et déserteur des étoffes de Roubaix.

M. Nadaud est aujourd'hui un aimable chansonnier, qui continue la tradition de Désaugiers et dont les refrains voltigent sur les lèvres, principalement à l'heure du dessert. Lui-même a dit :

> Ma muse a des façons galantes
> Qui des prudes feraient l'effroi.
> Pardonnez-moi, femmes galantes ;
> Pauvre maris, pardonnez-moi.

Sans se distinguer par une extrême originalité, il a su exploiter un petit filon parisien dont il est encore maître et seigneur. Il a célébré (erreur de sa vingtième année !) les *Reines du Jardin Mabille*, de tristes reines par parenthèse ; il a étudié les mœurs de la *Lorette*, après Nestor Roqueplan et Gavarni ; il a chanté *Monsieur Bourgeois, Bonhomme*, le *Docteur Grégoire*, variations nouvelles sur des thèmes un peu surannés. Il a eu plusieurs succès populaires, tels que les *Deux Gendarmes*, bouffonnerie naïve, et *Carcassonne*, cette plainte touchante d'un vieux bonhomme de Limoux.

Il a servi de secrétaire à l'étudiant pour sa *Lettre à l'Étudiante,* — et cette lettre est, avec la *Réponse de l'Étudiante*, une des choses les plus réussies qui soient sorties de sa plume.

> Toi qui n'as jamais, que je pense,
> Dépassé Saint-Cloud ou Pantin,
> Tu te figures que la France
> N'existe qu'au pays latin.
>
> Détrompe-toi, ma bonne amie ;
> La province a des habitants
> Qui vivent avec bonhomie,
> Et qui sont toujours bien portants.
>
> Ce matin, près de la rivière,
> Je marchais, un livre à la main ;
> J'ai découvert une chaumière
> Où ne conduit aucun chemin.
>
> Une autre chose que j'admire,
> Ce sont les moulins, c'est charmant.
> Cela tourne à mourir de rire,
> On n'a jamais bien su comment...

Il faudrait un peu plus de morceaux comme cela dans l'œuvre de Gustave Nadaud. Habituellement, il se contente d'une indication trop facile, d'un trait trop fugitif ; ses refrains *respirent une aimable philosophie,* aurait-on dit autrefois. Cependant, il rencontre parfois un thème ingénieux, comme le *Prince indien*, comme *Mariez-vous, Auguste.*

Il faut compter avec ces jolies bluettes. Victor Hugo a dit : « La chanson est une forme ailée et charmante de la pensée ; le couplet est le gracieux frère de la strophe. »

Sainte-Beuve goûtait le talent de Gustave Nadaud. Théophile Gautier, qui ne se plaisait pas pourtant aux concessions, s'est exprimé ainsi sur son compte dans son *Rapport sur la Poésie française depuis 1830* :

« Gustave Nadaud a fait une chanson moderne qui reste dans les limites du genre et pourtant contient les qualités nouvelles d'images, de rythme et de style indispensables aujourd'hui... La chanson est une muse bonne fille, qui permet la plaisanterie et laisse un peu chiffonner son fichu, pourvu que la main soit légère ; elle trempe volontiers ses lèvres roses dans le verre du poète où pétille l'écume d'argent du vin de champagne. A un mot risqué elle répond par un franc éclat de rire, qui montre ses dents blanches et ses gencives vermeilles. Mais sa gaieté n'a rien de malsain, et nos aïeux la faisaient patriarcalement asseoir sur leurs genoux. »

On sait que Gustave Nadaud compose lui-même la musique de ses couplets et qu'il les chante dans les salons, le cas échéant. Un Pierre Dupont du monde. Sa musique est parfaitement à l'avenant de sa poésie, aussi agréable, aussi facile. Elle a le don de mettre en fureur les compositeurs sérieux, qui lui reprochent de manquer de science.

Nadaud a aujourd'hui une bonne pièce de soixante ans. Il est petit, ramassé ; mais l'allure est celle d'un homme dans toute la vigueur de l'âge. La parole est vive, l'œil est franc; il y a de la bonté dans sa bouche. Rien d'ailleurs qui trahisse la pose ou l'excentricité. Il a des relations partout, il connaît tout le monde; il est complaisant, affable. En récompense, il a eu beaucoup de petites satisfactions d'amour-propre; il en aura encore. Je le crois heureux.

Sa ville natale, Roubaix, lui a élevé un buste dans son hôtel de ville.

N'est-ce donc pas quelque chose?

———

J'ai échangé en effet un coup d'épée avec Théodore Barrière, à la suite d'une altercation survenue à une première représentation à l'ancienne Gaîté du boulevard du Temple. Tout a été dit sur le caractère de Barrière; je n'y reviendrai pas. Il croyait avoir à se plaindre de la sévérité d'un compte rendu que j'avais fait d'une de ses pièces les moins réussies, la *Maison du pont Notre-Dame*, et il prétendait m'interdire mon droit de critique à l'avenir.

Dès les premiers mots, la querelle avait pris un tour tel que le choix des armes devait revenir sans conteste à Théodore Barrière. Il constitua sur-le-champ ses témoins, qui étaient MM. Léon Sari et Cochinat. Moi, je courus dès le lendemain matin chez mes amis Albert de Lasalle et L'Herminier. Ainsi que je l'avais prévu, l'arme réclamée fut l'épée de combat, et le lieu de la rencontre fut fixé au bois de Meudon. J'employai le reste de ma journée à une visite prolongée au bon Grisier et à son prévôt Barrier, lesquels ne me dissimulèrent pas que ma force à l'escrime était au-dessous de la moyenne.

A dix heures et demie, le lendemain matin, par le plus beau temps du monde, Théodore Barrière et moi nous mettions habit bas dans une jolie clairière de Meudon, à deux pas de la maison de campagne de M. Charles Edmond. Des gendarmes survinrent, qui nous enjoignirent d'avoir à cesser toutes hostilités ; ils promettaient de ne pas dresser procès-verbal si, de notre côté, nous nous engagions à ne pas donner suite à nos projets de combat. Nous promîmes tout ce qu'ils voulurent, en les envoyant au diable.

Certains d'être filés, nous revînmes à Paris, où nous prîmes deux voitures, qui nous transportèrent à Nogent-sur-Marne. Un canot nous aborda à l'île de Beauté, où M. Léon Sari connaissait un terrain tout à fait propice. Toutes ces allées et venues avaient pris pas mal de temps ; mais nous avions l'horreur d'une rentrée ridicule.

Le soleil manifestait déjà l'intention de se coucher ; on tira les places au sort ; je ne fus pas avantagé. Hâtons-nous de dire que je reçus une blessure à la main. Il ne fut pas le moindrement question d'un rapprochement entre Barrière et moi ; chacun de nous avait le dépit d'avoir perdu à si mauvaise et si inutile besogne cette magnifique journée d'été. Après les saluts, on regagna, avec ses témoins, le chemin de fer. Toutefois, tous les deux nous emportions un peu plus d'estime l'un pour l'autre.

La réconciliation, retardée par tous les hasards de la vie parisienne, n'eut lieu que quatre ans après, à Bade ; elle fut sincère et durable.

J'allais oublier de dire que cette aventure eut son dénouement naturel devant la police correctionnelle. Me Desmarest parla pour Barrière ; l'élégant Carraby s'était chargé de ma défense. J'en eus pour deux cents francs d'amende, sur le délit de coups et blessures ; Théodore Barrière en fut quitte à cent francs seulement, pour cause de duel. Les témoins ne furent pas inquiétés.

Voilà, les détails rigoureusement exacts de cette équipée de jeunesse. On trouvera le reste dans tous les journaux du temps ; il y est question, entre autres choses, d'une paire de bretelles et d'un déjeuner fantaisiste. Je ne vous engage pas à tout accepter aveuglément ; dans le plus mince duel, quoiqu'on raille, il y a toujours la part de l'inconnu ou de la fatalité.

———

Personne ne s'est trouvé, à un certain moment, plus mêlé au monde des journalistes que ce petit homme rond, court, rougeaud, remuant. Il était de toutes nos fêtes plutôt que de tous nos travaux, — c'est-à-dire que nous le rencontrions principalement aux inaugurations de chemins de fer, aux courses de chevaux, et surtout dans les réunions de villes d'eaux, en Allemagne, en Suisse, en Belgique.

Il avait fini par devenir un courriériste spécialement balnéaire ; il s'était mis au régime de deux ou trois feuilletons par an dans le *Siècle*, pas davantage, sous le règne de Louis Desnoyers, son ami et son contemporain, à quelques années près.

Ce n'était pas qu'Émile Solié n'eût été un écrivain très actif au temps jadis. L'*Artiste*, l'*Entr'acte*, l'*Époque* et la *Presse* l'avaient compté au nombre de leurs rédacteurs assidus ; il avait concouru à la fondation et à la collaboration d'une multitude de petites feuilles : Le *Musée des Dames et des Demoiselles*, les *Nouvelles*, bien d'autres que j'oublie. Il écrivait correctement, agréablement même ; beaucoup de nos reporters d'à présent ne lui seraient pas allés jusqu'à la cheville, car il *savait*, — un mérite qui se fait de plus en plus rare.

Deux petites plaquettes recommandent son nom aux bibliophiles : une *Histoire de l'Opéra-Comique* et une *Histoire du Théâtre-Lyrique* ; elles sont recherchées. Il faut y ajouter des monographies de Gluck, de Lulli et de Rameau, publiées dans des journaux de départements et tirées à part, à un nombre fort restreint. Émile Solié était autorisé à ces études comme fils et petit-fils d'artistes lyriques.

Sous l'Empire, il accepta de rédiger en province quelques journaux de la couleur la plus douce et de la politique la plus conciliante. Sa plume n'avait rien d'agressif. Autre chose était de l'homme. Émile Solié souffrait de sa petite taille, et ne supportait pas facilement la plaisanterie. Il redoutait Nadar comme la poudre, Nadar qui l'avait affublé de sobriquets plus irrévérencieux les uns que les autres. Cette inquiétude continuelle lui avait donné des manies, des exigences ; à table il lui fallait les meilleurs morceaux ; au théâtre il lui fallait la meilleure place. Ceux qui le connaissaient ne faisaient qu'en rire, et c'était là précisément ce qui le désolait.

A Nice, en 1873, il eut une ou deux attaques d'apoplexie. A partir de ce moment, il déclina ; il devint morose ; il ne put plus sortir. Une religieuse le soigna pendant le mois de mars. Enfin sa sœur, Madame Roger Solié, la comédienne aimée, vint le chercher et le ramena à Paris. La maison Dubois le reçut, comme elle en a reçu tant d'autres qui s'appelaient Gustave Planche, Privat d'Anglemont, Henry Murger, Auguste Supersac, Charles Barbara, etc.

Je regrette de n'avoir pas été appelé au lit de mort d'Émile Solié. Mais a-t-il appelé quelqu'un ? Solié a toujours vécu seul, à toutes les époques de sa vie.

Ne cherchez pas l'explication de cela autre part que dans son nom.

CHAPITRE XIII

Darcier. — Son maître Delsarte. — Ses élèves : les frères Lionnet, Thérèsa.

Darcier a été pendant longtemps le premier de nos chanteurs populaires. Il aurait pu être mieux, en admettant qu'il y ait mieux. Il avait fait de fortes études musicales sous la direction de Delsarte, un professeur classique par excellence, doublé d'un original et d'un solitaire, qui enseignait dans un coin du faubourg de Chaillot.

Nul n'était meilleur phraseur que Delsarte ; il excellait dans les grands airs de Gluck, et, lorsqu'il voulait descendre, il n'avait pas son pareil pour interpréter les petits chefs-d'œuvre de notre langue, les fables de La Fontaine, par exemple. Il faisait un drame poignant de *la Cigale et la Fourmi*, et il agrandissait jusqu'aux étoiles *les Animaux malades de la peste*.

Non pas qu'il employât les procédés de Bouffé, qu'il fît un sort à chaque mot ; il allait au delà, il voyait plus large et plus philosophique. C'était un art absolument élevé dans le naturel. Ramenant sur lui les pans de sa longue redingote noire, la tête blanche, redressée et dominante, le geste sobre, grave, précis, Delsarte rendait saisissante l'action du poète. Car il y a des moments où La Fontaine est plus qu'un fabuliste et atteint aux plus hautes régions de la poésie. Delsarte était monté dans ces régions-là sans effort, par la seule puissance d'un génie fait de réflexion et d'étude.

Darcier ne pouvait avoir un meilleur maître. Jeune alors, il avait déjà quelque chose des habitudes farouches de Delsarte. C'était un mélancolique, un concentré. Le petit art lui était odieux dans ses basses concessions, et, bien que son ambition n'allât pas plus loin qu'à des succès de café-concert, il rêvait d'aborder le public avec des formules nouvelles.

Il réalisa son noble rêve dans les conditions les plus misérables. Un soir, dans un estaminet qui bouchait le fond du passage Jouffroy, à l'entresol, — en 1847 ou 1848, — on vit paraître sur l'estrade enfumée un beau jeune homme, dans le sens le plus artistique du mot, boutonné jusqu'au menton dans un habit noir, cheveux abondants et touffus, brun de peau, l'œil profond. C'était l'élève de Delsarte, c'était Darcier.

De la même façon qu'il ne ressemblait à personne, il chantait des choses qui ne ressemblaient à aucune. Ce n'étaient pas de ces fades romances, de ces sentimentalités qui visent au cœur des grisettes. Il disait des couplets robustes, sincères, tout imprégnés d'une odeur agreste : les *Bœufs*, de Pierre Dupont, les *Vendanges*, de Gustave Mathieu. Ce chanteur exceptionnel avait eu l'heur de rencontrer des poètes jeunes comme lui, ardents comme lui, épris de la vraie poésie comme il était épris de la vraie musique.

La révélation fut double. Tout ce que Paris contenait d'intelligences éveillées s'empressa à l'estaminet borgne du passage Jouffroy. Je m'en souviens comme si c'était hier : on y vit accourir Murger, Champfleury, Vitu, Baudelaire, Banville, ce petit clan de journalistes du *Corsaire* qui dirigeaient alors la mode et le caprice, et qui les dirigeaient littérairement, ceux-là.

Le succès de Darcier fut très grand et date de là ; il s'est toujours soutenu. C'était déjà un maître, un comédien sûr de lui-même et de ses effets, un musicien habile et particulièrement séduisant, tel qu'on n'en avait pas entendu depuis longtemps, le Garat du peuple.

Depuis, il est peu de cafés-concerts où Darcier n'ait chanté. Le théâtre l'a tenté aussi ; on l'a vu par aventure aux Bouffes-Parisiens, à la Porte-Saint-Martin, au théâtre Déjazet. Il a colporté en province deux petits opéras comiques faits pour lui : le *Violoneux* et les *Doublons de ma ceinture*, et la province lui a prodigué les mêmes applaudissements que Paris.

Mais ce n'est pas tout. Il y avait deux artistes en Darcier : après ou avant le chanteur il y avait le compositeur, — un compositeur délicieux et d'une sensibilité exquise. Certaines de ses chansons ont fait le tour du monde ; une de ses dernières est la *Tour-Saint-Jacques*, que les amoureux fredonnent encore. J'en pourrais citer une cinquantaine d'aussi charmantes.

Quelques mots sur l'homme compléteront cette esquisse. Il était fort plutôt que gros. La tête avait gardé son expression mélancolique des premières années, expression qui, de jour en jour, s'accusait jusqu'à la dureté. Darcier a toujours été plus ou moins misanthrope. Il n'allait jamais au-devant de personne et rendait peu la main aux avances qu'on lui faisait. Taciturne, ne procédant que par réponses laconiques, il lui arrivait parfois de déconcerter la sympathie.

Comme tous les êtres énigmatiques et froids, il a excité beaucoup d'amitiés autour de lui. On voulait avoir raison de ce tempérament renfermé, qu'on se plaisait à deviner rempli d'étincelles. Entre autres, Durandeau, Alexis Bouvier, Charles Vincent, les frères Lionnet ont fait avec plus ou moins de bonheur le siège de cette citadelle humaine. Un de ceux qui ont le mieux réussi à pénétrer dans son intimité quasi silencieuse était un brave garçon nommé Lavarde, employé au magasin des *Trois-Quartiers* et mélomane enragé.

Lavarde aimait et admirait Darcier au point d'en perdre la raison. Il le regardait comme un dieu et se serait ouvert le ventre pour lui comme un simple Japonais. Lavarde finit par quitter son magasin, où il avait une belle position, pour se livrer plus exclusivement à la contemplation de Darcier et pour chanter à sa suite dans quelques cafés. Mais il n'avait pas le talent de Darcier ; ce n'était que son clair de lune, et encore très affaibli. A force de déboires, il échoua à l'hôpital Beaujon, d'où il ne devait pas sortir.

Darcier alla l'y voir, cela va sans dire, et ce fut un suprême éblouissement pour le pauvre Lavarde. Il allait mourir heureux. Déjà il ne pouvait plus se mouvoir ni parler. Darcier le regarda longuement. Puis, au bout de quelques minutes, il lui posa cette interrogation, dont je modère l'énergie :

— Ainsi, tu ne... penses plus aux femmes ?

Inutile de dire quel fut le geste significatif et piteux de Lavarde.

Une des prétentions de Darcier, sa principale assurément, était sa prétention très justifiée à la force musculaire. Il a toujours vécu environné d'haltères, de boulets. Sa physionomie se déridait à la fréquentation des fameux lutteurs Rossignol-Rollin, Faouet et *moussu* Creste. Il ne rêvait que coups de poing triomphaux, et il en a asséné quelques-uns qui lui ont inspiré une grande confiance en lui-même.

Un jour, je le rencontre à l'Alcazar de Marseille ; il venait de signer un engagement pour le théâtre d'Oran.

— Hum ! lui dis-je ; Oran, c'est en Afrique... Hum !

— Oui... Eh bien ?

— Eh bien ! en Afrique il y a des lions.

Darcier eut un superbe mouvement d'épaules.

— Si je trouve un lion... je lui casse la gueule !

D'après ce qu'on vient de voir, le verbe de Darcier n'est pas emprunté précisément à l'hôtel de Rambouillet. Les reporters, qui ne reculent devant rien, reculeraient peut-être à intituler un de leurs articles : *Darcier dans le monde*. C'est un enfant de la nature et du carrefour ; il a, comme Schaunard, une pipe pour aller dans les salons. Quelques-unes de ses répliques sont demeurées célèbres, mais elles sont d'une énergie et d'une fierté qui eussent mieux trouvé leur place sur le champ de bataille de Waterloo que dans le faubourg Saint-Germain.

CHAPITRE XIV

Gil-Pérès en voyage. — Le Moulin-Rouge. —
La Brasserie de Saint-Léger.

...... Cela me rappelle un dîner que je fis avec Gil-Pérès à Bordeaux, en 1875 ; Gil-Pérès revenait des Pyrénées, moi j'y allais. Notre jonction eut lieu sur les allées de Tourny, qui sont des allées sans arbres. Celui qu'on appelait alors si justement le « spirituel comique », était accompagné de ses camarades Delannoy et Courdier. Nous décidâmes immédiatement (six heures sonnaient) de prendre notre nourriture ensemble.

Courdier proposa le Moulin-Rouge, un restaurant champêtre, aux portes de Bordeaux. Le Moulin-Rouge a ceci de particulier qu'on n'y voit aucun moulin, de quelque couleur que ce soit. Ce n'en est pas moins un endroit fort agréable, planté de beaux arbres, et qui a la renommée pour les fins repas.

Pendant qu'on mettait notre couvert, Gil-Pérès rappela ce mot d'Henri Monnier : « Venez avant le dîner, nous aurons le temps de causer, *nous nous dirons nos caractères.* » Le *caractère* de Gil-Pérès était en ce temps-là plein de gaieté. Une pointe de moquerie, qui serait aisément devenue de la mystification, assaisonnait ses paroles. L'existence était bonne pour lui ; il était à l'apogée de sa réputation, idolâtré du public, recherché des auteurs qui étaient loin de se plaindre de ce qu'il ajoutait à leurs pièces. Il semblait n'avoir qu'à se laisser vivre.

Le caractère de Delannoy était plus compliqué et plus sérieux. On n'aurait jamais deviné un acteur comique sous ces traits impassibles, dans ce grand corps majestueusement redressé, dans cette diction cadencée et légèrement emphatique. On aurait plutôt parié pour un magistrat, ou tout au moins pour un chef d'institution. Delannoy apportait une gravité convaincue dans ses moindres actions, dans ses moindres phrases, dans ses moindres mouvements. Tout était pour lui matière à dissertation et à conférence. Il achetait un lapin au marché avec la même importance pénétrée qu'il aurait mise à requérir contre un délinquant.

D'ailleurs convive précieux, fin appréciateur, belle fourchette, toutes les qualités d'un magistrat, comme on voit.

Gastronome aussi, Courdier, le plus bel organe tragique qu'on ait entendu depuis Beauvallet.

Ce que fut notre dîner, on le devine. C'est un lieu commun de répéter qu'on mange bien à Bordeaux. Si nous mangeâmes comme on mange à Bordeaux, nous causâmes comme on cause à Paris. Tous nos amis communs furent évoqués et passés en revue ; Gil-Pérès, dont les relations étaient nombreuses et touchaient à tous les mondes, savait les anecdotes les plus divertissantes. Il racontait comme il jouait. Grâce au vin de Saint-Émilion, ce jour-là sa verve fut doublée. On sentait qu'il jouait *pour lui.*

Il était assez tard lorsque nous quittâmes le Moulin-Rouge. La nuit était magnifique ; les rayons de la lune nous baignaient de lueurs blanchâtres.

Gil-Pérès bondissait comme un jeune chevreau.

Arrivés à la place Dauphine :

— Entrons à la brasserie de Saint-Léger, dit Courdier.

Saint-Léger était et est encore un acteur de drame qui se délasse de ses succès en vendant de la bière. — Je croyais qu'on ne s'appelait plus Saint-Léger depuis longtemps, pas plus que Floricour ou Belval. — Je suivis mes compagnons avec curiosité.

Au physique, Saint-Léger est un homme aux épais sourcils, à la rude moustache ; l'ensemble de sa physionomie rappelle un peu Jenneval. Comme Jenneval, il joue d'une façon intermittente, sans engagement régulier, tantôt ici et tantôt là. On le demande quelquefois à Agen ou même à Toulouse pour créer un rôle, — et il ne refuse pas, de temps en temps, de donner un coup de main à son voisin le Théâtre-Français de Bordeaux, lorsque celui-ci a besoin, pour ses représentations du dimanche, d'un bon Judaël dans *Lazare le Pâtre,* ou d'un excellent John dans le *Sonneur de Saint-Paul.*

L'accueil que nous fit Saint-Léger fut plein de dignité et d'affabilité. Il nous servit de sa bière la meilleure et ne dédaigna pas de s'asseoir à notre table. — où la conversation fut continuée par Gil-Pérès sur un ton d'enjouement qui devait s'accentuer de plus en plus.

A cette époque déjà, la gaieté du spirituel comique commençait à être faite de beaucoup de choses fantasques, de caprices nerveux. Nous en eûmes la preuve ce jour-là. Entendant sonner minuit, il se leva comme sous la pression d'un ressort.

— Ah ! mon Dieu ! s'écria-t-il.

— Qu'est-ce qu'il y a ? demandâmes-nous.

— J'ai oublié d'aller porter une lettre dont P... m'a chargé pour ses vieux parents.

— Eh bien ! tu iras la porter demain, dit Delannoy.

— Non, non, continua Gil-Pérès ; des vieux parents... de bons vieux parents... c'est sacré... Tu ne comprends pas cela, toi... Qu'on m'envoie chercher une voiture !

— Où demeurent ces vieux parents ? demanda Courdier.

— Rue du Palais-Gallien.

— Dans des ruines, grommela Delannoy.

— J'irais dans l'enfer pour remplir un devoir aussi pieux, ajouta Gil-Pérès... Avec quelle anxiété ces bons vieillards doivent attendre des nouvelles de leur enfant !

— Ces bons vieillards sont couchés depuis longtemps, dit Delannoy.

— Ils se relèveront pour me bénir !

Le voyant décidé :

— Je vais vous donner un de mes garçons pour vous accompagner, monsieur Gil-Pérès, lui dit Saint-Léger.

— Je n'ai besoin de personne, répondit-il avec un de ces gestes qui n'admettent pas de réplique.

Et Gil-Pérès disparut dans l'ombre.

. . . .

J'appris, quelques jours après, par Saint-Léger, comment tout s'était passé. Après un premier moment d'étonnement, *les bons vieillards* avaient affectueusement accueilli Gil-Pérès. On avait rallumé pour lui la lampe du salon et on avait débouché une antique bouteille de liqueur. Sans doute, on l'avait bien trouvé *un peu gai*, mais charmant, et il était parti, comme il l'avait prévu, couvert des remerciements de ces deux braves gens, — remerciements parmi lesquels reparaissait souvent cette phrase :

— Il ne fallait pas vous donner tant de peine !

Depuis ce dîner au Moulin-Rouge de Bordeaux, j'ai souvent revu Gil-Pérès à Paris, tantôt dans la rue, plus souvent au Palais-Royal, sur le théâtre de ses succès, où d'autres succès l'attendaient encore, mais plus rares, moins significatifs, moins éclatants. Le beau temps du *Brésilien*, de la *Mariée du Mardi gras*, de la *Sensitive*, semblait passé. Étaient-ce les créations qui lui manquaient ? Ou lui-même n'entrait-il plus avec autant de souplesse dans la peau des personnages ? Il paraissait terne, fatigué. Il compromit le *Prix Martin*, d'Augier et Labiche ; il *lâcha*, au bout de quelques représentations, le *Renard bleu*, et les *Trois Vitriers* et d'autres pièces de diverse valeur, qui avaient le droit de compter sur lui.

Que se passait-il en Gil-Pérès ? On a cherché des causes à cet affaiblissement des facultés de l'artiste ; on en a trouvé quelques-unes de flatteuses pour l'homme.

— Comme la plupart des acteurs bouffons (explique cette énigme qui pourra !) Gil-Pérès était aimé des femmes. Sa santé s'altéra, son service au théâtre devint irrégulier.

Cela ne faisait pas l'affaire des directeurs du Palais-Royal, qui voyaient avec une inquiétude croissante le moment où ils ne pourraient plus compter sur un de leurs chefs de troupe. Ils lui confièrent en dernier lieu la reprise du *Mari de la dame de chœurs*, où son échec fut absolu. En eut-il la conscience ? On peut le supposer, car, à partir de ce moment, il ne fit que traîner une existence désemparée. Il errait plutôt qu'il ne se promenait sur le boulevard, les yeux fixés en terre, rasant les magasins, évitant « les camarades »; il devenait taciturne et, chose inquiétante, il ne parlait plus de reprendre son emploi.

Ses directeurs voulurent cependant tenter une nouvelle épreuve. On prit le prétexte d'une matinée à bénéfice au théâtre de la Porte Saint-Martin et on dépêcha vers lui un de ses camarades, qui lui demanda de jouer les *Incendies de Massoulard*.

Tout d'abord Gil-Pérès parut étonné, puis il répondit :
— Pourquoi pas ?...

Ceux qui ont assisté à cette représentation en ont gardé une impression douloureuse et qui ne s'effacera pas de longtemps. On vit entrer sur la scène un homme égaré, balbutiant ; mais, l'égarement ayant toujours été un de ses moyens de comique, on ne s'en étonna pas outre mesure. Gil-Pérès joua les premières scènes machinalement, mécaniquement, en somnambule. Puis tout à coup, au milieu de la pièce, il s'arrêta, regarda le public en face ; sa bouche s'ouvrit et aucune parole n'en sortit. Il porta la main à son front et fit quelques pas en chancelant. Cette fois, il était impossible de croire à un effet grotesque. La désorganisation qui s'accomplissait chez ce pauvre être était complète, évidente.

Il ne retrouva la parole que pour s'écrier avec une expression déchirante et en se tordant les bras :
— Je ne peux pas !... Je ne peux pas !

On baissa immédiatement le rideau dans la stupeur générale.

Et, détail affreux, derrière le rideau baissé, on entendit encore plusieurs fois ce cri désespéré de Gil-Pérès qu'on emportait :

— Je ne peux pas !... Je ne peux pas !

Depuis lors, ce fut bien fini.

Il ne sortit presque plus de son appartement. Sa conversation se fit de plus en plus incohérente. On le vit pleurer un soir au café des Bouffes Parisiens...

———

Gil-Pérès avait été atteint autrefois, à vingt-un ans, d'une très grave fluxion de poitrine. Sa vie avait été en danger. Il demeurait alors sur le boulevard du Temple, dans la maison de M. Mourier, le directeur des Folies-Dramatiques.

Six de ses amis résolurent de le veiller à tour de rôle.

Une nuit, ce fut le tour de Deloris, un comédien d'une stature colossale, qu'on peut se souvenir d'avoir vu un instant au Théâtre-Français, et qui est mort, il y a quelques années, marchand de tableaux, à la Chaussée-d'Antin.

Deloris se rendit avec empressement, à l'heure exacte, au chevet de Gil-Pérès, qui le reconnut et le salua du sourire décoloré des malades. La veilleuse était sur la table de nuit. Le rôle de Deloris était bien simple : il n'avait qu'à donner d'heure en heure une tasse de tisane à Gil-Pérès.

Malheureusement, Deloris, qui était un excellent homme, portait la peine de son embonpoint : il était gourmand et dormeur. On lui avait préparé un ambigu, un en-cas. Il commença par manger l'en-cas, et quand il l'eut mangé, il s'endormit dans son fauteuil.

Au bout de quelque temps, ce qui devait arriver arriva. La voix faible de Gil-Pérès se fit entendre, murmurant :

— Deloris....

Mais Deloris dormait profondément.

— Deloris... ma tisane...

Deloris ronflait, ce qui est la manière de répondre des dormeurs.

Gil-Pérès se résigna.

Une heure après, il recommençait son antienne :

— Deloris... ma tisane...

Deloris voyait les anges.

Les tentatives du pauvre malade se renouvelèrent plusieurs fois pendant la nuit, avec aussi peu de succès.

A la fin, rassemblant un reste de forces, il sortit de son lit et s'en alla au fauteuil où reposait Deloris.

Il lui frappa sur l'épaule.

— Quoi ? qu'y a-t-il ? fit celui-ci en se réveillant, effaré.

— Tiens, dit Gil-Pérès avec un accent d'une inexprimable douceur, couche-toi... je vais te veiller.

CHAPITRE XV

Le 4 septembre. — Pipe-en-Bois. — Eugène Razzoua.

Le 4 septembre 1870 est une de ces dates qui prennent de la grandeur à mesure qu'elles s'enfoncent dans le passé et dans l'histoire. C'est le propre des événements importants qui n'ont eu qu'un nombre restreint d'acteurs et de spectateurs. Je me range dans cette seconde catégorie pour essayer de restituer au 4 septembre ses véritables proportions.

Il apparait très distinctement dans mon souvenir. C'était une admirable journée de dimanche, sur laquelle planait un soleil éclatant. On s'était donné rendez-vous la veille pour renverser le Corps législatif; on y arriva comme chez soi, ni trop tôt, ni trop tard. Il n'y eut donc pas là une de ces irruptions d'un peuple tout entier, une de ces coulées de lave à travers les rues, une de ces descentes de torrent sur les places.

L'insurrection, si on peut l'appeler ainsi, avait été non pas improvisée, mais sagement convenue. C'était moins une insurrection qu'une formalité. Les visages n'avaient rien de farouche. « Entrez donc ! » dirent ceux qui gardaient le pont. Une fois entrée, l'insurrection se comporta comme en 1848, comme toujours ; il n'y a pas deux manières d'envahir une Assemblée. L'insurrection s'installa sur les banquettes demeurées vides, s'empara de la tribune, monta au fauteuil du président. Je ne répondrais pas que M. Schneider n'ait été reconduit avec plus de renfoncements qu'il n'était nécessaire. Ce sont les petits inconvénients du pouvoir.

Après avoir fait maison nette et proclamé la République, l'insurrection proposa d'aller à l'hôtel de ville, selon la tradition révolutionnaire.

Au sortir du Corps législatif, l'enthousiasme commença seulement à se répandre dans Paris. Ce fut alors comme une traînée de poudre. Éclipse subite et totale des sergents de ville. La République nouvelle n'avait pas coûté un coup de fusil, elle n'avait pas fait tirer un sabre du fourreau. Les pêcheurs à la ligne du quai d'Orsay ne s'étaient aperçus de rien. Le cri de : *Vive la République !* fut bientôt général. *Vive la République !* criaient les gardes nationaux. Et les familles sorties pour la promenade de s'étonner.

Tandis que les futurs membres du nouveau gouvernement provisoire se dirigeaient vers l'hôtel de ville, hommes anciens et hommes nouveaux, tous dévoués à une idée commune, le général Trochu prenait le chemin du palais des Tuileries, à cheval, et fendant lentement — très lentement — la foule qui l'acclamait. Pourquoi l'acclamait-elle ? Je serais assez embarrassé de le dire.

J'étais sur la place du Carrousel lorsque le général Trochu y arriva, et fort près de lui.

Je cherchais à deviner les émotions qui devaient

l'assaillir, — et elles étaient nombreuses et diverses, — mais vainement. Bien fin aurait été celui qui aurait pu se flatter de lire dans la physionomie de ce petit homme énigmatique et têtu, de ce Breton mystérieux et sentimental, bavard comme pas un dans l'intimité. Il saluait fréquemment du képi, se demandant sans doute intérieurement, comme moi, comme beaucoup de monde, la raison de ces acclamations.

Au milieu de la place du Carrousel, il eut un moment d'hésitation, qui dut être grave et décisif dans sa vie, et ses regards se tournèrent vers le palais envahi. Envahi, je me trompe ; le palais des Tuileries ne le fut pas au 4 septembre 1870, comme il l'avait été au 24 février 1848 ; il ne le fut pas, grâce à... Victorien Sardou, qui, avec la vivacité qu'il apporte en toute chose, avait organisé une garde de surveillance. C'est à cet homme de lettres qu'on doit de n'avoir pas vu se renouveler les scènes de désordre qui avaient signalé, vingt-deux ans auparavant, le départ de Louis-Philippe et de sa famille.

On peut faire des pièces de théâtre et être un citoyen énergique à ses heures. Victorien Sardou a eu une de ces heures-là au 4 septembre.

Donc, le général Trochu regardait le palais des Tuileries. Il le regardait comme un chien regarde une volaille à la broche. Évidemment, la pensée d'aller l'habiter traversa son cerveau. Je ne le quittais pas des yeux, étant à six pas de lui.

— Ira-t-il ? dis-je à Sixte Delorme, qui m'accompagnait. (Je cite mes témoins.)

— Eh ! eh !

— Oui... non...

— S'il y va, c'est la dictature ! murmura Sixte Delorme.

Pendant ce temps, le général avait poussé son cheval vers les Tuileries ; il avait même déjà fait quelques pas dans cette direction, — lorsque tout à coup nous le vîmes tourner bride et gagner modestement son logement de la rue de Rivoli, en face du Palais-Royal.

Que s'était-il passé en lui pendant cette minute ?

Aujourd'hui, il y a quelque part, dans un coin de la province, un homme âgé, qui vit obscurément. On le dit bon; peut-être élève-t-il des poissons rouges dans un bocal. Il a été donné à cet homme d'occuper un des plus hauts postes dans les temps modernes, haut à donner le vertige. La Providence ou la fatalité — comme on voudra — lui avait confié la défense d'une grande cité et le commandement d'un grand peuple, un peuple brave et aventureux à l'excès. Lui-même était un soldat ayant fait ses preuves. Il semblait parfaitement digne de la mission que le sort lui avait imposée.

Eh bien ? cet homme est demeuré inerte. Il n'a pas plus bougé qu'un soliveau. Pendant que les armées étrangères enveloppaient lentement Paris, il discourait paisiblement, debout, devant sa cheminée, car il avait la passion du discours. Lui qui avait su se servir d'une épée, il ne se servait plus que d'une langue. De temps en temps, il passait des grands cordons au cou des généraux ses collègues; il faisait des grand-croix, des commandeurs. Pendant ce temps-là, le pain allait manquer.

Comme on le suppliait de faire une sortie et qu'il résistait toujours, cet homme fut saisi un jour d'une belle résolution : il alla, non pas sur le champ de bataille, mais chez un notaire. Là, il déposa un plan qui devait pulvériser l'ennemi. On sait la fin de cette lamentable parodie. Paris, fou de rage, dut se rendre. Cet homme tira son épingle du jeu et s'en alla vivre chez lui, à la campagne, comme s'il avait fait de grandes choses, comme un Cincinnatus. Peut-être a-t-il la conscience nette.

Cet homme, qui nourrit aujourd'hui les petits oiseaux sur sa fenêtre, est mon général de la place du Carrousel.

———

La renommée — bien frivole — de Georges Cavalier date de la première représentation à l'Odéon de *Gaëtana*, d'orageuse mémoire. C'était dans l'hiver de 1862. Très jeune étudiant, presque enfant, il s'y fit remarquer par son hostilité bruyante.

Une partie de la jeunesse d'alors, celle du quartier latin du moins, en voulait à M. Edmond About pour ses relations avec le haut monde officiel. — Cavalier et son groupe d'amis furent implacables.

Dans des circonstances analogues, on le retrouve trois ans plus tard, au Théâtre-Français. Il s'agissait cette fois d'*Henriette Maréchal*, une pièce des frères de Goncourt, à laquelle on reprochait d'avoir passé par le salon de la princesse Mathilde. Georges Cavalier se mit à la tête d'une cabale formidable; — c'est alors que son surnom baroque de *Pipe-en-Bois* commença à arriver au public.

Pourquoi Pipe-en-Bois? Ces choses-là ne s'expliquent pas. On s'enquit de l'individu : on sut que c'était un élève de l'École des mines, très intelligent, mais dont la construction physique prêtait au sourire. Maigre d'une maigreur idéale, pâle comme Deburau, la lèvre contractée par un rictus continuel, un nez de polichinelle, un menton de galoche, Pipe-en-Bois faisait songer à ces casse-noisettes dont les fabricants de Nuremberg ont la spécialité.

D'ailleurs bon camarade, teinté de littérature, et affilié à la jeunesse républicaine. Le hasard nous fit nous rencontrer à cette époque, je n'en voulus point au hasard.

A ce moment, on abusa de sa célébrité de vingt-quatre heures pour publier une brochure intitulée : « *Ce que je pense d'Henriette Maréchal, de sa préface et du Théâtre de mon temps,* par Pipe-en-Bois; 1866, grand in-8° de 27 pages; Librairie centrale. »

On y lit entre autres sornettes : « Sans que cela paraisse, je suis un homme sérieux, malgré les cris poussés au bal de l'Opéra, où mon nom vient de réveiller les échos mal endormis qui se sont renvoyé le nom de Lambert... »

Il paraît que Pipe-en-Bois avait eu les honneurs d'une ovation carnavalesque. C'est un point biographique de plus à fixer.

Il désavoua publiquement ce factum, dont le véritable auteur n'est connu que de très peu de personnes, et que j'ai fait relier à la suite de mon exemplaire d'*Henriette Maréchal.*

Ici s'arrête la carrière de Georges Cavalier, considéré comme chef de cabale dramatique.

Je n'ai pas à examiner son autre carrière, ni à apprécier les motifs qui le jetèrent dans la politique d'action. Modeste action que la sienne ! Elle s'est bornée à un emploi de deuxième ou troisième secrétaire à la délégation de Tours et à celle de Bordeaux.

Il avait accepté sous la Commune les modestes fonctions d'inspecteur des jardins publics, et jamais, je dois le dire, ces fonctions ne furent remplies avec plus de zèle et de conscience. Jamais nos promenades ne furent mieux entretenues qu'à cette époque bouleversée.

Un jour que, traversant la place du Carrousel, je venais de me heurter contre les anneaux du serpent en fer d'un arroseur, je me trouvai nez à nez (et quel nez !) avec Cavalier.

— Te voilà, Le Nôtre ! lui dis-je dans un cordial bonjour.

— Eh bien ! prononça-t-il avec une large expression d'orgueil, qu'est-ce que tu penses de cela ?

— Splendide ! Je suis éclaboussé de la tête aux pieds.

— On t'aura pris pour un oranger, me dit-il en riant de son rire de mascaron.

Il n'était pas d'ailleurs, comme beaucoup d'autres, sans inquiétude pour le résultat de cette période de résistance. Il voyait le ciel sombre. Dans la poignée de mains sur laquelle nous nous séparâmes, il y eut cette pression prolongée qui trahit les inquiétudes et les cruautés de l'avenir.

Je ne le revis plus.

Qui voudra le croire ?

Eugène Razzoua, qu'une certaine légende représente constamment environné de nuages de tabac ou traînant un sabre humide de sang, Eugène Razzoua a été pendant quelque temps un des rédacteurs ambrés et musqués de la *Vie parisienne*.

Invraisemblable, — mais absolument exact.

Razzoua a été un écrivain de *high life* ; il a mis des manchettes de dentelle à sa plume, il a sablé sa copie avec du tabac d'Espagne. Comme un autre, il a joué du Gontran et du Guy ; on l'a surpris commençant un article de cette façon : « Très coquet, le déshabillé de la petite baronne... »

Razzoua a peut-être su, en des temps meilleurs, ce que c'était qu'une petite baronne.

Mais n'allons pas trop loin : ce sont surtout des articles de sport, des souvenirs de voyage, que Razzoua a donnés à la *Vie parisienne*. La plupart de ces pages ont été réunies en un volume fort intéressant.

La guerre de 1870 mit Razzoua en évidence. Comme il avait servi longtemps en Afrique, on fit de lui un chef de bataillon de la garde nationale. Il commanda le 61e, où il eut sous ses ordres un assez grand nombre d'artistes et de littérateurs du territoire de Montmartre, entre autres Olivier Métra, Emile Bénassit, Tony Révillon, Louis Davyl, Maisonneufve, etc. etc.

Plus tard, nommé député de Paris, il alla siéger à l'Assemblée de Bordeaux. Il donna sa démission, avec le groupe de Victor Hugo, et revint à Paris quelques jours avant le 18 Mars.

On sait le reste.

Les détails de son évasion de Paris, quelques jours après l'entrée des troupes versaillaises, participent du roman. Le moment n'est pas venu de les raconter : ils pourraient compromettre un gentilhomme charmant, très connu et très aimé. Cet excellent baron (ai-je dit que c'est un baron?) obligea Razzoua à couper sa barbe et le fit monter avec lui dans sa chaise de poste. « Fouette, cocher! Aux fortifications! » Razzoua passa comme son domestique. Il était libre.

Le gentilhomme avait sauvé un homme du peuple, qui n'avait pas l'ombre d'un homicide à se reprocher, — quoi qu'on en ait pu dire.

Mais, je le répète, l'heure n'est pas venue de détailler et d'insister.

J'ai revu Eugène Razzoua à Genève, dans le courant du mois d'août 78. L'exil n'avait rien enlevé à la placidité de son humeur et à la simplicité de ses habitudes. J'ignore s'il s'était remis à travailler pour la *Vie parisienne.*

CHAPITRE XVI

Il manque cinq millions. — M. Blanc. — La création
de Monte-Carlo.

Un soir, sous la lampe d'un salon de la rue de Rivoli, plusieurs personnes étaient rassemblées, lisant les journaux.

— Ah ! dit une voix, il manque cinq millions pour achever le nouvel Opéra.

M. Blanc attira à lui une plume et de l'encre, et signa un bon de cinq millions.

Le jour de l'inauguration du nouvel Opéra, il n'y eut qu'une personne d'oubliée dans la distribution des places.

Ce fut M. Blanc.

Cet homme était un financier des plus remarquables.

Balzac ne l'a pas connu, et il n'a pas connu Balzac, quoique tous les deux appartinssent à la même époque. Ils méritaient de se rencontrer, car tous les deux avaient sur l'argent les mêmes idées, — et ils ont fait de l'argent l'un le pivot de sa littérature, l'autre le pivot de son existence.

Quel portrait Balzac aurait fait de M. Blanc ! L'air rusé, tranquille, les lunettes d'or à demi tombantes sur le nez, l'impertinence nichée au coin des lèvres, le menton ferme, le geste rare, la parole trempée dans cet accent provençal qui donne aux moindres paroles un ton de despotisme et de raillerie, et cette démarche toujours pressée qui n'admet aucun importun à sa suite, — tel était M. François Blanc, le directeur du Casino de Monte-Carlo.

Il avait de l'esprit, doublé d'une méfiance acquise au contact de toutes les intelligences européennes, grandes et moyennes. Les petites, il n'a jamais daigné s'en soucier. Accessible comme les Rothschild, M. Blanc avait comme eux cette absence d'illusions qu'engendre une longue habitude administrative.

Il ne croyait qu'aux chiffres, mais il y croyait avec une rare supériorité et avec une lucidité de savant.

M. François Blanc, avant d'être directeur du Casino de Monte-Carlo, était directeur du Casino de Hombourg. Progressivement et sagement, il l'avait mis sur un très beau pied. Si M. Benazet était le Louis XIV de Bade, comme le lui disaient ses flatteurs, M. Blanc, — qui a toujours eu les flateurs en grippe, — était le Colbert de Hombourg.

Pour moi, je n'ai jamais raffolé de ce lourd Kursaal qui avait quelque chose d'un grand pénitencier.

Cependant, M. Blanc avait su y attirer toute l'Europe. C'est à Hombourg qu'il jeta les assises d'une fortune qu'on a évaluée à près de quatre-vingts millions.

Sans y apporter un entrain qui n'était pas dans son tempérament, il savait déjà bien *faire les choses*, comme on dit. Il n'hésita pas à engager la Patti, devenue marquise de Caux, pour une série de représentations, au prix de 5,000 francs par soirée.

Mais je ne répondrais pas qu'il ait été l'applaudir.

Aujourd'hui, Hombourg-les-Jeux n'existe plus, et une demi-douzaine de buveurs de tisane se promènent devant la Maison de Conversation de Bade.

Mais Monte-Carlo s'est élevé sur ces deux ruines; Monte-Carlo, l'œuvre la plus considérable de M. Blanc, sa création favorite enfin.

Là, M. Blanc a donné toute sa mesure et démasqué l'homme d'initiative qu'il était. A coups de millions, il a dégrossi un cap inculte, et d'un désert il a fait surgir le jardin le plus merveilleux du littoral de la Méditerranée.

Il n'y avait que lui qui pût rêver et mener à bien un aussi colossal projet.

Croirait-on que cet homme d'une ambition si vaste fût le plus simple des hommes ! La tête bouillonnait, mais le visage restait immobile. On aurait dit, avec sa redingote noisette, un petit rentier, rêvant de construire une petite grotte dans son petit jardin, avec des lapins en plâtre et un jet d'eau.

M. Blanc eut énormément à lutter pour fonder le Casino de Monte-Carlo. Mais le ciel l'avait doué d'une forte dose de tenacité et d'une provision intarissable d'activité. Joignez à cela le nerf des affaires, — l'argent, — et l'on comprendra qu'il ait aplani les obstacles, comme il avait aplani les terrains. La vérité est qu'il a fait la prospérité des Niçois un peu malgré eux.

Chaque fois que les pudibonderies de quelques meneurs se réveillaient, M. Blanc ouvrait son portefeuille, — et ses munificences pleuvaient sous prétexte d'intérêt local.

Je ne parle pas des Monégasques ; ils étaient conquis dès la première heure.

Dans les questions d'art et d'élégance inséparables de ses entreprises, il s'était habitué à prendre pour conseil Mme Blanc, la plus excellente des femmes, qui, par sa grâce et par sa bonté, a souvent complété l'œuvre de son mari.

On comprend qu'avec ses immenses capitaux si parfaitement en vue, M. François Blanc ait passé une partie de sa vie à se défendre contre les convoitises.

Lui-même m'a raconté que chaque jour lui apportait en moyenne une centaine de demandes et d'offres (ce qui est absolument synonyme) : demandes de remboursement de la part des décavés, offres de combinaisons de la part des industriels et des inventeurs, menaces, supplications, tentations, — on reconnaît bien là le beau sexe ! — avertissements de suicides, avec indication exacte de l'heure et de l'endroit ; spécimens de journaux, dithyrambes poétiques, etc. etc.

On se souvient même, à Monte-Carlo, d'une tentative à main armée faite dans la villa Blanc, où deux domestiques furent grièvement blessés.

Si grande que fût la fortune du directeur du Casino, elle n'aurait pu suffire à tant d'exigences fantastiques.

Et cependant, que de misères secourues, réelles ou fictives ! — en argot commercial, on appelle cela du *coulage ;* en langue de tous les pays, cela s'appelle de la bienfaisance.

M. Blanc, de goûts très modestes pour lui-même, a toujours vécu en famille. A peine, pendant ses séjours à Paris, mettait-il le pied au cercle une fois par semaine. Il acceptait très peu d'invitations, autant dire pas du tout, — se retranchant dans son état maladif. Sa table, servie tous les jours avec abondance et recherche, était son unique apparat; il était loin cependant d'être un mangeur, mais il l'avait été et il aimait à s'en souvenir. Il lui arrivait encore de sourire à un verre de bon vin de Château-Laffite.

Sa conversation roulait presque toujours sur les opérations financières, à propos desquelles il n'était pas rare de l'entendre s'animer et s'échauffer. Mais, entre temps, et selon les convives, la plaisanterie ne lui déplaisait pas; il la pratiquait lui-même et la faisait assez mordante.

Nul ne savait mieux écouter; il n'était pas de ceux qui croient tout savoir parce qu'ils savent beaucoup. Il espérait encore beaucoup apprendre.

Après le dîner, qu'il faisait suivre d'un cigare, il passait dans la salle de billard pour y jouer une partie. Le billard était le seul jeu qu'il affectionnât, — car il est bon de noter que cet homme, qui a fait tant jouer les autres, avait l'effroi de la roulette et le dédain du trente-et-quarante.

D'une nature plus active et plus alerte que ne l'aurait fait supposer son allure, M. Blanc aimait à changer de place. En une seule année, on le voyait habiter Paris, Avignon, Monaco, Dieppe et Louèche-les-Bains, en Suisse. C'est dans cette dernière localité, où il allait régulièrement faire une saison tous les ans, qu'il a succombé à un asthme rapidement développé.

Il a beaucoup souffert dans ces temps-ci, et naturellement son caractère en avait reçu un peu d'ombre. Les millions, qui font le bonheur, ne refont pas la santé. Sa santé était partie, et il ne se soutenait plus qu'à force d'énergie morale. Un jour, l'énergie tomba.

CHAPITRE XVII

Clément Caraguel. — Le *Bougeoir*, rien que le *Bougeoir*.
— Les notes d'Édouard Fournier.

Un littérateur de second plan, c'était Clément Caraguel, galant homme d'ailleurs, parfaitement inoffensif, posé, très simple d'habitudes et de manières. Il était venu de là-bas, du Midi (de Mazamet, je crois), et, sans trop de tâtonnements, il avait trouvé sa voie : il était devenu journaliste au *Charivari*. Il semblait plutôt fait pour la *Revue des Deux-Mondes;* mais un fonds naturel de mélancolie le poussait vers les facéties et les coq-à-l'âne. Cela est moins paradoxal qu'on pourrait le croire.

Au *Charivari*, Clément Caraguel se trouva en compagnie des gens les plus graves du monde; car il est à remarquer que, de tout temps, ce joyeux petit journal a surtout été rédigé par des misanthropes. Comptez-les : c'étaient Taxile Delord, qui aurait pu entrer dans la diplomatie; Louis Huart, dont une poignée de main donnait l'onglée; Arnould Frémy, toujours bougonnant, et l'immuable Altaroche, mystérieux et morose comme un sphinx.

Tous ces personnages, dont la mine compassée et dont la tenue sévère inspiraient le respect, s'occupaient chaque jour d'inventer solennellement de petits articles de soixante-quinze lignes environ, dans le genre suivant :

« LA QUESTION DES DARDANELLES

» Tartempion est en délicatesse avec le tsar.

» L'autre jour, le colosse du Nord l'a fait mander dans son cabinet et, après l'avoir regardé quelques instants d'un air farouche :

» — Tartempion, lui a-t-il dit.

» — Sire ?

» — Je ne suis pas content de toi.

» — Vous m'étonnez, sire.

» — Je le disais tout à l'heure encore au général Cabassol, mon fidèle chef de la police ; je lui disais : Je crois que Tartempion me trahit !

» — Pouvez-vous le penser, auguste Majesté ?

» — Prends garde à ta tête, Tartempion !

» — Mais, sire, qu'est-ce qui peut vous faire supposer... ?

» — Tu avais promis de me livrer la clef du Bosphore.

» — Un peu de patience, mon empereur.

» — Nom d'une gibelotte ! ma correspondance secrète insinue ce matin que tu l'as vendue à Castorine ?

» Tartempion devint pâle à ces mots, etc. etc. »

Tartempion ! Castorine ! Cabassol ! le *Charivari* a longtemps vécu sur ces fantoches de sa création.

Clément Caraguel, à qui on les prêta, les fit mouvoir aussi bien qu'un autre. Mais sa fortune ne devait pas se borner là. Un beau jour, le *Journal des Débats*, le journal des Bertin, le journal de la rue des Prêtres-Saint-Germain-l'Auxerrois, le pria de passer à ses bureaux. Caraguel fit répéter deux fois ces paroles au commissionnaire. Tout chemin mène à Rome ; le *Charivari* avait conduit Caraguel aux *Debats !*

Il y fit d'abord de la politique courante ; il la fit consciencieusement, comme il faisait toute chose. Ce n'était là encore pourtant qu'une étape dans sa destinée. Il se considéra comme décidément arrivé lorsque, à son grand étonnement, — et à l'étonnement général, — il fut appelé à la succession du feuilleton théâtral de Jules Janin. Jusqu'alors, Clément Caraguel s'était occupé peu ou prou de la question dramatique ; mais qu'importe ?

C'était Jules Janin lui-même qui, de son vivant, avait désigné son successeur à l'oreille du directeur des *Débats*. Le secret a été bien gardé jusqu'à la dernière heure. C'était un rusé compère, ce Jules Janin, sous les dehors d'un bonhomme bourdonnant, sans souci, indifférent, joyeux. Il avait principalement cette idée fixe de vouloir être regretté dans son feuilleton des *Débats*. Pour cela, il ne lui fallait pas un successeur trop brillant, qui le rappelât, même de loin, dans ses tics, dans son allure, dans son vagabondage, dans sa gaieté. Il se serait bien gardé de désigner Paul de Saint-Victor ou Banville, qui l'auraient peut-être fait oublier au bout de huit jours. Oublié, lui, Jules Janin ! Oublié, lui si longtemps le maître, l'arbitre, le juge, le prince, le tyran, le légendaire J. J. ! C'était une pensée à laquelle il ne pouvait s'accoutumer et se soumettre.

Or, il avait remarqué depuis quelque temps, dans son propre *Journal des Débats*, tout en haut, dans la partie qu'on appelle le « Bulletin politique », un rédacteur selon ses vœux, appliqué à sa besogne, jetant aussi peu d'éclat que possible. C'était Clément Caraguel. Jules Janin l'observa en secret, mystérieusement, silencieusement, jusqu'au jour où il se dit, comme en un mélodrame d'Anicet Bourgeois ou de Dennery : — Voilà l'homme qu'il me faut !

Caraguel était, en effet, le successeur tel qu'il l'avait rêvé, froid, calme, flegmatique, sans ambition. Caraguel ne trompa point l'attente de Janin, qui put se coucher dans la tombe en emportant la douce conviction de *n'avoir point été remplacé*.

En dehors de ses articles de journaux, Clément Caraguel a laissé peu de traces, quoiqu'il ait beaucoup écrit.

Il a donné sa mesure littéraire dans une petite comédie en un acte, représentée au Théâtre-Français. Alfred de Musset avait fait le *Chandelier*, Caraguel fit le *Bougeoir*. Le bougeoir, c'est-à-dire un ustensile bourgeois, vulgaire, sans cérémonie, utile. Tout le talent de Caraguel tient dans ce *Bougeoir*, qui a été promené sur la scène un nombre de fois incalculable, et particulièrement bien plus souvent que le *Chandelier*. Après ce grand effort, on s'attendait à quelque autre manifestation dramatique; ce succès paraissait appeler une suite. Point. Clément Caraguel n'avait que son *Bougeoir* dans le ventre. On eut beau le solliciter, il en resta à son *Bougeoir*.

L'homme avait bien l'estampille de son pays, il en avait gardé l'accent aussi. Les cheveux et la barbe étaient demeurés d'une noirceur invraisemblable. Par où a passé toute cette énergie révélée par son organisation, et si complètement dissimulée par son œuvre ?...

———

On a dit plaisamment d'Édouard Fournier qu'il savait tout et même davantage. Le fait est que son érudition était effrayante. Il devait être né sous un livre, — événement à la possibilité duquel sa petite taille permettait de croire.

Ce qu'il a publié de préfaces, de notices, d'avant-propos, d'introductions, de commentaires, etc., est incalculable. Ses premiers travaux visèrent Paris, qu'il avait commencé à étudier ; il écrivit tour à tour *Paris démoli*, les *Chroniques des rues de Paris*, les *Énigmes des rues*, l'*Histoire du Pont-Neuf*. Ce sont des volumes consciencieusement faits et remplis de trouvailles, qui continuent Sauval, Piganiol de la Force, Dulaure, — plutôt que Mercier.

Esprit précis, courant tout de suite aux dates et aux faits, Édouard Fournier ne se nourrit pas de philosophie, non plus que de description à outrance. On est certain d'apprendre quelque chose avec lui, mais ce n'est pas à rêver. Il eût donné le plus bel élan lyrique pour un clou de la mule du médecin Guéneau.

Édouard Fournier a beaucoup pratiqué les grands hommes du dix-septième siècle. Il les a célébrés dans trois pièces d'anniversaires qui ont survécu à la circonstance : *Corneille à la butte Saint-Roch*, la *Valise de Molière*, *Racine à Uzès*. Il tournait le vers comme un homme qui en a considérablement lu. Mais disons tout : ce qui double la valeur de ces comédies, ce sont les notes extrêmement attachantes dont il les a accompagnées.

Les notes ! voilà le triomphe d'Édouard Fournier ! C'est dans les notes qu'il avait mis sa vie ! C'est pour les notes qu'il se levait si matin et qu'il se couchait si tard ! Qui ne l'a vu courir après ces notes à travers la bibliothèque de la rue Richelieu ? Victor Hugo, dans *Notre-Dame de Paris,* a dit de Quasimodo : « La cathédrale rugueuse était sa carapace. » On aurait pu dire également que la Bibliothèque était la carapace d'Édouard Fournier.

C'est cet amour des notes qui lui a inspiré l'*Esprit des autres,* l'*Esprit dans l'Histoire,* les *Variétés historiques et littéraires,* le *Vieux-Neuf...* — *Le Vieux-Neuf !* Édouard Fournier est tout entier dans ce titre.

Encore des notes excellentes, ces études sur Regnard, Marivaux, Boileau, Beaumarchais, destinées à des éditions illustrées. Ce sont ses derniers travaux, je crois aussi que ce sont ses préférés.

Dans le classement, dans l'arrangement de ces innombrables matériaux, on lui aurait voulu un peu plus de ce qu'avait Charles Nodier : l'abandon, le tour aimable, un brin de rêverie et de flânerie. Il reste, quelque effort qu'il fasse, entre le journaliste et le professeur.

Avec moins de notes, Édouard Fournier aurait laissé un renom plus brillant. Ce sont les livres qui l'ont perdu, submergé. Il a vécu pour le compte des autres ; il aurait mieux fait de vivre un peu plus pour son propre compte. L'envie lui en prenait par bouffées ; il voulait créer à son tour. Le théâtre — en dehors des comédies d'anniversaire — le tentait fortement. Il a fait jouer à l'Odéon un *Gutenberg* en cinq actes et en vers, mais c'était encore un sujet tiré des livres, un drame de bibliophile.

Malgré quelques beautés de premier ordre, *Gutenberg* ne se soutint pas à la scène. Édouard Fournier fut très affecté de cet échec, qui le renvoyait tête basse à ses bouquins.

Quelques années plus tard, il arrangea la *Farce de maitre Pathelin* pour le Théâtre Français — et pour Got.

Sa critique dramatique au feuilleton de la *Patrie* était honnête — et estimée pour ses notes. Toujours les notes !

CHAPITRE XVIII.

Le vicomte Alfred de Caston. — Meissonier.

D'où venait le vicomte Alfred de Caston? On ne lui a jamais connu ni père, ni oncle, ni frère, ni cousin. Il s'est toujours promené seul à travers le monde. Sur ses cartes on lisait : *Ancien élève de l'École polytechnique.*

Je crois que sa famille était de Tonneins, en Guyenne ; du moins, je le lui ai entendu dire. D'un autre côté, je lis dans un de ses ouvrages, *Constantinople en 1869* : « *Né en Amérique*, ce qui me familiarisa tout jeune avec l'idée des grands voyages... »

Au physique, un homme fortement constitué, extraordinairement brun ; de gros yeux noirs, tout ronds, d'une remarquable fixité ; le verbe haut ; une aisance d'élocution qui devenait facilement de la faconde. Il était un de ceux qui, selon une expression populaire, ne se lassent pas de *tenir le crachoir.*

La première fois qu'il fit parler de lui, ce fut comme

capitaine de mobiles, lors de la révolution de 1848. Cette crise passée, il s'essaya obscurément dans le journalisme, jusqu'au moment où, cédant à sa véritable vocation, il se décida à se produire en public sous la double qualité de faiseur de tours de cartes et de professeur de mnémotechnie.

Son succès fut très grand. De l'aveu de tout le monde, il était supérieur dans ses exercices. Encouragé, il visita l'Allemagne, la Russie, l'Angleterre. Il gagna beaucoup d'argent, ce qui lui faisait écrire plus tard :

« Je n'ai pas à me plaindre de mes contemporains; pendant quinze ans, ma mémoire et mon intelligence m'ont rapporté quelque chose comme un joli million, que j'ai eu, selon le point de vue où l'on se place, la folie ou le bon esprit de semer par les villes et les chemins, ce qui fait que je me trouve aujourd'hui juste aussi riche qu'en 1855, alors que je donnais ma première conférence historique à l'hôtel d'Osmont. »

Alfred de Caston s'exprimait ainsi à Constantinople, où il séjourna pendant plusieurs années et où, patronné plus ou moins officiellement par le général Ignatieff, il parvint à fonder une revue politique et littéraire. Pour lui, c'était le comble de tous ses vœux, car il détestait son métier d'amuseur, il en rougissait, il ne l'exerçait qu'à la dernière extrémité et sous la pression de la nécessité.

Une autre de ses manies était de faire des vers à tout propos et de les déclamer hors de propos. Méry, qui se plaisait à tous les tours d'esprit et d'adresse, l'avait connu à Bade et lui avait adressé une épître luxueusement rimée, selon son habitude. Ce fut cette épître qui perdit le vicomte de Caston, en lui donnant le goût de la poésie, à laquelle il était resté étranger jusque-là.

En dépit de ces petits travers, c'était un bon garçon, franc et obligeant. On n'a pu lui reprocher que d'être légèrement *raseur*. Mais est-ce un crime?

A l'époque du siège de Paris, on lui donna un grade dans la garde nationale. Je le rencontrai un jour, triste et maigri; c'était à ce moment de disette extrême où la population manquait de tout, même de pain.

— Ah! mon pauvre Caston, est-ce vous?

— Vous le voyez, dit-il en serrant d'un cran son pantalon.

— Il y a un tour aujourd'hui que vous ne pourriez pas faire, continuai-je en souriant mélancoliquement.

— Il est bien question de tours, ma foi?... Et pourtant, je vous ferais encore tous ceux que vous voudriez.

— Non, non.

— Mais si! s'écria-t-il en se révoltant.

— Eh bien!... faites-moi une omelette dans un chapeau.

Il avait gardé, à travers tous ses voyages, la marque parisienne. En vertu de la loi des semblables, il s'était lié avec Timothée Trimm, une autre *physionomie* de ce temps-là. C'était un spectacle curieux de les voir tous deux, dans une voiture de louage découverte, cheminer vers le bois de Boulogne. L'un, Timothée Trimm, enguirlandé d'une vaste chaîne d'or, avec des pantalons démesurément larges, le cigare aux lèvres, renversé tout entier sur les coussins, le regard perdu, dédaigneux de la rumeur de popularité qu'il soulevait sur son passage...

L'autre, le vicomte Alfred de Caston, coiffé d'un

chapeau à ailes retroussées, engouffré dans une pelisse russe, cadeau d'un prince quelconque, — à ce qu'il répétait. Tous les deux étaient décoratifs, et celui qui leur aurait dit qu'ils n'étaient pas distingués les aurait plongés dans le plus complet abasourdissement.

Pauvre Gaston? C'est le même homme que j'ai revu, à Nice, au café de la Maison-Dorée. Quelle décadence ! Il se traînait, mais il parlait toujours et récitait toujours ses vers. Il a dû *passer* avec un hémistiche sur les lèvres.

On a de lui plusieurs volumes, en prose heureusement; les meilleurs sont les *Tricheurs* et les *Marchands de miracles*.

Le plus beau jour de sa vie fut celui où il réussit à être nommé membre de la Société des gens de lettres. Ce jour-là, il crut avoir tué *l'escamoteur*.

———

Heureux Meissonier ! Doit-il être assez content ! L'Empire l'a comblé d'honneurs et de dignités, la République l'en accable. Comme il doit l'aimer, cette bonne République ! Je suis certain qu'il est prêt à verser pour elle toutes les gouttes de son sang et à lui consacrer toutes les couleurs de sa palette. Car c'est une belle âme, ce Meissonier.

Si petit de taille et si grand de génie ! Et puis, une si belle barbe, une barbe qui lui tombe jusqu'à la ceinture et qui rappelle les anciens sapeurs de l'ancienne garde nationale. Le fantastique Hoffmann, qui dessinait quelque peu, — car il était l'Henri Monnier de son temps, — aurait pris plaisir à tracer un croquis du peintre de la *bataille de Solférino*.

Courageux, ambitieux, laborieux, on peut le résumer en ces trois mots. Ajoutez : ivre de gloire, et même de gloriole. Que voulez-vous? Tout le monde n'a pas la réserve farouche d'Eugène Delacroix, par exemple. Meissonier a besoin d'habiter un palais; Delacroix se contentait à meilleur marché; — mais Delacroix ne faisait pas aussi petit que Meissonier. Faire petit, cela est aussi glorieux que difficile. Le talent se double ici du tour de force.

On a mis sur le compte de M. Meissonier un assez grand nombre d'anecdotes plus ou moins authentiques. La comtesse Dash, entre autres, a raconté la suivante, en la recommandant comme un trait du caractère à la fois énergique et original de notre peintre.

« L'année dernière, il s'en alla à Dresde; il ne pouvait y rester que vingt-quatre heures pour voir le musée. Il s'y présenta; les galeries étaient fermées. En vain invoqua-t-il son titre d'étranger, de peintre, on fut impitoyable. Il fallait adresser une demande au directeur des beaux-arts, et cela exigeait plus de temps qu'il n'en avait à sa disposition. *S'il se fût nommé*, toutes les portes se seraient ouvertes devant cette gloire européenne. *Il n'en fit rien*, parce que, selon lui, sa qualité d'artiste suffisait, et on ne lui devait pas plus qu'à un autre. Il partit sans avoir admiré les chefs-d'œuvre dont la Saxe est si fière. »

Est-ce que vous croyez beaucoup à ce « trait de caractère » ? Et, si vous y croyez, est-ce que vous l'admirez autant que l'admire cette naïve Madame Dash? N'y voyez-vous pas plutôt une boutade d'enfant têtu, qui tape du pied parce qu'on lui refuse sa tartine, et qui ne veut pas prononcer les paroles qui la lui feraient obtenir tout de suite?

Les critiques passent par-dessus la tête de M. Meissonier ; il veut les ignorer, pour son repos. Je comprends cela. Une seule chose empoisonne réellement sa félicité : c'est la façon inexacte dont on orthographie généralement son nom. La majorité du public et même des amateurs écrit Meissónnier; — c'est Meissonier qu'il faut écrire. Cet *n* ajouté fait son désespoir. Théophile Gautier avait des douleurs analogues, et même des fureurs, lorsque les typographes imprimaient son nom : Théophile Gauthier.

Il y a peu de femmes dans l'œuvre de M. Meissonier. Cela est surprenant, et l'on s'est souvent demandé pourquoi. On sait qu'il ne peint absolument que d'après nature. Est-ce que le modèle féminin le troublerait et l'impressionnerait plus que de raison? Cela ferait dans tous les cas l'éloge de sa sensibilité.

On se perd en conjectures.

CHAPITRE XIX

A Monaco. — Maladie et mort de M. H. de Villemessant.

Je me trouvais à Monaco, au mois d'avril 1879. Dès que j'appris que M. de Villemessant était gravement indisposé, je fis taire quelques dissentiments qui avaient existé entre lui et moi pendant ces dernières années, et j'allai le voir à sa villa Beaumarchais.

Son domestique me reconnut, et lui porta ma carte immédiatement.

M. de Villemessant donna l'ordre qu'on m'introduisît, et j'entrai dans sa chambre à coucher, dont les fenêtres donnaient sur la mer.

Deux personnes s'y trouvaient : M. Riou, le dessinateur, et M. Bourdin, le fils de mon cher ami Gustave Bourdin.

Il était six heures du soir environ.

M. de Villemessant était couché dans son grand lit, le cou nu comme d'habitude, et les bras hors du lit. La figure était bonne, un peu plus colorée que de coutume, mais sans rien de particulier.

Il trouva pour m'accueillir le ton de plaisanterie qui lui était accoutumé :

— Est-ce que vous venez pour m'administrer ? me demanda-t-il en me tendant la main.

— Toujours le même ! répondis-je en souriant ; allons, je vois que ce n'est rien.

— On vous avait donc dit que c'était quelque chose ?

— Non ; on m'a dit que vous gardiez la chambre, voilà tout. Qu'est-ce que vous avez?

— Un eczéma.

— Je connais ça..... des *bonbons à liqueur*, selon l'expression de Zola.

Cela le fit rire ; il ne demandait qu'à rire, même de son mal, surtout de son mal.

— Où avez-vous cet eczéma ? continuai-je.

— Au ventre.

— C'est discret, au moins.

— Discret, soit... mais c'est joliment embêtant !

— Bah ! qui est-ce qui n'a pas eu son eczéma ?... Et qu'est-ce qu'on vous ordonne ?... des cataplasmes... de la poudre d'amidon ?

— Je ne sais pas... quelque chose comme cela.

— Vous n'en êtes pas encore à l'arsenic ?

— J'espère bien ne pas y arriver.

Il changea lui-même de conversation.

Au bout d'un quart d'heure, je me levai et pris congé de lui.

M. Bourdin fils m'accompagna jusqu'à la grille.

J'ai su depuis, par M. Riou, qu'après mon départ, madame de Villemessant était entrée dans la chambre de son mari.

— Vous avez reçu une visite ? lui avait-elle dit.

— Oui, c'est ce brave Monselet...

Cette visite-là m'avait laissé si peu d'inquiétude que je jugeai inutile de la recommencer le lendemain. J'avais, d'ailleurs, tous les jours des nouvelles de M. de Villemessant par M. Camille Debans, un des rédacteurs du *Figaro*, qui le voyait à toute heure et auquel il a dicté quelques-unes de ses dernières lettres.

Un jour, cependant, M. Debans me prit à part et me dit :

— Vous savez... Villemessant ne va pas bien.

— Pas mieux, voulez-vous dire !

— Non, pas bien du tout ! fit M. Camille Debans en hochant la tête.

— Son eczéma empire ?

— Ah bien oui ! ce n'est plus un eczéma ; c'est une infiltration des poumons... je ne sais pas vous dire... quelque chose comme une hypertrophie... cela gagne, cela s'étend.

— Diable !... Et semble-t-il affecté ?

— Lui ! il n'est occupé qu'à nous faire des niches.

— Alors, rien n'est désespéré.

Là-dessus, je partis pour Nice où j'avais quelques personnes à voir. A Nice, tout le monde me demanda comment allait M. de Villemessant. On me parut plus alarmé qu'à Monaco. Je sus que le docteur de Labordette avait été appelé auprès de lui, et qu'il était revenu la figure longue, sans vouloir répondre aux questions qu'on lui adressait de toutes parts.

Cette particularité hâta mon retour à Monaco.

Me Lachaud et M. de Rodays, un des administrateurs du *Figaro*, y étaient arrivés de la veille, mandés par M. de Villemessant lui-même. Il avait donc perdu quelque chose de son assurance. Cependant, comme il n'avait pas fait écrire à ses filles, ses deux principales affections, on pouvait croire qu'il ne se sentait pas encore condamné. Je me proposai d'aller le voir le lendemain.

Le lendemain, c'était le 11 avril, c'était le vendredi saint.

Ce devait être le dernier jour de M. de Villemessant.

Il y a une légende sur ce dernier jour : l'entretien de M. de Villemessant avec Me Ledet, notaire de Monaco ; sa signature tracée d'une écriture ferme au bas d'un acte ; le point sur l'i posé après coup ; les deux visites de Mgr Theuret, évêque d'Hermopolis, la deuxième suivie de la confession de M. de Villemessant (le temps a manqué pour la communion). etc. etc.

La légende dit vrai en ce qui concerne sa fermeté d'esprit (j'aime mieux ce mot que celui de sérénité). Lui qui avait eu toute sa vie une peur excessive de la mort, qui n'allait jamais aux enterrements, il envisageait sa fin avec tranquillité, et en causait comme d'une affaire. Et cependant, il ne l'avait pas prévue si rapide !

Dès le matin de ce jour, on avait à constater une transformation fâcheuse dans sa physionomie. Son front dur et bien modelé était devenu jaune ; son regard, ce regard si perçant, si altier, était complètement éteint ; la langue était enflée et pendante. Du reste, tout son corps était enflé ; c'était bien le commencement de la fin ; la décomposition du sang n'était que trop constatée, et l'on pouvait prévoir, à quelques instants près, l'heure à laquelle il rendrait le dernier soupir.

Ce moment se produisit vers neuf heures du soir. Madame Bourdin, avertie enfin par dépêche télégraphique, venait d'arriver avec son second fils. Elle se précipita vers le moribond ; il ne parlait plus, mais ses pressions de main témoignaient qu'il entendait et comprenait tout.

Le mal montait, emplissant la gorge, empêchant la respiration, assiégeant le cerveau. Aux premières manifestations du râle, M⁰ Lachaud dit à madame de Villemessant : « Madame, prenez mon bras, et montez dans votre appartement. »

Madame de Villemessant obéit machinalement.

A partir de ce moment, l'ordre fut donné de fermer la grille de la villa Beaumarchais et de ne laisser entrer personne.

Néanmoins, le bruit de la mort de M. de Villemessant se répandit promptement au dehors. A onze heures ce n'était plus un mystère. Pourtant, les domestiques, obéissant à leur consigne, répondirent aux quelques personnes qui vinrent s'informer — à travers la grille, — que M. de Villemessant n'était pas mort. Le petit cocher insista surtout sur ce mensonge. Plusieurs amis du défunt furent de la sorte éconduits. Pourquoi ? Dans quel but retarder de quelques heures la connaissance de cet événement ? Pour éviter les indiscrets, répondra-t-on. Les indiscrets ne sont pas aussi nombreux que cela, à onze heures du soir, auprès d'un cadavre...

On m'a dit, et cela me semble plus admissible, que les représentants de M. de Villemessant voulaient empêcher qu'on télégraphiât à Paris avant eux — ou en même temps qu'eux. (Le bureau télégraphique reste ouvert à Monaco jusqu'à minuit.) La nouvelle de la mort de M. de Villemessant aurait pu facilement, en effet, être connue à Paris douze heures plus tôt ; en la tenant sous le boisseau, le *Figaro* a dû obéir à une intention ou à un calcul que je livre aux interprétations.

Le lendemain matin, par le plus beau temps du monde, — ciel bleu, effluves printanières, soleil radieux, — je reprenais le chemin de la villa Beaumarchais.

Cette fois, la grille était ouverte, grande ouverte. Je gagnai le perron sans rencontrer personne. Un domestique traversa l'antichambre sans tourner les yeux sur moi. Je le suivis silencieusement dans une pièce où je trouvai deux femmes en larmes : madame de Villemessant et madame Bourdin.

Un monsieur tout en noir était sur mes talons : c'était un embaumeur de Menton. M. de Rodays l'installa dans la chambre à coucher, où il procéda à sa funèbre besogne.

J'avais demandé à contempler une dernière fois les traits de M. de Villemessant ; cette triste satisfaction me fut refusée par Mme Bourdin. La mort, me dit-elle, avait opéré de trop cruels ravages sur la physionomie de son père.

Une fois embaumé et entouré d'une sorte de maçonnerie, le corps fut enfermé dans trois cercueils.

Les obsèques de M. de Villemessant eurent lieu le lendemain matin, à sept heures et demie. Le char funèbre, suivi d'un petit nombre de parents et d'amis, partit de la maison mortuaire et gravit les pentes du rocher de Monaco pour arriver à l'église de la Visitation. Sans l'heure matinale, motivée par les offices de Pâques, on aurait pu compter sur un plus nombreux cortège.

Cette fois encore, le beau temps avait mis son ironie sur ce tableau de deuil.

Le cercueil fut conduit à la gare du chemin de fer, à destination pour Paris. Dans cette gare, M. Boyer de Sainte-Suzanne prononça un excellent discours, au nom de la principauté de Monaco dont il était le gouverneur.

Puis, le petit cortège se dispersa.

En revenant, je suis passé devant la villa Beaumarchais. C'est une belle maison blanche et neuve, d'une élégante architecture, et que surmonte le buste de l'auteur de la *Folle Journée.*

CHAPITRE XX

Un original. — Cabaner poète. — Cabaner musicien. — Les naïvetés de Cabaner.

C'était un homme aimable et doux, généralement aimé, que M. Cabaner, bon musicien, poète étrange, doué d'un accent très individuel. On en jugera par ce morceau, qui respire un réel enthousiasme :

> Décidément ce pâté
> Est délicieux. De ma vie
> Je n'en ai, je le certifie,
> Mangé de mieux apprêté !
>
> J'en veux faire à la pâtissière
> Mon sincère
> Compliment.
> Excellent ! excellent !!

> Celui que l'on m'apporta
> L'autre jour était bon, sans doute ;
> Très bon..... et surtout la croûte.....
> Mais j'aime mieux celui-là.
>
> Allons faire à la pâtissière
> Mon sincère
> Compliment.
> Excellent ! excellent !!

Mais je voudrais pouvoir donner une idée de la musique qui accompagne ces vers, — musique docte, large, imposante.

M. Cabaner n'était pas un plaisantin, un frivolin ; il prenait tout au sérieux dans la vie. Ecoutez plutôt les galantes propositions qu'il adresse, en un sonnet, à une dame non moins sérieuse que lui. Cela se chante comme *l'Eloge du Pâté*, mais sur de graves accords de plain-chant.

> Dans notre chambre, un jour, les fenêtres bien closes,
> Si tu veux, tous les deux, seuls, nous allumerons
> Deux longs cierges de cire, et nous reposerons
> Sur un riche oreiller mol et blanc nos deux fronts...

Voilà de ces façons de s'amuser qui n'ont rien de banal.

> Et sans avoir recours au parfum lourd des roses,
> Rien qu'avec les senteurs funèbres que ton corps
> Répand lorsque, la nuit, il livre ses trésors,
> Nous nous endormirons, *et nous resterons morts*.

Les senteurs funèbres du corps de la dame peuvent surprendre des esprits bourgeois, mais ce n'est pas pour eux que rime et chante M. Cabaner.

Ainsi donc, les deux amants sont morts, entre deux

longs cierges de cire. On trouvera peut-être que cette mort est venue bien rapidement. M. Cabaner n'a de compte à rendre à personne; il ne relève que de son caprice.

Et nous resterons morts, ayant de chastes poses,
Afin qu'on puisse, dans les plus pudiques temps,
Raconter cette mort, *même aux petits enfants...*

« Oui, chers petits, leur dira-t-on dans ces temps pudiques, il y avait une fois un monsieur et une dame qui firent cette partie de plaisir de tout fermer chez eux et de se mettre au lit.

« — Et puis, ensuite, mère grand ?

» — Et puis... ils restèrent morts. »

Et les enfants songeront.

Le poète termine ainsi son sonnet :

Et nous représenter, en des apothéoses,
Couchés l'un près de l'autre et sans être enlacés,
Comme une épouse et son doux seigneur trépassés.

On voit combien de pareils sentiments sont au-dessus des idées courantes. La raillerie ne saurait les atteindre.

M. Cabaner avait toutes les croyances et toutes les illusions. Il suffisait de l'avoir rencontré, maigre et distrait, pour ne plus oublier cette physionomie. Vivant au milieu des plus féroces et des plus spirituels sceptiques, il ne se nourrissait que de lait et portait des chemises de soie. Comme beaucoup de candides, il était affecté d'un vice de prononciation, une sorte de zézaiement.

A l'exemple du Colline de la *Vie de Bohème*, il avait

fait pratiquer une vingtaine de poches à son paletot, dans lesquelles il portait la presque totalité de ses œuvres. De plus, il se promenait toujours avec un énorme rouleau de papier à la main. — Il ne mettait pas en musique ses œuvres seulement, mais aussi celles de ses camarades : Charles Cros, Jean Richepin, Maurice Bouchor, etc. etc.

Dernièrement, ayant hérité de quelques milliers de francs, M. Cabaner les consacra à l'achat d'un piano-tonnerre, qui imitait le vent, la pluie, la tempête, — et d'un harmonium-orchestre muni de trompettes et de tambours. Ainsi, le plus doux des hommes se métamorphosait parfois en dieu Thor des Scandinaves.

Distrait, il l'était à tous les degrés. Un matin, il entre dans un restaurant et demande à déjeuner.

— Donnez-moi une côtelette, dit-il au garçon.

— Côtelette... de quoi ? interroge celui-ci.

Cabaner demeure bouche béante. C'est vrai, il y a plusieurs espèces de côtelettes ; il n'avait pas songé à cela.

Le garçon vient à son aide.

— Voulez-vous une côtelette de mouton ?

— De mouton... oui, de mouton... répond Cabaner ; ah ! non, cependant... non !

— De porc ?

— Vous dites : de porc ?... de cochon... ma foi, oui... une côtelette de porc !

Le garçon était déjà loin que Cabaner le rappelle.

— Non... pas de côtelette de porc... donnez-m'en une de bœuf.

Je n'avais d'abord d'autre intention que de raconter une aventure arrivée à M. Cabaner dans un salon littéraire. J'y arrive.

— Monsieur Cabaner, j'espère que vous allez nous faire le plaisir de nous dire quelque chose au piano.

Ainsi s'exprime la gracieuse maîtresse de céans.

Cabaner est déjà troublé.

— Certainement... madame... au piano... quelque chose... Mais je crois avoir oublié mon rouleau.

— Non, monsieur Cabaner, vous l'avez sur les genoux.

— Sur les genoux... ah ! c'est vrai !

Et, tout en se dirigeant vers le piano, il se demande quelle est celle de ses compositions qu'il fera entendre. Il se décide pour le *Merle*, de M. Jean Richepin, une charmante chanson dont voici le début :

> Merle, merle, joyeux merle,
> Ton bec jaune est une fleur,
> Ton œil blanc est une perle,
> Merle, merle, oiseau siffleur !

Cabaner déplie son rouleau, y prend un morceau de musique, le roule en sens contraire, le laisse tomber, le ramasse ; enfin, il l'assujettit sur le pupitre du piano.

Il prélude. Sa bouche s'ouvre :

> Merle, merle....

J'ai dit qu'il avait un défaut de prononciation. Il faut croire que ce défaut était plus accentué ce jour-là que les autres jours, car la maîtresse de maison ne le laissa pas continuer. Accourant à lui, elle lui ferma presque le piano sur les doigts, en lui disant :

— C'est bien, monsieur Cabaner, nous vous faisons grâce du reste... Nous savons que vous êtes un agréable plaisant.....

Une anecdote encore, — la dernière, — pour compléter cette physionomie qui n'avait pas encore été esquissée.

Un ami rencontre Cabaner coiffé d'un chapeau neuf et s'étonne.

— Ah ! oui, dit Cabaner, c'est le gibus que mon père m'a prêté pour aller à son enterrement.

CHAPITRE XXI

Les épreuves de Victor Hugo. — Madame Juliette Drouet.
— Un dîner interrompu, avenue d'Eylau.

Il est dans la destinée de Victor Hugo de voir tomber autour de lui tous ceux qu'il a aimés. Cela a été d'abord son frère, puis sa fille, et successivement sa femme et ses deux fils. Enfin, son amie la meilleure, madame Drouet, l'a quitté à soixante-dix-huit ans.
Ceux qui ont approché Victor Hugo dans ces dernières années connaissaient madame Drouet, qui faisait les honneurs de sa maison avec une grâce et une affabilité exquises. A voir dans leur demeure hospitalière ces deux beaux vieillards, assis chacun à l'un des coins de leur haute cheminée, on ne pouvait s'empêcher de songer à Philémon et Baucis, mais à un Philémon et à une Baucis d'un rang plus relevé. C'était la même douceur de langage, la même délicatesse d'accueil que chez les bons héros de La Fontaine; mais, hélas!

Tout vieillit ; sur leurs fronts les rides s'étendaient..
L'amitié modéra leurs feux sans les détruire...

Madame Drouet avait été fabuleusement jolie ; elle était devenue souverainement belle. Elle avait été comédienne au temps glorieux du romantisme, et les journalistes d'alors ont gardé un souvenir ébloui de cette princesse Negroni, qui traversait le dernier tableau de *Lucrèce Borgia.* La princesse Negroni, c'était Juliette Drouet.

Une publication, très rare à présent, intitulée : les *Belles Femmes de Paris*, ne tarit pas d'éloges sur le rôle et sur l'actrice.

« C'était une vraie princesse italienne au sourire gracieux et mortel, aux yeux pleins d'enivrements perfides ; visage rose et frais qui vient de déposer tout à l'heure le masque de verre, de l'empoisonneuse, — si charmante d'ailleurs qu'on oublie de plaindre les infortunés convives et qu'on les trouve heureux de mourir après lui avoir baisé la main.

» Son costume était d'un caractère et d'un goût ravissants ; une robe de damas rose à ramages d'argent, des plumes et des perles dans les cheveux, tout cela d'un tour capricieux et romanesque, comme un dessin de Tempeste ou de Della Bella. On aurait dit une couleuvre debout sur sa queue, tant elle avait une démarche onduleuse, souple et serpentine. A travers toutes ses grâces, comme elle savait jeter quelque chose de venimeux ! Avec quelle prestesse inquiétante et railleuse elle se dérobait aux adorations prosternées des beaux seigneurs vénitiens !

» Nous avons rarement vu un type dessiné d'une manière si nette et si franche ; et, quoique mademoiselle Juliette ait une plus grande réputation comme jolie femme que comme actrice, nous ne savons pas trop quelle autre comédienne aurait découpé aussi rapidement une silhouette étincelante sur le fond sombre de l'action. »

Pour le public paresseux, — et pour la presse, presque aussi paresseuse que le public, — Juliette Drouet n'a jamais été que la princesse Negroni. Elle avait eu cependant des créations plus importantes, à l'Odéon dans le *Moine*, et à la Porte-Saint-Martin dans *Shylock*. Victor Hugo lui-même, après *Lucrèce Borgia*, lui confia un des deux rôles de *Marie Tudor;* le premier était celui de mademoiselle Georges. Malheureusement mademoiselle Juliette tomba malade le lendemain de la première représentation, et de ses mains le rôle de Jeanne passa à celles de mademoiselle Ida, qui devait devenir bientôt madame Alexandre Dumas.

Une liaison, sur laquelle nous n'avons pas à nous expliquer, s'en était suivie entre Victor Hugo et mademoiselle Juliette, qui renonça définitivement au théâtre. Cette liaison ne devait jamais être interrompue; ajoutons qu'à force de distinction et de tact mademoiselle Juliette résolut le difficile problème de la faire accepter. La matière est délicate, je ne m'y appesantirai pas. Je ne veux que reposer mes regards sur le tableau de ces deux vieillesses attendries, tableau qui appartient désormais à l'histoire.

Il y a une dizaine d'années, madame Drouet, qui a toujours été chargée, dans la maison du maître, du département des invitations, m'écrivit pour m'engager à dîner, avenue d'Eylau. Je lus un vendredi là où il y avait un jeudi. De sorte que, ce vendredi, je sonnais gaillardement à la porte du numéro 50. C'était en été.

— Ah! Monsieur, s'écria la bonne en m'ouvrant, on vous a attendu hier une demi-heure, et votre couvert est resté inoccupé pendant tout le dîner!

— Alors, c'était donc hier?... fis-je, abasourdi.

— Oui, Monsieur.

— Et aujourd'hui?

— Aujourd'hui, il n'y a personne d'invité.

— Et M. Hugo? et Madame Drouet? demandai-je.

— Tous deux sont sortis en voiture pour leur promenade accoutumée; mais ils ne peuvent tarder à rentrer... et, si vous voulez les attendre...

— Oh! non, murmurai-je d'un air déconfit et additionné de discrétion.

— Que faudra-t-il leur dire? fit la bonne.

— Rien, répondis-je.

— Rien?

— Je me réserve de leur écrire pour leur présenter mes humbles excuses... bien humbles, je l'atteste!

— Ah! Monsieur, il y avait une crème au caramel qu'on avait faite exprès pour vous!

Et, comme je gagnais la porte avec un soupir, la bonne s'écria tout à coup en frappant des mains :

— Ah! Monsieur!

— Quoi?

— Voici Monsieur et Madame qui reviennent!

Ils revenaient, en effet, et s'arrêtaient devant moi qui étais resté immobile, médusé.

— Ah! oui, vous êtes un joli monsieur! me dit madame Drouet.

Victor Hugo riait de son bon rire, tandis que je balbutiais :

— Une erreur de jour... je croyais... j'avais cru lire...

— Dites tout de suite que j'écris comme un chat ! fit madame Drouet.

Et tous deux :

— Allons, rentrez donc... Qu'est-ce que vous comptez faire là sur notre seuil? Vous êtes encombrant.

— Eh! mais... j'allais m'en aller.

— Et vous croyez que nous le souffrirons?... Oh! piteux, mon cher Monselet, piteux!

— Cependant...

— Vous deviez dîner hier avec nous, vous dînerez avec nous aujourd'hui, dit le maître... par exemple, à vos risques et périls... à la fortune du pot... Ce sera votre punition.

Une fois dans l'intérieur, Victor Hugo, avec une pointe d'inquiétude qu'il cherchait à dissimuler sous un accent narquois, dit à la bonne :

— Voyons, Mary, qu'est-ce que nous avons pour dîner aujourd'hui?

— Monsieur le sait bien... Je ne comptais sur personne... Nous n'avons qu'une poule au riz.

Le visage de Mary, en proférant ces paroles, reflétait comme une teinte d'humiliation, que je fis cesser aussitôt en m'écriant avec enthousiasme :

— Une poule au riz?... ce que j'aime le plus au monde!

— Vrai? dit madame Drouet.

— Parole d'honneur!

— Alors, tout est pour le mieux, fit le bon grand homme; la cuisinière y ajoutera une omelette aux fines herbes.

— Bravo ! exclamai-je.

— Et nous déboucherons une bouteille de vin du Cap qui nous vient de Schœlcher.

La table était mise; trois couverts.

Détail touchant et absolument dépourvu de lyrisme : Philémon et Baucis avaient chacun son rond de serviette.

Ah! ce dîner, quel souvenir j'en ai gardé, et comme j'ai béni mon étourderie qui m'avait fait manquer celui de la veille!

Dîner là dans une intimité inespérée, les tenir là tous les deux, l'homme de génie et la femme extra-aimable; jouir de leur causerie, et quelle causerie! Surprendre des lambeaux de souvenirs, des fragments de confidences ; sentir sur moi leur regard expansif et leur sourire abandonné ; les croire un instant mes amis, vivre de leur vie de tous les jours!

J'ai fait dans ma vie bien d'excellents dîners, mais je n'en ai jamais fait aucun qui valût celui-là.

CHAPITRE XXII

Croquis. — Nefftzer. — Musard fils. — Ponsard. — Un pastiche de *Lucrèce*.

Il allait par la ville rond et gros, la figure épanouie avec un air de jeunesse éternelle. Il portait crânement sur l'oreille un chapeau aux larges ailes. C'était Nefftzer.

Il sortait de son journal pour entrer dans une brasserie, ou sortait d'une brasserie pour entrer à son journal. Il était une des trois cents figures connues du boulevard. D'ailleurs, une nature complètement en dehors. Il vous disait bonjour avec éclat, parlait tout haut et riait à gorge déployée.

Sous ce masque d'un Rabelais d'Alsace, il y avait un homme d'étude et de réflexion. Nefftzer, de bonne heure, avait su faire deux parts de sa vie. Il avait commencé l'apprentissage du journalisme sous la rude direction de M. de Girardin, qui avait apprécié du premier coup d'œil ce caractère ouvert et loyal. Quoi qu'on ait pu dire de l'autocrate de la *Presse*, on ne lui enlèvera pas cette qualité : il se connaissait en hommes.

Nefftzer a été, pendant de longues années, le bras droit de M. de Girardin à la *Presse*. Un autre, à cette fonction, aurait perdu de sa joyeuse humeur ; mais Nefftzer était richement organisé. Et puis, Gambrinus veillait sur lui.

Fût-ce Gambrinus qui lui inspira la création de la *Revue germanique?* A ce moment, Nefftzer parut s'envelopper de nuages ; il piqua plusieurs têtes dans la métaphysique néo-hégélienne, plongea, reparut, disparut encore...

Son œuvre dominant reste le *Temps*. Ce fut le journal de son cœur, de son esprit, et surtout de son tempérament, — un journal sage, honnête, philosophique, mais manquant un peu de mousse, par exemple. Nefftzer y a consacré les meilleures années de sa maturité et de son expérience. Il l'a guidé à travers des périodes difficiles, lui a creusé son lit, a assuré son avenir, — autant que l'avenir d'un journal peut s'assurer.

Puis, sa tâche accomplie, Nefftzer a abdiqué tout à coup.

Ses dernières années ont été empoisonnées par l'asservissement de son pays et par la perte d'un fils bien-aimé. Il n'a su ni voulu résister à ces deux épreuves.

———

Un bon point d'outre-tombe à M. Musard, qui a légué une somme de cent mille francs à l'œuvre de Rossini pour les pauvres musiciens. On n'a peut-être pas assez parlé de ce trait de bienfaisance, qui rachète bien des choses.

Existence brillante à la surface, de combien d'amertumes secrètes M. Musard ne fut-il pas abreuvé ! Il avait l'argent, mais il n'avait que cela. Et quelle fin mélancolique, sombre, traînée de ville en ville, solitaire, pleine du souvenir de celle qui avait été la « belle madame Musard » et qui devait mourir dans un hôpital de folles !

M. Musard était un jeune homme svelte, cambré, fils d'un homme célèbre, grêlé, macabre, à moitié fou, chef d'orchestre de bals auxquels il avait donné son nom, fier d'une vague ressemblance avec Napoléon Ier, tirant des coups de pistolet et cassant des chaises au milieu de ses quadrilles, propriétaire à Auteuil, etc. etc.

Il semblait que Musard fils n'eût qu'à suivre les traces de Musard père. C'est ce qu'il fit dans les commencements. Il était musicien, lui aussi. Allant et venant par la province, par l'étranger, dirigeant des bals, il rencontra la femme à laquelle il devait offrir son nom.

On a peut-être trop surfait la beauté de madame Musard. Ce qu'on peut dire d'elle, c'est qu'elle était distinguée de manières. Elle apporta une fortune à son mari, qui, dès ce moment, ne s'occupa plus de musique. On sait la vie élégante du couple Musard, ses attelages hors ligne, ses salons (peu peuplés), ses collections d'objets d'art. On sait aussi le désordre mental qui s'empara tout à coup et sans motif de la pauvre madame Musard.

La douleur de son mari fut immense. Rendons-lui cette justice.

Il n'a pas tardé à aller la rejoindre. Mais au moins une bonne action aura marqué ses derniers jours. Il a pensé aux vieux musiciens, aux musiciens sans sou ni maille, qui arrivent au bout de leur carrière les mains vides, l'estomac creux, — absolument comme au jour du départ. Son or servira à adoucir quelques douleurs dans le monde artistique, et cela suffira à préserver son nom de l'insulte.

―――

S'appelait-il Francis ou François ? Il a signé de ces deux noms.

Peu d'auteurs ont été plus discutés que lui. Il a été porté aux nues par ses partisans, il a été conspué par ses adversaires.

Au temps de son arrivée à Paris, alors qu'au bras du fanatique Ricourt il allait lire ses tragédies de salon en salon, les petits journaux s'égayaient quotidiennement sur son compte.

On le traitait de provincial ; on raillait son air gauche.

Dans son roman des *Aventures de Mademoiselle Mariette*, Champfleury a mis Ponsard en scène sous les traits et le nom d'un « notaire de Compiègne ». Il a placé une scène amusante chez un bas-bleu où le susdit notaire avait anoncé qu'il lirait un poème antique imité d'Homère. Un peintre du nom de Streich s'était promis de lui jouer un tour à cette occasion.

« Le jour de la lecture du poème antique, Streich se précipita dans la cuisine et s'écria :

» — Vite ! vite ! une omelette ! votre maîtresse m'a prié de vous dire de la faire à la minute... On craint que la lecture ne puisse pas continuer s'il ne sent pas l'omelette !

» — Que le diable emporte cet auteur avec son omelette ! dit le chef.

» Il ne les aime pas très cuites, dit Streich ; il ne veut pas de lard non plus... huit œufs seulement.

» — Comment ! huit œufs ! s'écria le chef.

» — Oui, huit œufs ; madame me l'a dit.

» — Huit œufs pour un homme seul ! murmura le chef, qui, en quelques minutes, eut confectionné une énorme omelette.

» Un valet alla porter l'omelette sur un plat et entra justement quand finissait le poème antique. Chacun se précipitait autour du notaire de Compiègne pour lui faire mille compliments exagérés... Le valet eut beaucoup de peine à percer la foule et présenta gravement l'omelette au poète, qui la regarda et faillit s'évanouir aux fumées d'un mets aussi prosaïque. »

Ici nous sommes en pleine farce.

Mais Méry avait fait mieux et d'une façon plus relevée.

Méry avait improvisé tout un acte en vers, peu de jours avant la représentation de la *Lucrèce* de Ponsard, et, un beau matin, le journal *le Globe* livrait en pâture à la curiosité de ses lecteurs un feuilleton intitulé :

LUCRÈCE

TRAGÉDIE
(Fragment inédit).

SCÈNE PREMIÈRE
La maison de l'aruspice Faustus

(Une vaste treille, à mi-côte du mont Quirinal. — A gauche, la façade d'une maison en briques rouges. — Devant la porte, un dieu pénate en argile. — Au bas du Quirinal, dans un fond lumineux, le Champ de Mars bordé par le Tibre.)

FAUSTUS

Dieu pénate d'argile, ô mon dieu domestique!
Un jour tu seras d'or, sous un riche portique,

Tel que Rome en prépare à nos dieux immortels,
Et le sang des taureaux rougira tes autels.
Mais aujourd'hui reçois avec un œil propice
La prière et le don du pieux aruspice,
Ces fruits qu'une vestale a cueillis ce matin
Dans le verger du temple, au pied de l'Aventin,
Et ce lait pur, qui vient de la haute colline
Où, la nuit, on entend une voix sibylline,
Quand le berger craintif suspend aux verts rameaux
La flûte qu'un dieu fit avec sept chalumeaux. Etc.

Qui n'y aurait été trompé ?

N'était-ce pas cette fameuse couleur antique et locale dont on faisait tant de fracas par la ville ?

N'était-ce pas cette versification pure et classique qui devait nous ramener au culte des anciens maîtres ?

La scène deuxième n'est pas moins réussie.

Brutus paraît, en tunique brune, « comme un laboureur suburbain. »

BRUTUS

Que les dieux te soient doux, vieillard ! et que Cybèle
Jamais dans tes jardins n'ait un sillon rebelle !
La fatigue m'oppresse ; à l'étoile du soir
Hier, je vins à la ville.

FAUSTUS

     Ici, tu peux t'asseoir.
Modeste est ma maison, étroite est son enceinte,
Mais j'y vénère encor l'hospitalité sainte,
Et j'apaise toujours la faim de l'indigent,
Comme si mon dieu lare était d'or ou d'argent.

BRUTUS

Je le sais.

FAUSTUS

Quelle rive, étranger, t'a vu naître ?

BRUTUS

Quand les dieux parleront je me ferai connaitre.
Ma mère est de Capène ; elle m'accoutuma,
Tout enfant, à servir les grands dieux de Numa.
Du haut du Quirinal on voit ma bergerie,
Sous le bois saint aimé de la nymphe Egérie,
Et jamais le loup fauve autour de ma maison
Ne souilla de ses dents une molle toison.

FAUSTUS

Et quel secret dessein à la ville t'amène ?

BRUTUS

La liberté ! Jadis, Rome était son domaine,
Lorsque les rois pasteurs sur le coteau voisin,
Pauvres, se couronnaient de pampre et de raisin ;
Lorsque le vieux Evandre arrivait dans la plaine,
Pour présider aux jeux, sous un sayon de laine,
Et que partout le Tibre admirait sur ses bords
Des vertus au dedans et du chaume au dehors.

Faustus applaudit à d'aussi belles paroles.

Bientôt Brutus se dévoile et lui fait part de ses projets :

BRUTUS

Il faut agir. Apprends que, dans Rome, j'épie
Les cyniques projets de cette race impie,
Et qu'elle nous prépare un crime de l'enfer
Rêvé par l'Euménide en sa couche de fer.
...Ce matin, éveillé, l'aube luisant à peine,
J'ai vu passer Sextus sous la porte Capène ;
Je ne puis en douter : un obscène souci,
Avant le grand soleil, doit le conduire ici.

Brutus s'alarme.

L'entretien est interrompu par un bruit de pas.

BRUTUS

... Quel dieu jaloux amène
Dans ce sentier désert une dame romaine ?

FAUSTUS

Elle vient chaque jour aux heures du matin.

BRUTUS

Quel est son nom ?

FAUSTUS

L'hymen l'unit à Collatin.

BRUTUS

Lucrèce ? Dieux ! le lis de notre gynécée !
Sainte pudeur, défends ta fille menacée !

Je ne puis tout citer.
L'acte entier est charmant. Il eut un grand succès. Tout le monde s'accorda à y voir les prémisses d'un chef-d'œuvre.

Les protestations de la *bande de Ponsard* furent étouffées.

Cet acte était si bien resté dans la mémoire de quelques lettrés, que M. Villemain s'étonna de ne plus le retrouver à la première représentation.

— C'était ce qu'il y avait de mieux dans la pièce ! disait-il.

CHAPITRE XXIII

Les trois Thiers. — M. Thiers à l'Académie. —
La redingote grise.

M. Thiers a déjà lassé plusieurs générations de biographes. La première moitié de sa vie est toute plongée dans la légende...

Un de mes amis, de mon âge à peu près, me disait l'autre jour :

— Il y a trois Thiers à mes yeux, très distincts tous les trois : le Thiers de mon grand-père, le Thiers de mon père, et mon Thiers à moi.

— Bon! dis-je en souriant, cela me rappelle la pièce de vers de Voltaire qui commence ainsi :

Dans ce pays trois Bernard sont connus.

— Ne croyez pas que je plaisante, reprit mon ami; soyez persuadé que mon cas, comme on dit aujourd'hui, est celui de bien des gens.

— Voyons donc vos trois Thiers.

— Le premier, celui de mon grand-père, m'apparaît, à travers des récits coupés, comme un jeune Provençal enjoué, figure ronde, lauréat d'Académie, agile, actif, à court d'argent, mais non à court de ressources, allant du premier jour aux relations utiles, à Manuel, à Laffite, au *Constitutionnel*, même à quelques salons aristocratiques ; journaliste le matin, historien le soir, — historien de valeur, — étant arrivé juste à temps pour recueillir la tradition révolutionnaire sur les lèvres mêmes d'un grand nombre des acteurs de la grande époque ; voyant finir M. de Talleyrand et commencer Armand Carrel ; empruntant quelque chose de leurs allures à tous les deux. Viennent les événements, ils ne laisseront pas le jeune Thiers en route. Louis-Philippe lui doit un rude coup de main pour l'édification de son trône ; le roi ne se montrera pas ingrat. Voilà M. Thiers conseiller d'État, secrétaire au ministère des finances, député. Il monte à la tribune ; on sourit ; on s'étonne de sa voix aigrelette, mais on l'écoute ; et comment ne l'écouterait-on pas ? Il parle sinon d'or, du moins d'argent, couramment, sans s'arrêter, imperturbable devant l'interruption, empruntant des forces nouvelles à la riposte, prêt à tous les sujets, jonglant avec des chiffres comme un jongleur avec des poignards et arrivant aux mêmes effets d'éblouissement. On sent déjà en lui un dominateur, car le succès est toujours à celui qui parle le plus longtemps, et le Thiers d'alors était homme à pérorer pendant vingt-quatre heures de suite.

Il est ministre ! J'entends encore mon grand-père taper sur sa tabatière en disant : « Eh ! eh ! ce petit Thiers : je l'avais prévu... il fera son chemin... il a des capacités ! » Pourtant, de temps à autre, ce petit Thiers l'agace, l'irrite ; — mais il ne l'ennuie pas,

17

c'est le principal. Et puis, s'il faut tout avouer, s'il faut révéler le secret de la faiblesse de mon grand-père, le bon vieillard sent en M. Thiers un disciple de Voltaire, c'est-à-dire un coreligionnaire en philosophie. Cela lui fait passer par-dessus bien des choses et bien des compromis politiques. — Cependant, à côté du pétulant Thiers se dresse le froid Guizot, et déjà commence un antagonisme qui ne cessera pas. Tout enfant que je suis, j'ai la tête cassée par ces deux noms : Thiers et Guizot ! Le gouvernement de Louis-Philippe ne sort pas de là. Et mon grand-père de froisser son journal chaque matin pour apprendre qui de l'un ou l'autre occupe le ministère. Voilà la vision qui me reste de ce temps.

— Passons au second Thiers.

— Volontiers : Ce second Thiers, qui est celui de mon père, se montre aux environs de 1848, d'abord inquiet, déconcerté, et comme effarouché de la révolution qu'il a préparée. Il emploie quelques jours à reconnaître de quel côté souffle le vent, et, lorsqu'il croit s'être orienté, il travaille à la réaction avec l'activité qui lui est propre, mais qui n'est pas cependant de la fièvre. Il organise, rue de Poitiers, un comité resté célèbre dans les annales de la contre-révolution, et dont mon père ne parle qu'avec un accent de mauvaise humeur, comme s'il prévoyait les nouveaux conflits où la propagande imprudente de ce comité devait nous engager. « Je crains bien, dit-il en hochant la tête, que M. Thiers ne nous conduise à quelque casse-cou. — Oh ! il est si habile ! » répète-t-on en chœur autour de lui. Cette fois, l'habileté de M. Thiers s'est exercée au profit de ses adversaires ; son flair accoutumé l'a trompé. Son étoile, à laquelle il doit croire, pour avoir une ressemblance de plus avec Napoléon, se voile soudainement. Le Thiers de mon père, aux prises avec le coup d'État de décembre, manque de présence d'esprit, de prestige, de tout enfin. Il a sa minute de pâleur sous le bras levé d'un autre Aréna. Il ne tombe pas, il s'affaisse. On l'engage à aller se promener de l'autre côté du Rhin; il obéit en serrant ses petits poings, et profite de ces vacances forcées pour visiter les principaux champs de bataille de l'Europe. Lorsqu'on le croit devenu plus sage, on lui permet de rentrer chez lui sans tambour ni trompette, à la condition de se faire oublier. Tel est le Thiers de mon père.

— Et de deux!

Maintenant, le troisième Thiers, mon Thiers à moi, vous le connaissez comme tout le monde. C'est celui qui surgit derechef vers les derniers jours du second empire, pour en annoncer la chute. Au début de la guerre, il joue le rôle de Cassandre, et quitte Paris pour s'instituer commis voyageur de la paix auprès des cours étrangères. Il tient l'article arrangements, concessions, transactions; il en a des échantillons de toutes nuances. Il va de la Russie à l'Angleterre, ne se rebutant point des refus, disant qu'il repassera. Ce Thiers-là a un côté qui me touche; je me sens près de m'attendrir en le voyant ainsi traverser et courir le monde, à plus de soixante-dix ans, avec un plant d'olivier au fond de son chapeau, comme le cèdre de M. de Jussieu. Pourtant quelque chose m'arrête sur la pente de la sensibilité; la légende est là qui me dit l'amour immense de M. Thiers pour le pouvoir ou pour ce qui y ressemble; le passé rallume ses torches pour m'éclairer sur l'avenir. — Ai-je besoin de rappeler les événements récents et prodigieux auxquels il s'est trouvé mêlé et qu'il a le plus souvent dirigés? L'heure n'est pas encore venue de les écrire ; le portrait définitif de ce Thiers-là se trouve donc ajourné ; mais on peut dès aujourd'hui affirmer que souvent le peintre se sentira terriblement embarrassé en présence d'un modèle à la fois aussi prompt à se dérober qu'à se découvrir.

Mes trois Thiers, ou si vous l'aimez mieux, mon Thiers en trois personnes, vous rappelaient tout à l'heure des vers de Voltaire; ils me remettent également en mémoire des vers de Jean-Baptiste Rousseau, ceux par lesquels débute son ode la plus fameuse :

Tel que le vieux pasteur des troupeaux de Neptune,
Protée, à qui le ciel, père de la fortune,
  Ne cache aucuns secrets,
Sous diverse figure, arbre, flamme, fontaine,
S'efforce d'échapper à la vue incertaine
  Des mortels indiscrets.....

Protée, en effet ; un Protée politique, telle est encore la meilleure définition qu'on puisse donner de M. Thiers.

Ainsi parla mon ami.

II

M. Thiers fut reçu à bras ouverts à l'Académie française le 13 décembre 1834 ; il y était entré tout naturellement, poussé par sa fortune. Il avait alors trente-sept ans et il était ministre. Son discours composé d'éléments nombreux et divers, véritable discours à facettes, commence par un éloge de l'Académie « qui contribue glorieusement à la conservation de cette belle unité française, caractère essentiel et gloire principale de notre nation ». Viennent ensuite les remerciements d'usage et les touches indispensables de modestie : « Je vous remercie, vous, hommes paisibles, heureusement étrangers pour la plupart aux troubles qui nous agitent, d'avoir discerné, au milieu du tumulte des partis, un disciple des lettres, passagèrement enlevé à leur culte, de lui avoir tenu compte d'une jeunesse laborieuse, consacrée à l'étude, et peut-être aussi quelques luttes soutenues pour la cause de la raison et de la vraie liberté. Je vous remercie de m'avoir introduit dans cet asile de la pensée libre et calme. Lorsque de *pénibles devoirs* me permettront d'y être, ou que la destinée aura *reporté sur d'autres têtes le joug qui pèse sur la mienne*, je serai heureux de me réunir souvent à des confrères justes, bienveillants, pleins de lumières. »

On sait ce que valent ces affectations de lassitude et ces aspirations vers une condition médiocre et tranquille. M. Thiers y trouve surtout une transition pour retracer l'existence de son prédécesseur, le bonhomme Andrieux. Il vante les charmes de la poésie légère, ce qui n'a rien de choquant ; mais il part de là pour égratigner la littérature romantique, et, sous le couvert de l'auteur des *Étourdis*, il hasarde quelques allusions, d'ailleurs fort innocentes. « M. Andrieux, dit-il, pardonnait au génie d'être quelquefois barbare, mais non pas de chercher à l'être. Le vrai génie consiste à être tel que la nature vous a fait, c'est-à-dire hardi, incorrect, dans le siècle et la patrie de Shakspeare ; pur, régulier et poli dans le siècle et la patrie de Racine. »

Mais comme s'il craignait d'avoir été trop loin ou de répudier quelques-unes de ses attaches à un parti littéraire déjà installé, il se hâte d'ajouter : « Je ne reproduis qu'en hésitant ces maximes d'une orthodoxie fort contestée aujourd'hui ; car, Messieurs, je l'avouerai, la destinée m'a réservé assez d'agitation, assez de combats d'un autre genre, pour ne pas rechercher volontiers de nouveaux adversaires. »

C'était esquiver la difficulté. En ce temps-là, il fallait, avant tout, déclarer si l'on était pour ou contre le romantisme. — Continuant son discours, une fois débarrassé d'Andrieux et des lettres, M. Thiers se plonge dans un bain de politique et se met à célébrer à outrance ce « génie extraordinaire » qui s'appelait Napoléon I*er*. J'imagine qu'il y avait là-dessous quelque malice à l'adresse du Château, selon l'expression d'alors. Plus tard, nous le verrons en rabattre sur ce *génie extraordinaire*.

Par ci par là, un trait heureux et naturel se détache sur la solennité convenue de ce morceau, celui-ci par exemple : « Quand on a été élevé, abaissé par les révolutions, quand on a vu tomber ou s'élever des rois, l'histoire prend une tout autre signification. Oserai-je avouer, Messieurs, un souvenir tout personnel ? Dans cette vie agitée qui nous a été faite à tous depuis quatre ans, j'ai trouvé une seule fois quelques jours de repos dans une retraite profonde. Je me hâtai de saisir Thucydide, Tacite, Guicciardin, et, en relisant ces grands historiens, je fus surpris d'un spectacle tout nouveau : leurs personnages avaient *à mes yeux* une vie que je ne leur avais jamais connue ; ils marchaient, parlaient, agissaient devant moi ; je croyais les voir vivre *sous mes yeux*, je croyais les reconnaître, je leur aurais donné des noms contemporains. Leurs actions, obscures auparavant, prenaient un sens clair et profond. C'est que je venais d'assister à une révolution et de traverser les orages des assemblées délibérantes. »

Il est inutile de rappeler ce que put lui répondre Jean-Pons Viennet, qui était, comme nul n'en ignore, une des médiocrités de l'Académie.

Chaque fois que M. Thiers est rentré dans la vie privée, soit de bonne grâce, soit autrement, il s'est rappelé ses promesses envers l'Académie. De ces haltes heureuses est née l'*Histoire du Consulat et de l'Empire,* — une épopée selon ceux-ci, un procès-verbal selon ceux-là; ni l'un ni l'autre, à mon humble avis; mais de l'histoire comme beaucoup l'aiment, rapide et limpide, débarrassée de notes et de documents, usuelle, (mot horrible!) écrite dans la manière parlée de l'auteur. Les larges traits à la Tacite en sont absents, mais par intervalles une bataille s'enlève avec prestesse. Dans le premier volume un épisode charmant est celui du passage du Saint-Bernard entrepris par Bonaparte, qui était simplement escorté de Duroc et de Bourrienne. On me saura gré de le citer entièrement :

« Il gravit le Saint-Bernard, monté sur un mulet, revêtu de cette *enveloppe* (1) grise qu'il a toujours portée, conduit par un guide du pays, montrant dans les passages difficiles la distraction d'un esprit occupé ailleurs, entretenant les officiers répandus sur la route; et puis, par intervalles, interrogeant le conducteur qui l'accompagnait, se faisant conter sa vie, ses plaisirs, ses peines, comme un voyageur oisif qui n'a pas mieux à faire. Ce conducteur, qui était tout jeune, lui exposa naïvement les particularités de son obscure existence, et surtout le chagrin qu'il éprouvait de ne pouvoir, faute d'un peu d'aisance, épouser l'une

(1) *Redingote* ne paraît pas sans doute assez noble à l'historien, qui se souvient toujours de Clio.

des filles de cette vallée. Le Premier Consul, tantôt l'écoutant, tantôt questionnant les passants dont la montagne était remplie, parvint à l'hospice, où les bons religieux le reçurent avec empressement. A peine descendu de sa monture, il écrivit un billet qu'il confia à son guide en lui recommandant de le remettre exactement à l'administrateur de l'armée, resté de l'autre côté du Saint-Bernard.

» Le soir, le jeune homme, retourné à Saint-Pierre, apprit avec surprise quel puissant voyageur il avait conduit le matin, et sut que le général Bonaparte lui faisait donner sur-le-champ une maison, les moyens de se marier et enfin de réaliser tous les rêves de sa modeste ambition. Ce montagnard vient de mourir de nos jours, dans son pays, propriétaire du champ que le dominateur du monde lui avait donné. Cet acte singulier de bienfaisance, dans un moment de si grande préoccupation, est digne d'attention. Si ce n'est là qu'un pur caprice de conquérant, jetant au hasard le bien ou le mal, tour à tour renversant des empires ou édifiant une chaumière, de tels caprices sont bons à citer, ne serait-ce que pour tenter les maîtres de la terre ; mais un pareil acte révèle autre chose. L'âme humaine, dans ces moments où elle éprouve des désirs ardents, est portée à la bonté ; elle fait le bien comme une manière de mériter celui qu'elle sollicite de la Providence. »

Il faudrait beaucoup de pages semblables dans l'*Histoire du Consulat*; c'est aimable, simple et terminé par une observation vraie.

CHAPITRE XXIV

Autre académicien. — Victor-Marie Hugo.

Lorsque M. Victor Hugo se demanda s'il devait se présenter à l'Académie, — ce jour-là il dut se livrer en lui un de ces combats qu'il a plus tard définis : *une tempête sous un crâne.*

Qu'allait-il faire ? Était-ce faiblesse ou sagesse ? concession ou bravade ? témérité ou diplomatie ? Cela répondait-il à quelque chose ou cela ne répondait-il à rien ? Comment cela serait-il interprété dans le public ? Qu'est-ce que ses amis penseraient et qu'est-ce que les journaux écriraient ? L'heure était-elle opportune ? Était-il trop tôt ou trop tard ?

Autant de questions difficiles, délicates, scabreuses, épineuses, hérissées !

Être de l'Académie ; pourquoi ? Avoir un habit brodé de palmes vertes ; à quoi bon ? En quoi ce costume assez maussade pouvait-il le grandir ? En quoi ce titre pouvait-il le rehausser ? Qu'avait-il à gagner à devenir le confrère de M. Brifaut, de M. Jay, de M. Viennet, de M. Dupaty, de M. Campenon, de M. Duval-Pineu ? N'était-on pas fixé depuis longtemps sur la valeur de ce nom d'immortel ? Ne savait-on pas à quoi s'en tenir sur le prestige considérablement diminué de la docte compagnie ? Quel bénéfice retirerait-il à se mettre à la queue de trente-neuf individus, dont il n'estimait littérairement que cinq ou six ? N'était-il pas plus en vue dans son isolement ? Toute son œuvre n'était-elle pas une protestation contre les doctrines académiques ? Qu'avait-il de commun avec de telles gens ? Pourquoi ceci s'inquiéterait-il de cela ? Est-ce qu'il ne comprenait pas que c'était se diminuer que vouloir passer sous cette porte ? N'était-il pas plus haut en dehors qu'en dedans ? Et puis, — autre embarras ! — comment allait-il s'y prendre pour solliciter tous les suffrages indispensables ? Comment se présenterait-il sans rire chez les uns, sans rougir chez les autres ?

A côté de cette voix qui parlait ainsi à M. Victor Hugo, il y avait une seconde voix qui lui tenait un langage tout différent.

Voici ce que lui disait cette seconde voix :

— Être de l'Académie ; et pourquoi pas ? L'Académie est un principe, avant tout. Qu'importent les hommes ? ne voyons que l'idée. L'idée est belle, l'idée est glorieuse ; elle consacre la suprématie de l'intelligence. Pourquoi ferait-il le dégoûté plus que Corneille, plus que Racine, plus que Bossuet, plus que Voltaire ? Comment ! il aurait voulu du combat et il ne voudrait pas de la victoire ? Comment ! il aurait fait pénétrer son œuvre en tous lieux, excepté dans cette forteresse ? Allons donc ! Pas de demi-triomphe. Il faut qu'il plante son drapeau dans les endroits les plus reculés et les plus inaccessibles. S'il y a de l'ombre sous cette coupole, sa mission n'est-elle pas d'y porter la lumière ? Ce serait maladresse et duperie que d'abandonner le moindre coin de terrain à ses adversaires, à plus forte raison un terrain de l'importance de l'Académie !

Telles étaient les pensées qui grondaient et se disputaient sous le crâne de M. Victor Hugo vers 1840.

Le résultat de cette méditation fut que l'auteur des *Orientales*, de *Notre-Dame de Paris*, du *Dernier Jour d'un condamné*, du *Roi s'amuse*, des *Feuilles d'automne*, de *Marion de Lorme*, de *Lucrèce Borgia*, des *Chants du crépuscule*, des *Voix intérieures*, etc. etc., se présenta à l'Académie française.

Sa candidature échoua une première fois contre celle de... M. Flourens. Il se représenta plusieurs fois encore et fut élu. Les purs du romantisme, les féroces de la première représentation d'*Hernani*, ceux qui avaient voué *les genoux à la guillotine*, se couvrirent de cendres ; une larme de rage tomba de l'œil de Théophile Gautier sur sa redingote à brandebourgs ; Petrus Borel rabattit son sombrero sur son front désespéré. Toute la nuit, des lamentations se firent entendre sur la place Royale, devant la maison habitée par le poète.

Sa réception en séance publique eut lieu le 3 juin 1841. « Cette séance, disait le *Moniteur*, occupera une place à part dans les fastes littéraires de l'Académie française ; toutes les classes de la société y étaient représentées : la famille royale, des illustrations politiques, des ambassadeurs... Une autre circonstance mérite de fixer l'attention : c'est que le corps illustre qui, depuis deux cents ans, préside aux destinées de la littérature française, a fait plus que reconnaître et récompenser le talent d'un homme en l'appelant dans son sein ; l'Académie a proclamé, en outre, qu'elle sait accepter ceux mêmes qu'on lui signale comme des novateurs, bien certaine de trouver en elle les éléments de puissance et d'autorité *qui savent maîtriser les ardeurs les plus grandes.* »

Pourquoi le journal officiel éprouvait-il le besoin de mêler un ton de semonce à sa relation ?

M. Hugo succédait à Népomucène Lemercier. Népomucène ! un beau nom pour un poète tragique, un nom farouche comme l'était un peu le caractère de l'homme qui, après avoir été l'ami du Premier Consul, était devenu l'adversaire de l'Empereur. Lemercier ou un autre, cela était d'ailleurs fort égal à M. Victor Hugo. Son discours débuta par une page gigantesque : le portrait de Napoléon dans une gloire, sur fond d'or ; puis tout à coup, comme contraste, — comme antithèse, — la figure assombrie, revêche, de Népomucène Lemercier, l'auteur d'*Agamemnon*, de *Plaute*, de *Pinto*, de *Christophe Colomb*, un oseur pour son temps et dans son genre, un romantique avant que le nom fût inventé. Il me semble, à distance, que M. Victor Hugo n'a pas suffisamment insisté sur cette dernière qualité, très évidente pourtant. Il est vrai que, par une de ces contradictions que la vieillesse et la misanthropie se chargent d'expliquer, Lemercier s'était montré fort hostile au mouvement romantique. Ce champion du bon goût, ce défenseur des saines traditions, en même temps qu'il protestait contre les *exagérations* de la *nouvelle école*, faisait jouer à la Porte-Saint-Martin (1827) les *Deux Filles spectres*, un mélodrame de la plus étrange espèce.

L'éloge de Lemercier, — éloge très restreint, — servit de transition à M. Hugo pour arriver à une tentative d'apologie de la Convention nationale. « Soyons justes, Messieurs, — disait-il, — nous le pouvons sans danger aujourd'hui, soyons justes envers ces choses augustes et terribles qui ont passé sur la civilisation humaine et qui ne reviendront plus ! C'est, à mon sens, une volonté de la Providence que la France ait toujours à sa tête quelque chose de grand. Sous les anciens rois, c'était un principe ; sous l'Empire, ce fut un homme ; pendant la Révolution, ce fut une assemblée. Assemblée qui a brisé le trône et qui a sauvé le pays, qui a eu un duel avec la royauté comme Cromwell et un duel avec l'univers comme Annibal, qui a eu à la fois du génie comme tout un peuple et du génie comme un seul homme ; en un mot, qui a commis des attentats et qui a fait des prodiges ; que nous pouvons détester, que nous pouvons maudire, mais que nous devons admirer ! »

Et tout aussitôt, comme s'il craignait de soulever les susceptibilités d'une partie de son auditoire, le récipiendaire ajoutait : « Reconnaissons-le néanmoins, il se fit en France, dans ce temps-là, une diminution de lumière morale... Cette espèce de demi-jour ou de demi-obscurité, qui ressemble à la tombée de la nuit et qui se répand sur de certaines époques, est nécessaire pour que la Providence puisse, dans l'intérêt ultérieur du genre humain, accomplir sur les sociétés vieillies ces effrayantes voies de fait qui, si elles étaient commises par des hommes, seraient des crimes, et qui, venant de Dieu, s'appellent des révolutions. »

Un souffle d'étonnement circula dans la salle. On comptait sur un discours littéraire, on avait un discours politique. Après l'éloge de la Convention vint l'éloge de Louis-Philippe. Du reste, pas un mot relatif aux questions de style, c'est-à-dire à ce qui intéressait tout le monde. Pas une allusion aux conquêtes de la plume, aux luttes soutenues, aux progrès obtenus. M. Victor Hugo mit un soin extrême à éviter ce qui pouvait rappeler ou évoquer le romantisme. La chose fut passée sous silence, le mot ne fut pas prononcé. Il n'y eut pas de drapeau planté. De là, déception générale. Les disciples consternés purent croire à une apostasie.

C'était M. de Salvandy qui était chargé de répondre à M. Hugo. M. de Salvandy était un bel homme qui avait fait autrefois un roman intitulé : *Alonzo*, pour lequel il avait eu à subir beaucoup de brocarts. L'Université l'avait consolé ; il était du bois dont on fait les ministres. D'ailleurs, bon homme, avec des prétentions à l'esprit. Il mit un malin plaisir à ramener le récipiendaire sur le terrain exclusif de la littérature, en lui donnant bien à entendre qu'on l'avait surtout admis parce qu'il n'avait aucune nuance politique, parce qu'il ne représentait aucun parti, ce dont il le félicita outre mesure, — et ce qui ne laissait pas que d'être passablement offensant, car enfin on est toujours de son temps et on en partage plus ou moins les passions.

« C'est à nous, lui dit-il, de vous restituer votre cortège *naturel*, de rassembler autour de vous vos patrons et vos garants *véritables :* les *Odes*, *Notre-Dame de Paris*, *les Rayons et les Ombres*... Napoléon, Sieyès, Malesherbes, ne sont pas vos ancêtres, monsieur. Vous en avez de non moins illustres : J.-B. Rousseau, Clément Marot, Pindare, le Psalmiste. »

Jean-Baptiste Rousseau ! M. Victor Hugo dut faire une singulière grimace en entendant ce nom. Pourquoi pas Le Franc de Pompignan, tout de suite ?

Mais où M. de Salvandy cessa de se contenir, c'est lorsqu'il en arriva à cette partie du discours de M. Hugo, où celui-ci avait essayé de montrer Lemercier sympathique à l'œuvre de 93. Salvandy eut un effet de toupet irrésistible; il prit véhémentement la défense de Lemercier et s'exprima en ces termes :

» A aucune époque de sa vie il n'aurait fallu lui parler de la grandeur de cette époque servile et abominable. Il n'admettait pas qu'en s'entassant les crimes se grandissent. Il n'eût pas consenti davantage à entendre tout rejeter sur le compte de Dieu, qui ne commande pas tout ce qu'il permet ; argument plein de péril, vous eût-il dit. Enfin, vous l'auriez vu, comme nous, se soulever contre cette excuse, trouvée après coup, que les attentats révolutionnaires fussent provoqués par les périls de la France et justifiés par son salut...

» Non! non! n'essayons pas d'attacher à cette funeste année 1793 une auréole de gloire. Elle n'a rien conquis. Elle n'a point vaincu. Dieu n'a pas permis qu'à côté des crimes elle comptât autre chose que des malheurs. Voilà l'histoire. Les lettres qui, dans leur région sereine, n'ont à flatter aucune passion et aucun régime, doivent à ce peuple libre qui nous écoute, la vérité sur une époque où il n'y eut rien de *sublime* que des victimes, rien *d'auguste* qu'un échafaud, rien de *surnaturel* que la férocité ! »

En parlant ainsi, M. de Salvandy crut sans doute avoir foudroyé M. Victor Hugo.

Il ne connaissait pas la tenacité du nouvel élu ; il ne se doutait pas que, — ce vague souvenir académique aidant, — M. Victor Hugo, trente-trois ans plus tard, compléterait son discours de réception par un ouvrage en trois volumes, portant au fronton de ses pages ce titre, audacieux comme un défi, calme comme une conviction : *Quatre-vingt-treize!*

Le reste du discours de Salvandy ne se maintint pas

à ce niveau d'éloquence et s'acheva dans des plaisanteries d'un ordre douteux. C'est ainsi qu'il félicita M. Hugo, à propos de ses drames, du degré d'importance auquel il avait fait parvenir *l'art scénique*, — mot qui fut relevé immédiatement par l'auditoire et qui défraya pendant quelques jours les petits journaux d'alors. Ce fut un succès pour M. de Salvandy.

II

Je ne répondrais pas que M. Victor Hugo ait été un académicien très assidu aux séances particulières et publiques de l'illustre corps. On le voit cependant, au bout de quelque temps, élevé à la qualité de président, recevoir successivement M. Saint-Marc Girardin et M. Sainte-Beuve. Au premier, il n'épargna pas les épigrammes et se vengea sur lui de ce que lui avait fait endurer M. de Salvandy. Son discours (enfermé dans un éloge de Campenon, juste ciel !) est une merveille d'ironie sereine et d'esprit hautain.

A partir de ces deux réceptions, je cherche vainement la trace de M. Victor Hugo dans les Rapports de l'Académie française. Il faut croire que ses travaux particuliers le tinrent éloigné de ses collègues.

Sur ces entrefaites, il fut appelé à la pairie.

Un de ses actes comme pair de France fut de demander la rentrée de la famille Bonaparte ; initiative dont il devait tant se repentir !

Académicien et pair de France, M. Hugo pouvait se croire *arrivé*, dans le sens que les ambitieux attachent à ce mot. Il l'était, en effet. Le chemin parcouru jusqu'à ce moment environ a été raconté d'une façon exacte et attrayante dans un livre anonyme intitulé :

Victor Hugo raconté par un témoin de sa vie. Cela me dispense d'entrer dans des détails biographiques à la portée de tous. D'ailleurs sa vie est une des plus connues, comme son portrait est un des plus populaires. Personne ne s'est autant que lui répandu, livré, mêlé à la foule. Il a continuellement vécu dans des maisons ouvertes, rue Notre-Dame-des-Champs, place Royale, rue d'Isly, rue de la Tour-d'Auvergne, rue de Clichy, et enfin avenue Victor Hugo.

A l'époque de son avènement au fauteuil académique, le catalogue de ses œuvres s'arrêtait aux *Rayons* et aux *Ombres* inclusivement. Il y ajouta peu de temps après la trilogie des *Burgraves* et les lettres sur *le Rhin*, deux ouvrages qui se tiennent et s'expliquent l'un par l'autre.

Puis, vinrent les événements de 1848. M. Victor Hugo oublia de plus en plus l'Académie. Enfin, le coup d'État de 1851 l'en sépara violemment. Il prit le chemin de l'exil.

Hâtons-nous de dire que l'Académie française sut se comporter dignement et qu'elle maintint toujours sur la liste le nom de Victor Hugo, — à la place d'honneur, la place des absents. De son côté, une institution plus modeste et relevant des gouvernements par leurs bienfaits, la Société des gens de lettres, lui conserva ostensiblement le titre de président qu'il en avait accepté autrefois. Je sais bien que ces deux compagnies ne firent que leur devoir, mais il est des époques où rien n'est plus difficile à faire que le devoir.

Ce n'est qu'une vingtaine d'années plus tard que M. Victor Hugo est revenu occuper son fauteuil, le fauteuil de Corneille ; — et, comme jadis pour Corneille vieilli et blanchi, les assistants se sont levés, pleins d'émotion et de respect...

18.

Ici peut-être devrait se borner ma tâche. Mais il est des sujets qu'on n'effleure pas sans une irrévérence marquée. M. Victor Hugo est du nombre. On peut l'éviter, on n'a pas le droit de le coudoyer. Dès qu'on se prend à l'examiner en face, on se sent arrêté. C'est dire que quelques pages me sont encore nécessaires.

Victor Hugo a subi longtemps la révolte et la négation. Personne n'a été discuté avec plus de passion que lui : ni Corneille, ni Gluck, ni Eugène Delacroix. On s'est armé contre ses vers, on s'est soulevé contre sa prose. On a épuisé contre lui le vocabulaire des invectives, Viennet sur Vadé. On l'a traité de vandale, de brigand, de welche, d'ilote, de fléau, d'iconoclaste, de fou, de sauvage. On l'a comparé à Lucain, à Dubartas, à l'abbé de Saint-Louis, à Scarron, à Gongora. On l'a trouvé absurde, ridicule, rocailleux, tortueux, trivial, excessif, convulsif, ampoulé, emphatique. On l'a bafoué, parodié, chansonné, caricaturé (1).

(1) Pourquoi ne nous égayerions-nous pas un peu maintenant au sujet des critiques furibondes et écumantes que déchaînèrent les premières œuvres de Victor Hugo ? Pourquoi, entre cent autres, ne rappellerions-nous pas la *Conversion d'un romantique*, par M. Jay, un pamphlet en un gros volume in-octavo de 431 pages. (Paris, 1830, chez Moutardier, rue Git-le-Cœur), où se trahissent les mortelles angoisses des derniers et insuffisants représentants de la tradition classique ? M. Jay (qui est-ce qui a jamais su ce que c'était que M. Jay, et ce qu'avait écrit M. Jay ?) a découvert, entre autres belles choses, que *Hernani* était entièrement pillé d'un poème anglais intitulé : *Henry et Emma*. Mais en cette occasion, il faut citer, pour laisser au rire une plus libre place :

« Je n'hésite plus maintenant à le déclarer : *Hernani* et les pièces qui lui ressemblent ne sont que des mélodrames beaucoup moins intéressants que ceux qui se jouent sur les boulevards ; ils auront la même destinée : la foule y viendra, comme s'il s'agissait de voir un monstre, un jeu capricieux de la nature, tel, par

On l'a même critiqué honnêtement et loyalement.

Rien ne lui a manqué.

Qu'est-il résulté de tout ce bruit ? Un nom universel et une œuvre imposée.

Victor Hugo, en effet, a doté la langue française d'expressions, de formules, qui se retrouvent à chaque instant dans la conversation usuelle et qui sont employés involontairement même par ses adversaires.

exemple, que l'enfant bicéphale, *Ritta-Christina;* mais, la curiosité satisfaite, ces informes productions d'une imagination déréglée tomberont dans un insultant oubli ; les maîtres de la scène ne seront point détrônés.

» Il n'y a de nouveau dans *Hernani* qu'un langage qui n'a pas de nom... L'idée première de ce drame appartient à Prior, auteur d'un charmant poème intitulé : *Henry and Emma.* Le sentiment passionné d'Emma pour un inconnu n'a rien *qui blesse les convenances* et paraisse invraisemblable. Le poète anglais a pris soin d'en marquer la naissance et les progrès; le lecteur est préparé à l'énergique résolution que prend la jeune fille d'unir sa destinée à celle d'un homme rejeté par la société et en guerre avec elle. Après un dialogue admirable de naturel et de poésie, Henry, touché de tant de sacrifices et de dévouement, *se fait connaître pour le noble héritier du comte Edgard;* alors, la voix du poète s'élève, et le souvenir d'un illustre et puissant guerrier lui inspire un chant de gloire et de patriotisme. »

Je m'imagine aisément la confusion de M. Victor Hugo lorsqu'il a vu son plagiat découvert. S'être laissé acclamer comme un novateur, lorsqu'on n'est que le détrousseur de Prior ! Dire effrontément qu'on a inventé Hernani lorsqu'on a simplement retrouvé Henry ! Affirmer qu'on a créé Dona Sol lorsqu'on n'a fait tout bonnement que mettre une mantille à Emma!

Je me repens d'avoir tout à l'heure posé à mes lecturs avec tant de légèreté cette question : « Qui est-ce qui a jamais su ce que c'était que M. Jay? » M. Jay est l'auteur de la *Conversion d'un romantique,* et cet ouvrage, d'un comique inénarrable, lui ouvrait en 1832 les portes de l'Académie française. On était comme cela alors. Voilà les excès profondément grotesques auxquels menaient les dernières convulsions de la réaction classique. — Quels classiques !

Ainsi : « J'en passe et des meilleurs. »
Ainsi : « Ceci tuera cela. »
Les vers-proverbes, on ne les compte plus. Toutes les jeunes filles murmurent :

Elle aimait trop le bal, c'est ce qui l'a tuée.

Les publicistes à la recherche d'une attitude :

Et s'il n'en reste qu'un, je serai celui-là !

Je prends au hasard de la mémoire, à la volée.
Ses personnages fictifs se sont changés en personnages réels.
Qui de plus réel, en effet, que Quasimodo ? Victor Hugo a refait un Gringoire plus touchant que celui de l'histoire. Sa Marion de Lorme a détrôné à jamais celle de la légende. Il n'y aura plus dorénavant d'autre Lucrèce Borgia que la sienne ; il n'y aura plus d'autre Triboulet que le sien. Le nom de Gavroche est inséparable de l'image d'un gamin parisien.
Nul plus que Victor Hugo n'a fourni des sujets à la musique et à la peinture. Tous ses drames ont été transformés à l'étranger en opéras et en ballets : la *Esméralda*, *Rigoletto*, *Ernani*, *Lucrezia Borgia*, *Ruy-Blas*.
Il faut bien qu'il y ait là l'indice d'une puissance créatrice, — car enfin, de tous les écrivains qu'on a essayé d'opposer à M. Victor Hugo, aucun n'a jamais rien fourni aux arts, pas même Ponsard. Ce pauvre Ponsard n'a rien inspiré du tout, ni un dessin, ni une mélodie, ni une statuette.
On peut faire un livre intitulé : *les Femmes de Victor Hugo*, comme on a fait *les Femmes de Shakspeare* et *les Femmes de lord Byron*.

Comme poète à immense envergure il ne rencontre qu'un rival sur sa route : Lamartine.

Car c'est le poète qui apparaît d'abord en M. Victor Hugo. Il apparaît avant l'auteur dramatique et avant le romancier.

Il possède assurément l'instrument lyrique le plus extraordinaire, le plus riche, le plus complet, qui jamais ait été, un instrument façonné à la chanson comme à l'hymne, mais particulièrement propre à ces morceaux qu'on a justement comparés à des orchestrations militaires. Telles sont les strophes écrites en 1840 à l'occasion du retour des cendres de l'Empereur.

Plus tard, l'opinion ou plutôt le point de vue devait changer chez M. Victor Hugo. Mais sa manière ne changea point. Elle s'éleva et se fortifia dans *la Légende des siècles*, où l'esprit hésite entre ces chefs-d'œuvre qui s'appellent *le Satyre*, *la Rose de l'infante*, *les Pauvres Gens*, *le Sultan Mourad*, *le Régiment du baron Madruce*.

Lorsque le régiment des hallebardiers passe,
L'aigle à deux têtes, l'aigle à la griffe rapace,
L'aigle d'Autriche dit : « Voilà le régiment
De mes hallebardiers qui va superbement.
Leurs plumets font venir les filles aux fenêtres.
Ils marchent droits, tendant la pointe de leurs guêtres,
Leur pas est si correct, sans tarder ni courir,
Qu'on croit voir des ciseaux se fermer et s'ouvrir. »

Il semble que ce soit là le dernier mot de la description animée et colorée. Et cependant M. Victor Hugo a dépassé ce niveau dans son récit de la retraite de Russie.

L'art du peintre ne saurait aller plus loin. La même pièce contient le tableau de la bataille de Waterloo, qui égale le tableau de la retraite de Russie. Qui ne sait par cœur ces vers prodigieux :

```
Le soir tombait ; la lutte était ardente et noire.
Il avait l'offensive et presque la victoire :
Il tenait Wellington acculé sur un bois.
Sa lunette à la main, il observait parfois
Le centre du combat, point obscur où tressaille
La mêlée, effroyable et vivante broussaille,
Et parfois l'horizon, sombre comme la mer.
Soudain, joyeux, il dit : Grouchy !... C'était Blücher.
L'espoir changea de camp, le combat changea d'âme.
La mêlée, en hurlant, grandit comme une flamme.
La batterie anglaise écrasa nos carrés.
La plaine où frissonnaient les drapeaux déchirés
Ne fut plus, dans les cris des mourants qu'on égorge,
Qu'un gouffre flamboyant, rouge comme une forge.
```

La pièce va crescendo jusqu'à ce qu'elle aboutisse à ce vers devenu légendaire :

La garde impériale entra dans la fournaise.

Pour trouver quelque chose de comparable à cela, il faut remonter jusqu'à Virgile et au deuxième livre de l'*Énéide*, retraçant la prise et le sac de Troie.

III

L'auteur dramatique a jeté huit grands drames à la foule, tous les huit profondément saturés de poésie. Leurs fortunes ont été diverses, mais leur influence a été considérable. Le champ tragique en a été bouleversé de fond en comble ; l'art du théâtre en a été complètement remanié. Là, comme partout, M. Victor Hugo a fait jouer la sape et il est monté au succès comme on monte à l'assaut.

Il a eu moins d'efforts à faire dans le roman, où d'importants progrès avaient été réalisés avant lui.

Il s'est contenté de développer quelques-unes de ses qualités d'observation dans des proportions tour à tour colossales et familières. Mais il se substitue trop souvent au conteur.

La première qualité d'un romancier doit être l'impersonnalité. Cela n'a pas besoin d'être démontré. Malheureusement, la plupart des romanciers de notre époque ne possèdent pas cette qualité. Tous les personnages de Balzac parlent comme Balzac. Vautrin parle comme Balzac. Mercadet parle comme Balzac. Gaudissart parle comme Balzac. Rastignac parle comme Balzac. Quinola parle comme Balzac. Le Cousin Pons parle comme Balzac.

Il en est de même de Victor Hugo romancier. J'excepte cette brillante *Notre-Dame de Paris*, composition de jeunesse, écrite sous l'influence de Walter Scott et égale aux meilleurs romans du grand Écossais. Mais *les Misérables*, mais *les Travailleurs de la mer*, mais *l'Homme qui rit*, tout le monde y parle comme Victor Hugo. Jean Valjean parle comme Victor Hugo. Mgr Myriel parle comme Victor Hugo. Javert parle comme Victor Hugo. M. Gillenormand parle comme Victor Hugo. Thénardier parle comme Victor Hugo. Courfeyrac, Enjolras et Laigle de Meaux parlent comme Victor Hugo. Ce sont les mêmes cliquetis de mots, les mêmes tirades, éperdues, affolées, magnifiques, vertigineuses.

Et dans *Quatre-vingt-treize*, qui fourmille de tant de splendeurs, se retrouve le même système. Danton, Robespierre et Marat sont réunis dans un cabaret de la rue du Paon; ils causent entre eux, mais c'est Victor Hugo qui parle par leur bouche.

Voici ce que dit Robespierre-Hugo :

— « La guerre étrangère n'est rien, la guerre civile

est tout. La guerre étrangère, c'est une écorchure qu'on a au coude ; la guerre civile, c'est l'ulcère qui vous mange le foie. »

Voici ce que dit Marat-Hugo :

— « Je suis l'œil énorme du peuple, et du fond de ma cave, je regarde. »

Voici comment s'exprime Danton-Hugo :

« Je suis comme l'Océan ; j'ai mon flux et mon reflux ; à mer basse on voit mes bas-fonds, à mer haute on voit mes flots. »

Il a été beaucoup écrit sur Victor Hugo. On a plusieurs fois essayé de donner la mesure de son génie ; mais l'heure de l'impartialité absolue n'est pas encore venue. Ce que j'ai lu de plus satisfaisant dans le succinct vient d'un écrivain très raffiné, très aigu, de Charles Baudelaire. Dans ses *Réflexions sur quelques-uns de mes contemporains*, il a essayé d'analyser l'atmosphère morale de cette œuvre abondante et complexe, atmosphère qui lui paraît participer très sensiblement du tempérament propre de l'auteur.

« Elle me paraît, dit-il, porter un caractère très manifeste d'amour égal pour ce qui est très fort comme pour ce qui est très faible, et l'attraction exercée sur le poète par ces deux extrêmes dérive d'une source unique, qui est la force même, la vigueur originelle dont il est doué. La force l'enchante et l'enivre ; il va vers elle comme vers une parente : attraction fraternelle. Ainsi est-il irrésistiblement emporté vers tout symbole de l'infini, la mer, le ciel ; vers tous les représentants anciens de la force, géants homériques ou bibliques, paladins, chevaliers ; vers les bêtes énormes et redoutables. Il caresse en se jouant ce qui ferait peur à des mains débiles ; il se meut dans l'immense, sans vertige. En revanche, le poète se montre toujours l'ami attendri de tout ce qui est faible, solitaire, contristé ; de tout ce qui est orphelin : attraction paternelle. Le fort devine un frère dans tout ce qui est fort, mais voit ses enfants dans tout ce qui a besoin d'être protégé ou consolé. C'est de la force même et de la certitude qu'elle donne à celui qui la possède que dérive l'esprit de justice et de charité. Ainsi se produisent sans cesse dans les poèmes de Victor Hugo ces accents d'amour pour les femmes tombées, pour les pauvres gens broyés dans les engrenages de nos sociétés, pour les animaux martyrs de notre gloutonnerie et de notre despotisme. Même dans ses petits poèmes consacrés à l'amour sensuel, dans ses strophes d'une mélancolie si voluptueuse et si mélodieuse, on entend, comme l'accompagnement d'un orchestre, la voix profonde de la charité. Sous l'amant, on sent un père et un protecteur. La morale n'entre pas dans cet art à titre de but ; elle s'y mêle et s'y confond comme dans la vie elle-même. Le poète est moraliste sans le vouloir, par abondance et plénitude de nature. »

Ces lignes de Baudelaire, et les deux ou trois chapitres de l'*Histoire du romantisme*, de Théophile Gautier, représentent ce qui a été écrit de plus raisonnable jusqu'à présent sur Victor Hugo. Il n'y a décidément que les poètes pour parler des poètes.

CHAPITRE XXV

Autre académicien. — M. Victor de Laprade.

Lorsque M. Victor de Laprade a été admis à l'honneur d'occuper le fauteuil d'Alfred de Musset, ses titres poétiques se résumaient, — sauf quelques essais de jeunesse donnés aux revues de Lyon, — dans les ouvrages suivants : *Psyché*, les *Poèmes évangéliques*, les *Symphonies* et les *Idylles héroïques*, quatre recueils d'une valeur réelle, sérieuse, procédant à la fois de Lamartine et d'Alfred de Vigny. Le public (le public si limité des poètes) avait été frappé de l'aptitude spéciale de M. de Laprade à décrire les grands tableaux de la nature, en véritable fils du Rhône qu'il était.

C'est un chêne qui a conduit M. Victor de Laprade à l'Académie, — comme c'est un bœuf qui y portera tôt ou tard M. Leconte de l'Isle. Chaque poète a un thème où il excelle. Le thème préféré de M. de Laprade, celui auquel il revient le plus souvent, c'est l'*Arbre*, — l'arbre qu'il connaît, qu'il aime, qu'il a étudié intimement et auquel il a consacré un poème entier.

Heureux si M. Victor de Laprade s'en fût toujours tenu à ses arbres, à ce *chêne*, — son grand cheval de bataille littéraire! Mais des amis imprudents, engagés dans la voie militante du journalisme, l'appelèrent à eux et lui conseillèrent d'ajouter une corde d'airain à sa lyre. Il eut le tort de les écouter, et, en 1861, il commença, dans *le Correspondant*, une série de satires sociales et politiques, qui devaient être pour lui une source de désagréments non interrompus. Dans la première, dans sa pièce de début, il semble avoir prévu le sort qui l'attendait :

J'ai quitté cette fois mon Alpe solitaire :
Les chênes, dans mes vers, les torrents vont se taire.
Je m'interdis les bois, les sentiers écartés,
Par où je m'enfuyais loin des réalités...
Rentré chez les humains, puisque l'on m'y convie,
Je viens prendre mon poste au combat de la vie.
Je renonce à la paix des sereines hauteurs ;
On dit que le sommeil y gagnait mes lecteurs,
Las de suivre, à travers d'austères paysages,
D'impassibles héros sculptés dans les nuages.

Donc, j'ai trop fait gémir les roseaux et les vents ;
Eh bien ! tirons un cri de l'âme des vivants :
Le clairon va sonner autour des beaux exemples ;
Je viens brandir le fouet sur le parvis des temples,
Et j'accepte, à cette heure où toute lèvre ment,
Les hasards que l'on court à parler fièrement.

Il écrivait cela en 1861 ; en novembre, après avoir roulé insensiblement sur la pente, il ne se sentit plus maître de son Pégase et se laissa aller jusqu'à rimer la satire sur les *Muses d'État*. On y lisait des vers comme ceux-ci :

Nous n'avons plus le Cirque et les gladiateurs,
Des cochers bleus et verts, des tigres pour acteurs ;
Nous avons le roman, les chroniques, les drames ;
On peut avec cela contenter bien des âmes.
Dans un Etat réglé, tout sert dorénavant,
Tout, le poète même et le singe savant,
Les dieux sur le retour entrent dans la police.
O groupe des Neuf Sœurs, si vieux et si novice,
Qui descendez du Pinde en rêvant d'un héros,
Allez chez l'inspecteur prendre vos numéros.

. . . .

Noble temps, et sur qui mon vers ne saurait mordre,
Où la plume demande au sabre son mot d'ordre.

La licence parut un peu forte aux gouvernants d'alors. On trouva qu'il allait trop loin dans l'indépendance. Le ministre de l'instruction publique, qui était M. Rouland, adressa à l'Empereur le rapport suivant :

« Sire,

» M. Victor de Laprade, membre de l'Académie française et professeur à la faculté des lettres de Lyon, vient de publier dans *le Correspondant* une pièce de vers que je mets sous les yeux de Votre Majesté. Le poète a peut-être des privilèges qu'on refuserait à tout autre écrivain ; mais, si grands qu'ils soient, ils ne sauraient aller jusqu'à l'impunité d'allusions injurieuses envers le Souverain issu du suffrage universel et envers la nation qu'il gouverne glorieusement.

» Je regrette, Sire, que la violence des partis trouve des organes chez des hommes qui devraient, par respect pour eux-mêmes, se défendre de tout excès ; mais M. de Laprade semble aimer la célébrité qu'on acquiert par l'invective politique. Je doute donc que ce professeur puisse désormais enseigner à la jeunesse l'amour du pays qu'il outrage et la fidélité au gouvernement qu'il insulte. Lorsqu'un honnête homme a le malheur de nourrir dans son cœur et de manifester publiquement de pareilles haines, il doit, s'il est attaché au service de l'État, rompre les liens d'un serment dont la violation est flagrante et renoncer à des fonctions qu'il reproche si amèrement à autrui.

« M. de Laprade ayant trop oublié ce devoir, je n'hésite pas à lui en rappeler toute la moralité. C'est pourquoi, Sire, j'ai l'honneur de proposer à Votre Majesté le décret ci-joint, qui révoque M. de Laprade de ses fonctions de professeur à la faculté des lettres de Lyon.

» Je suis avec le plus profond respect, Sire, etc. »

Une fois libre, M. Victor de Laprade se livra tout à son aise à sa verve satirique. Les occasions de *brandir son fouet* ne lui manquèrent pas ; il le brandit jusque sur le parvis du Théâtre-Français. Mais c'est toute une aventure, qui mérite d'être racontée en détail.

C'était à l'époque du *Fils de Giboyer*, cette comédie de M. Émile Augier qui fit tant de train, et dans laquelle le ridicule était versé à pleines mains sur les vieux partis politiques, sur les chouans de salon, sur « les Montmorency, les La Trémouille et les *La Prétintaille* »; sur les cléricaux aussi. La pièce, remplie de violences et de personnalités, se produisit au moment où le pouvoir se montrait le plus rigoureux envers la presse et où quelques journaux venaient même d'être supprimés. On reprocha vivement à M. Augier de s'en prendre à des gens hors d'état de lui répondre. M. Victor de Laprade ne fut pas le dernier à s'émouvoir ; il fulmina dans *le Correspondant* une nouvelle satire qu'il intitula : la *Chasse aux vaincus*.

19.

Personne n'y est nommé, ni l'auteur de la pièce, ni la pièce, ni Giboyer; mais l'allusion est transparente; cela se passe entre gens qui sont au courant de l'actualité.

Heureux cet esprit fort qui chatouille à la fois
Le gros cuir des manants, la fine peau des rois!
Rien n'étant plus permis, il peut tout se permettre ;
On est très libéral, même en flattant le maître,
Quand du nom de *progrès* on se fait un appeau
Et qu'on a *démocrate* écrit sur son chapeau.
Je sais ce qu'en vaut l'aune et le fond de boutique,
De ces gens vernissés du mot démocratique !
Le même lambeau rouge, un peu raccommodé,
Après la carmagnole a fait l'habit brodé.
. . . .

De ces temps si divers vous avez les mérites.
L'avenir saura bien où sont les hypocrites.
Molière eût renoncé, s'il vous avait pu voir,
Pour un Tartuffe rouge à son Tartuffe noir.

M. Émile Augier tressaillit sous l'attaque; elle lui fut d'autant plus sensible qu'elle lui venait d'un de ses confrères à l'Académie française. Vite il écrivit à M. Guéroult, directeur du journal *l'Opinion nationale :*

« Mon confrère à l'Académie, M. de Laprade m'invective d'une manière toute guillerette dans une revue mensuelle; comme je ne veux pas ajourner ma réponse à un mois, je vous demande l'hospitalité pour la lettre suivante que j'écris à ce poète. Agréez, etc. »

Ce *poète* est d'un ton bien dégagé !
Voici maintenant la lettre de M. Émile Augier à M. de Laprade, ou au moins le commencement de cette lettre :

« Monsieur,

» Je serais bien confus si je m'étais permis d'adresser — je ne dis pas à un de mes confrères à l'Académie, — mais seulement à l'être collectif qu'attaque ma comédie, la centième partie des injures dont vous m'honorez, sous prétexte que vous êtes un ancien vaincu et ne pouvez pas me répondre.

« Que vous vous soyez exercé à mettre en vers ce thème déjà usé de votre parti, je ne m'en émeus guère; j'ai sur ma table une pile de journaux remplis de vociférations de ces prétendus muets, et elles n'ont pas réussi à donner le change au public; *la foule compacte qui applaudit tous les soirs ma pièce* sait bien que ceux que j'attaque ne sont pas des vaincus.

Que vous me traitiez de chenille... que vous preniez la grossièreté pour de l'énergie, que vous cherchiez *dans vos petits poumons* le souffle d'un Juvénal, je n'y vois nul inconvénient ; je vous approuve même de renoncer à votre première manière; et je ne suis pas assez votre ami pour vous détourner d'en prendre une seconde. »

Les convenances m'enjoignent d'interrompre cette citation. M. Émile Augier, profondément vexé, porte la discussion sur la destitution de son antagoniste et lui refuse le droit de se délivrer *un certificat d'héroïsme.*

« Coyez-moi, Monsieur, — lui dit-il en terminant, — soyez simple et doux ; ne cherchez pas noise aux gens dont la situation est plus nette que la vôtre, et revenez modestement à cette lyre sourde qui a si longtemps célébré le panthéisme, monsieur le clérical.

» Veuillez d'ailleurs agréer l'hommage de ma parfaite considération. »

Lyre sourde ! lyre sourde ! Pas si sourde que cela. Voilà bien ces écrivains de théâtre, qui voudraient résumer et enfermer toute la littérature dans le cercle dramatique, grisés par les applaudissements d'un tas de curieux qu'ils prennent naïvement et orgueilleusement pour des admirateurs ! Se peut-il qu'ils s'abusent à ce point sur la valeur de ces succès faits de bruit et de mode, dont se sont passés si aisément tant de grands esprits, et qu'ils partagent avec tant de petits esprits ?

On voit que tous les dissentiments ne s'en viennent pas expirer sur le seuil de l'Académie, ainsi qu'on se plaît à le répéter, et que cet asile de la paix est quelquefois troublé par des factions intestines.

Les satires de M. Victor de Laprade ont été réunies en un volume intitulé : *Poèmes civiques*. On a de lui encore la *Voix du silence*, *Harmodius* et *Pernette*.

Pernette est un récit plein de fraîcheur et d'émotion qui fait songer aux poèmes de Frédéric Mistral ; cinq ou six éditions ont attesté le succès de *Pernette*.

Quant à *Harmodius*, c'est tout simplement... une tragédie. Elle a été composée aux derniers jours de l'Empire. « La conjuration d'Harmodius et d'Aristogiton — dit M. de Laprade dans sa préface — ouvre cette admirable période du triomphe de la liberté hellénique. La mémoire de ces deux héros resta, comme on sait, vivante jusqu'au dernier jour d'Athènes. On les célébrait comme les fondateurs de la République. La fameuse chanson de Callistrate, consacrée à leur mémoire, était religieusement chantée dans toutes les cérémonies nationales et dans tous les festins. C'était à la fois le *Vive Henri IV* (*oh !*) et la *Marseillaise* d'Athènes. Nous en donnons une traduction libre dans les dernières scènes de ce poème. »

Beau poème, en effet; strophes toutes frémissantes des plus nobles aspirations ; alexandrins taillés dans le plus pur marbre! Il n'y aurait que peu de chose à faire pour rendre possible au théâtre la représentation d'*Harmodius*, et l'on aurait un superbe spécimen de la littérature grecque.

M. de Laprade, lors de nos désastres, a, comme presque tous les écrivains, payé son tribut à la muse patriotique ; *Pendant la guerre* est une série de pièces imprimées et parues à Lyon.

La ville de Lyon ne s'est pas montrée ingrate envers son poète : elle l'a envoyé, en 1871, à l'assemblée nationale. Le collaborateur du *Correspondant* était peut-être là à sa place, mais non le poète de *Psyché*. Il n'y fit pas grand bruit d'ailleurs, et y parut *vêtu d'ombre*, selon son expression, et bientôt il donna sa démission pour raisons de santé.

CHAPITRE XXVI

Autre académicien. — Le duc de Noailles.

Si l'on tient à bien comprendre la présence de M. le duc de Noailles à l'Académie française, il faut nécessairement se reporter à la date de son élection, en janvier 1849, c'est-à-dire au lendemain d'une révolution qui avait inspiré de vives inquiétudes à tous les corps constitués. C'était la première élection à laquelle l'Académie procédait depuis le 24 février; jusque-là, elle était restée muette et sombre, entendant proclamer la République, regardant les combats de juin en se voilant le front.

Lorsqu'elle crut les temps meilleurs, ou du moins calmés, elle se rappela qu'elle avait à remplacer Chateaubriand, emporté pendant la tourmente. L'occasion était belle de se montrer populaire, dans le sens le meilleur du mot, c'est-à-dire en donnant à la fois satisfaction à l'opinion publique et à la justice littéraire : elle n'avait pour cela qu'à nommer Balzac, qui voulait bien se présenter. Elle jugea plus opportun de nommer un grand seigneur.

C'était justement l'époque où la réaction commençait à « relever la tête », comme on disait alors. Personne ne la releva plus que l'Académie. Avant toutes choses, elle ne songea qu'à s'affirmer dans le sens politique, comme elle fait trop souvent. L'élection du duc de Noailles fut une protestation, presque une provocation. On y vit l'intention bien marquée de renouer la chaîne des nominations aristocratiques, en présence de la société menacée. Si l'Institut est demeuré le fils de la Convention, l'Académie française est restée la fille du cardinal de Richelieu. Elle tient de son père l'amour du despotisme.

Peut-être aussi s'était-elle imaginé qu'il était nécessaire de faire succéder un gentilhomme à un gentilhomme, un pair de France à un autre pair de France. Elle était allée chercher parmi les grandes familles au lieu d'aller chercher parmi les grandes œuvres, et elle s'était dit que c'était là la façon la plus convenable d'honorer Chateaubriand.

L'auteur des *Martyrs* s'appelait, pour le monde entier, Chateaubriand ; — mais, pour l'Académie, c'était toujours M. le vicomte de Chateaubriand.

Patronnée par M. Cousin, la candidature de M. de Noailles ne rencontra que peu d'opposants. L'élection fut consommée le 11 janvier 1849 ; sur trente et un votants, M. de Noailles réunit vingt-cinq voix. Il y en eut quatre pour Balzac. J'aime à croire qu'en toute autre circonstance l'Académie française eût accordé la préférence au grand romancier ; mais, je le répète, l'Académie française tenait à une élection politique. Elle la croyait indispensable à l'esprit de son institution.

Entre l'élection et la réception de M. le duc de Noailles, il s'écoula onze grands mois, — pendant lesquels M. Patin eut tout le temps de préparer sa réponse et de s'entourer des documents relatifs au nouveau confrère que les événements lui envoyaient.

Il apprit ainsi que M. le duc Paul de Noailles était né le 4 janvier 1802, — qu'il avait poussé ses études jusqu'au bout au collège Stanislas, — et qu'entré ensuite dans les gardes du corps, compagnie de Noailles, il avait « porté le mousquet » à dix-neuf ans, et fait une partie de la campagne d'Espagne. Voilà pour l'adolescence.

A vingt-un ans, le jeune duc était pair de France. A vingt-trois, il recevait l'ordre de la Toison d'or, accordé héréditairement à la famille de Noailles par tous les souverains d'Espagne, en reconnaissance des services rendus par le maréchal de Noailles. Il faut ajouter à tous ces privilèges la faveur particulière, intime, de Charles X. Que de dons réunis sur cette jeune tête! Quelle entrée éclatante dans la vie et dans le monde! — M. Patin dut être ébloui...

De 1827 à 1830, le duc Paul de Noailles compléta son éducation par des voyages. Le bruit des journées de juillet le fit revenir ventre à terre à Paris. Il y arriva pour assister au renversement du trône, et il eut l'honneur de recevoir en son château de Maintenon le roi fugitif, sa famille et toute sa suite.

Ce château, qui tient une grande place dans la biographie du duc de Noailles, est un des plus beaux de France; il est situé dans un admirable paysage, à côté d'un aqueduc aujourd'hui ruiné, qui passe à juste titre pour une merveille.

Après un court séjour à Rambouillet, où il vit se dissiper ses dernières espérances, Charles X, reprenant la route de l'étranger, alla à Maintenon réclamer l'hospitalité de son jeune ami, pour une nuit seulement.

Le duc de Noailles a voulu raconter lui-même cette auguste visite ; il n'a eu que peu de chose à faire pour dramatiser un des chapitres les plus saisissants de l'histoire de France. Voici, presque entier, ce fragment, qui, en dehors de son intérêt particulier, donnera une idée favorable de la façon d'écrire du successeur de Chateaubriand :

« Au milieu de la nuit du 3 août 1830, le bruit se répandit tout à coup que Charles X, obligé de fuir sa capitale et résidant depuis trois jours à Rambouillet, allait venir demander un asile au château de Maintenon. Aussitôt les ordres furent donnés, les appartements préparés, et, à deux heures du matin, tout se trouva prêt à recevoir le triste cortège attendu.

» La nuit était calme et pure, la lune à demi voilée, et le silence n'était encore troublé que par les pas de deux régiments de cavalerie qui défilaient sur le pont de la ville, après lesquels défila, sur le même pont, l'artillerie de la garde, mèche allumée. Cette marche guerrière et silencieuse, le bruit sourd des canons, l'aspect des noirs caissons, l'éclat de ces torches au milieu des ténèbres, présentaient l'image, hélas ! trop véritable, du convoi de la monarchie.

» A deux heures du matin, les premières voitures arrivèrent, ensuite M. le Dauphin et Madame la Dauphine, Madame la duchesse de Berry, M. le duc de Bordeaux et Mademoiselle, enfin le Roi et toute sa suite.

» En descendant de voiture, le Roi paraissait accablé ; sa tête était penchée sur sa poitrine et pliait sous le poids de ses réflexions. Il monta avec peine l'escalier qu'avait jadis monté Louis XIV, et il fut conduit dans l'appartement de Madame de Maintenon, qu'on lui avait destiné. Celui qu'avait occupé Louis XIV fait aujourd'hui partie de l'appartement public; il y resta quelques moments avec sa famille; puis chacun des princes se retira chez lui; et Charles X, demeuré seul avec le maître et la maîtresse du lieu, leur adressa ces paroles :

« — Je ne veux pas qu'on fasse la guerre civile en France et qu'on y verse du sang pour moi ; je m'éloigne. Mon regret est de n'avoir pu la rendre heureuse, car ç'a toujours été mon vœu le plus cher ; je voulais sa puissance et sa tranquillité. Tout mon désespoir est l'état dans lequel je la laisse. Que va-t-il arriver ?... »

» La première cour du château se trouvait remplie par les voitures, les chevaux de main, et des soldats couchés par terre. Dans la deuxième étaient quelques voitures encore, avec la compagnie des cent-suisses qui bivouaquait sur le pavé... Ces soldats couchés épars, ces faisceaux d'armes, ces chevaux, cette sorte de bivouac, tout ce désordre guerrier, au pied de ces gothiques tourelles, formait un tableau qui eût *charmé les yeux*, s'il n'eût affligé la pensée ; mais ce roi fugitif devant son peuple, le petit-fils de Louis XIV venant demander asile dans une demeure encore empreinte des marques de la grandeur de son aïeul, cette halte de la monarchie en marche pour l'exil en face du monument de son orgueil et de son faste passé, dont la ruine semblait regarder tristement la scène qui se passait à ses pieds : quel spectacle, sous le calme d'un ciel pur et en présence de la nature toujours immuable devant toutes les agitations des hommes !

» Le lendemain, à dix heures, Charles X entendit la messe dans la chapelle du château. Ce fut dans cette petite chapelle que l'infortuné monarque offrit à Dieu le sacrifice de la couronne qui lui était si douloureusement arrachée. C'est, en effet, à Maintenon que Charles X cessa véritablement de régner : c'est là qu'il licencia la garde royale et les cent-suisses, ne gardant pour escorte que les gardes du corps, qui l'accompagnèrent jusqu'à Cherbourg. Après la messe, le Roi remonta un instant dans sa chambre, et, à onze heures, le cortège se remit en route.

» La fille de Louis XVI portait tous les malheurs et toutes les grandeurs de sa race empreints sur son visage, habitué dès l'enfance à l'expression de la douleur. Elle s'avança vers les gardes qui étaient rangés dans la cour, et leur présenta sa main, qu'ils baisèrent en versant des larmes. Ses propres yeux en étaient remplis, et elle répétait ces paroles d'une voix émue :

« — Ce n'est pas ma faute, mes amis, ce n'est pas ma faute ! »

» M. le Dauphin embrassa l'officier qui commandait la compagnie des cent-suisses, et monta à cheval. Madame la duchesse de Berry, en demi-costume d'homme, avec un certain appareil militaire qui faisait prévoir la prise d'armes de la Vendée, monta aussi en voiture, suivie de ses deux enfants, dont le visage gracieux et inquiet tour à tour souriait innocemment à leur malheur. Le Roi partit le dernier ; il remercia avec une bonté touchante de l'hospitalité qu'il avait reçue ; puis il s'avança vers les troupes et les remercia aussi avec cet accent du cœur qu'il possédait, et dont il usait trop rarement....

» Le Roi, profondément attendri, se jeta dans sa

voiture, et toute cette scène disparut bientôt, laissant dans les âmes une impression ineffaçable et attachant à ces lieux, déjà pleins de souvenirs, une nouvelle et triste célébrité. »

Le duc de Noailles ne suivit pas Charles X dans l'exil ; peut-être en eut-il un instant la tentation, mais il crut qu'il pouvait être plus utile à la cause légitimiste en restant en France. Il revint donc occuper sa place à la Chambre des pairs, et l'attitude qu'il sut y prendre, dès les premiers jours, prouva qu'il avait eu raison. Les hommes du temps de Louis-Philippe ont conservé le souvenir des discours qu'il prononça, et qui lui valurent en peu de temps une autorité et un crédit politiques qu'on obtient rarement à son âge. Un éloge de M. de Dreux-Brézé fut particulièrement et justement remarqué.

Jusqu'alors, il me semble difficile de préciser à quel point l'amour des lettres avait pu le pénétrer. Ses relations, disent les uns, ses instincts, disent les autres, le guidèrent vers l'Abbaye-aux-Bois. Je ne saurais rien avancer à cet égard. Toutefois est-il que M. de Noailles devint bientôt un des hôtes les plus assidus du salon de Madame Récamier, ce salon qui eut à un certain moment l'importance et surtout l'influence d'un grand bureau d'esprit. Il s'y trouva en contact direct et fréquent avec la plupart des intelligences supérieures de l'époque ; et, dès ce moment, il n'est pas impossible qu'il ait eu la vision de son avenir académique.

La condition d'un bagage littéraire quelconque n'était pas faite pour l'embarrasser. N'avait-il pas eu pour devanciers des grands seigneurs parfaitement innocents de tout ouvrage de tête, aux doigts absolument vierges d'encre ? Ne pouvait-il pas évoquer le souvenir du maréchal de Belle-Isle, du maréchal d'Estrées, du maréchal de Richelieu, du duc de Villars, du duc de la Force, du duc d'Harcourt, du duc de Coislin, du duc de Rohan-Guéménée, du prince de la Trémouille, du prince de Beauvau, tous académiciens par la grâce de Dieu?

Cependant, par un scrupule qui l'honore, M. le duc de Noailles voulut faire bien les choses; il tint à honneur d'attacher son nom à un livre. Ce livre il n'alla pas le chercher fort loin; il n'eut pas même besoin de sortir de son château pour en trouver le sujet. Les annales de sa famille lui fournissaient des renseignements nombreux sur Madame de Maintenon; il se décida à les mettre en œuvre et à refaire l'histoire de la belle marquise; histoire, selon lui, très imparfaitement et surtout très irrévérencieusement écrite jusqu'à présent.

Il en publia deux volumes en 1848; le moment n'était peut-être pas heureusement choisi, mais le duc de Noailles était pressé, et ce furent ces deux premiers volumes qui l'aidèrent à conquérir le fauteuil de Chateaubriand.

Sa réception en séance publique eut lieu au mois de décembre 1849. Tout ce qu'il y avait à Paris de la haute société en train de se reconstituer, ne manqua pas à cette fête. L'Académie triomphait d'avoir son grand seigneur à jeter en défi au parti démocratique.

Une fois parvenu au but de ses vœux, on s'imagine le duc de Noailles bien empressé à continuer son *Histoire de Madame de Maintenon*. Erreur! Il mit dix ans à y ajouter deux volumes. Le troisième commence par un chapitre sur Saint-Cyr, accompagné d'une note. Lisez-la bien, cette note qui n'a l'air de rien au premier aspect : « Ce chapitre a déjà été imprimé et publié à petit nombre en 1843; on peut même le considérer comme l'origine du présent ouvrage longtemps interrompu. Depuis cette époque, en 1853, M. Th. Lavallée a donné une histoire de la Maison de Saint-Cyr, en un volume in-8°, qui n'est que le développement des faits consignés ici, avec quelques additions dont je me suis permis de profiter. »

Malgré la bonhomie de cet avertissement, il y eut des gens d'assez mauvais ton pour se récrier, et pour déclarer que le noble écrivain en avait usé trop à son aise avec M. Lavallée. On trouva qu'il avait *profité* dans une mesure indiscrète d'un ouvrage qui, selon lui, n'est que le développement du sien.

> Vous lui fîtes, seigneur,
> En l'*adoptant,* beaucoup d'honneur.

Comme on le pense bien, les bonnes langues de l'opposition s'empressèrent d'exagérer l'affaire; on n'a pas tous les jours l'occasion de turlupiner un duc.

L'*Histoire de Madame de Maintenon*, ainsi que nous l'avons fait entendre, a surtout pour objet de remettre en lumière les vertus — et principalement la vertu — de cette très belle, très spirituelle et très habile dame. En conséquence, c'est une protestation continuelle et continuellement indignée contre les assertions cavalières du duc de Saint-Simon. Ce Saint-Simon le tourmente sans relâche, il le rencontre à chaque instant devant lui; c'est un homme terrible et dont il faut se débarrasser à tout prix. Il le traite d'imposteur et de lâche. Que ne le tient-il seulement au bout de son épée !

A peine en a-t-il fini ou croit-il en avoir fini avec Saint-Simon, que le duc de Noailles se retourne immédiatement vers les autres historiens et pamphlétaires. Ah! il a entrepris là une rude besogne. « Il faudrait des volumes, — dit-il à la fin de son quatrième tome, — pour réfuter tous les mensonges et toutes les sottises qu'on a débités sur madame de Maintenon. » Le malheur est qu'il ne réfute pas toujours autant qu'il le faudrait et qu'il le voudrait. N'importe ; Mademoiselle d'Aubigné, Madame Scarron et la femme de Louis XIV, — ces trois têtes dans une couronne, — n'en demeurent pas moins à ses yeux la personnification la plus resplendissante de toutes les perfections humaines. Pour un peu plus, il en appellerait à un jugement de Dieu et jetterait son gantelet dans l'arène.

A des affirmations aussi catégoriques et aussi réitérées, il semble qu'il n'y ait rien à opposer. Quelques esprits taquins, cependant, ne se sont pas déclarés convaincus. MM. Edmond et Jules de Goncourt, ces chercheurs, ont trouvé ceci : « M. de Noailles a écrit l'histoire de Madame de Maintenon sans lire à la bibliothèque de l'Arsenal, manuscrit de Conrart, série in-folio, tome XI, page 151, la lettre suivante de Madame Scarron :

« Je hais le péché, mais je hais encore davantage la pauvreté ; j'ai reçu vos dix mille écus ; si vous voulez encore en apporter dix mille dans deux jours, je verrai ce que j'aurai à faire. Je ne vous défends pas d'espérer. »

La critique, en général, s'est peu occupée de l'ouvrage de M. le duc de Noailles. Au milieu d'une indifférence, calculée dans certains journaux, M. J.-J. Ampère eut beau jeu à rompre des lances en faveur de notre historien. — Qu'est-ce que venait faire là M. J.-J. Ampère? En sa qualité de voyageur, il passait sans doute par hasard. — Je croirais plutôt à une amitié d'ancienne date. Toutefois est-il que le critique-voyageur ne marchande pas la louange à l'*Histoire de Madame de Maintenon*.

« Ce qui frappe d'abord dans ce livre, dit-il, c'est une gravité sans raideur, qui participe, jusqu'à un certain point, du caractère du XVIIe siècle. M. de Noailles a rapporté du commerce de ce grand siècle je ne sais quelle dignité simple de langage trop rare aujourd'hui. Aujourd'hui, beaucoup d'écrivains sont pétulants, familiers; ils obsèdent et tourmentent le lecteur pour attirer son attention, le traitant un peu comme les cicerone, en Italie, traitent les voyageurs qu'ils contraignent, bon gré mal gré, d'admirer à tout propos et hors de propos. Le duc de Noailles n'est point ainsi : il fait les honneurs de son sujet comme il ferait les honneurs de son château, avec une politesse calme et mesurée, mettant chaque personnage à la place qui lui convient et gardant la sienne. »

Toujours le *château !* — M. de Noailles ne peut marcher dans l'histoire sans son *château !*

CHAPITRE XXVII

Autre académicien. — Ernest-Wilfrid Legouvé. —
Un roman dans un pensionnat.

M. Ernest Legouvé a fait comme beaucoup d'autres : il a pris la suite des affaires de son père, et il y a trouvé son compte. Ce n'est point un Noailles, mais c'est un Legouvé.

Son père écrivait des poèmes et des tragédies ; il écrit des tragédies et des poèmes. Son père célébrait les femmes ; il les déifie. Son père était académicien, il l'est également. Jamais homme ne fut plus complètement et plus consciencieusement recommencé. Jamais ressemblance entre un père et un fils ne fut poussée plus loin.

Legouvé père était riche, Legouvé fils est opulent. Legouvé père déclamait à ravir, Legouvé fils est un lecteur parfait. Legouvé père tenait table ouverte, Legouvé fils reçoit avec une urbanité incomparable.

Ce phénomène de continuation est d'autant plus surprenant que M. Ernest Legouvé n'a presque pas connu son père : il avait cinq ans lorsqu'il le perdit, en 1812. Plus tard, cette mort devait lui inspirer des strophes touchantes, où l'insuffisance de la forme est rachetée par la sincérité du fond :

Et pas un souvenir de lui qui me console !
Je me souviens pourtant de plus loin que cinq ans,
Et pour plus d'un objet ridicule ou frivole
  J'ai mille souvenirs présents.
Je me rappelle bien mon jouet *éphémère*,
Le berceau de ma sœur, les meubles de satin,
Et le grand rideau jaune, et le lit de ma mère
  Où je montais chaque matin.
Mais lui... rien... toujours rien...

M. Ernest Legouvé décrit ensuite son avidité à recueillir les moindres renseignements sur ce père à peine entrevu. Il interroge les contemporains et particulièrement les contemporaines :

C'est surtout dans les cœurs, sur les bouches de femme,
  Que j'aime à retrouver son nom !
Leur âme comprend mieux mes regrets et son âme,
Et leur reconnaissance est son plus beau renom.
Aussi, quand j'aperçois, en racontant sa vie,
Une d'elles donner un signe de douleur,
Il me prend dans le cœur une secrète envie
De lui tendre la main, en lui disant : Ma sœur !

Le jeune Ernest-Wilfrid Legouvé fut confié à la tutelle du digne Bouilly, l'auteur vertueux de *Fanchon la Vielleuse*, le conteur moral à qui l'on doit les *Contes populaires*, les *Contes à ma fille*, les *Contes à mes petites amies*, les *Contes aux enfants de France*, sans compter les *Jeunes Femmes* et les *Mères de famille*. Il faut avouer que l'enfant ne pouvait tomber en de meilleures mains, et que nul mieux que M. Bouilly ne pouvait lui transmettre intacte la tradition du *Mérite des Femmes*. Peut-être même Bouilly exagérait-il encore, s'il est possible, le culte professé par Legouvé père.

Bouilly plaça son pupille au collège Bourbon (tantôt Bourbon et tantôt Bonaparte), où il grandit studieusement. On ne saurait rien ou presque rien de ces années de collège, sans les indiscrétions de M. Ch. Lefeuve, qui a doté son siècle d'une *Histoire du lycée Bonaparte,* où il a relevé, avec une minutie qui ne déplait pas aux biographes, un assez grand nombre de renseignements sur tous ses condisciples. Il y raconte comment le jeune Ernest Legouvé fut conduit dans un pensionnat de demoiselles, où son cœur battit pour la première fois, pensionnat dirigé par mademoiselle Sauvan. Cet épisode romanesque emprunte, sous la plume de M. Lefeuve, des tournures et des métaphores qui rappellent les grands jours de M. Prudhomme:

« Ernest (M. Lefeuve l'appelle Ernest tout court) était souvent le premier de sa classe, et il allait souvent chez mademoiselle Sauvan, avec Sauvan son condisciple, *plus tard commissaire-priseur.* Dans cette autre pension, où des leçons il passait aux conseils, et des récréations aux distractions, il apercevait au parloir ou par les fenêtres, sous les arbres du jardin, ou le dimanche à l'heure de la messe, et mieux encore le jour de la distribution des prix, une vingtaine de jeunes personnes qui n'avaient plus la moindre envie d'être prises pour des enfants. Une seule de ces pensionnaires (*une seule* vaut son pesant d'or!) fut distinguée par le rhétoricien, qui reconnaissait à merveille la trace de ses pas sur le sable, le frôlement de sa robe sans la voir, sa voix au milieu d'autres voix, et sa musique au piano, de bien loin. L'amour qu'elle avait inspiré au fils du poète n'était plus un mystère pour cette demoiselle; mais le jeune homme, bien qu'il fût aimé, avait trop de fortune pour qu'elle consentît à devenir sa femme. Le bachelier, n'ayant pu venir à bout de cette résistance, que son âge motivait aussi, prit congé de Paris et voyagea beaucoup, dans l'espoir d'oublier. A son retour, il publia des vers : *les Morts bizarres*, puis *Max*, roman..... La pensionnaire de mademoiselle Sauvan était devenue institutrice ; Legouvé, ayant vingt-huit ans, la décida enfin à l'épouser. »

Il est bien entendu que je laisse à l'historien du lycée Bonaparte la responsabilité des détails de ce petit roman, dont je n'aurais pas parlé sans la garantie de la chose imprimée. Tout y est, du reste, à l'honneur des deux héros. — Mais il est temps d'arriver à l'homme de lettres.

Il ne paraît pas que M. Ernest Legouvé ait hésité un seul instant à « se faire » littérateur. Obéissait-il à une vocation ou à l'instinct héréditaire ? M. Taine inclinerait vers cette dernière supposition. Toutefois est-il qu'à sa majorité le vertueux Bouilly lui aurait remis vingt mille bonnes livres de rentes, — toujours selon M. Ch. Lefeuve, — ce qui est, dans tous les cas, une excellente base d'opérations. Avec cet esprit de méthode qui paraît l'avoir continuellement guidé, M. Ernest Legouvé alla tout de suite déposer une carte de visite à l'Académie française, c'est-à-dire un discours en vers sur la *Découverte de l'Imprimerie*, qui fut immédiatement couronné.

Dix ans après (je passe sous silence plusieurs essais peu remarqués), il aborda le théâtre d'une façon assez brillante par un drame en cinq actes, *Louise de Lignerolles*, où le talent de mademoiselle Mars jeta ses dernières lueurs. Ce drame aux lignes sévères, aux situations fortes, avait été fait en collaboration avec un chef d'institution, M. Dinaux, connu déjà par sa part d'invention ou d'habileté (qui le saura?) dans *Richard d'Arlington*, d'Alexandre Dumas.

Seul ensuite, M. Ernest Legouvé apporta au Théâtre-Français un autre drame, en vers celui-là, *Guerrero*, qui n'obtint qu'un succès d'estime. Ce résultat le replongea dans la collaboration. Mais cette fois il s'adressa au maître par excellence, à Scribe, qui l'initia aux secrets de son métier. *Adrienne Lecouvreur*, *Bataille de Dames ou un Duel en amour* (sous-titre malsonnant), les *Contes de la Reine de Navarre*, furent tout d'abord les fruits de cette association, fruits heureux, c'est-à-dire productifs, pièces bien agencées, bien montées et surtout bien jouées, — la première par Rachel, la seconde par madame Allan, la troisième par mademoiselle Madeleine Brohan, pour les débuts de laquelle elle avait été écrite. On réussirait à moins.

Mis en goût, M. Ernest Legouvé ne connut plus de bornes à son ambition : il se sépara de Scribe, — pour un moment, — afin de se consacrer à la confection d'une tragédie que Rachel lui avait demandée. Mais, une fois faite et livrée, cette pièce sur commande et sur mesure ne fut plus du goût de l'illustre tragédienne ; elle la refusa en donnant pour raison qu'elle lui allait mal. *Médée*, — qui fut jouée plus tard en italien par madame Ristori, — n'en demeura pas moins l'œuvre importante de M. Legouvé. Une tragédie ! peste !

Entre deux succès de théâtre, après la révolution de 1848, M. Ernest Legouvé, toujours à l'affût des circonstances (on a dit de lui qu'il s'entendait à soigner sa réputation comme un Hollandais à cultiver ses tulipes), obtint de faire au Collège de France un cours sur l'histoire morale des femmes. C'est ce cours qu'il a publié en un volume dont le succès a été attesté par de nombreuses éditions. La femme y est étudiée sous ses divers aspects de fille, d'amante, d'épouse et de mère, — ou plutôt défendue, car le livre de M. Legouvé, plein de zèle et d'ardeur, a toutes les allures d'un plaidoyer.

M. Ernest Legouvé était marqué du sceau académique ; ce fut donc tout naturellement que les Quarante l'admirent parmi eux. Ils lui donnèrent le fauteuil d'Ancelot, un autre faiseur de tragédies et de vaudevilles, l'auteur de *Louis XI* et de *Madame Dubarry*, de *Fiesque* et du *Domino rose*, de *Marie de Brabant* et de *la Robe déchirée*, du *Maire du palais* et de *Point de lendemain*.

Il fut reçu en séance solennelle le 28 février 1856.

Ne le voyez-vous pas d'ici, redressé, cambré, l'air satisfait, son cahier à la main, promenant des regards de triomphe sur l'auditoire ?

Il commença par quelques paroles de reconnaissance à la mémoire de son père ; puis l'éloge d'Ancelot l'amena à l'éloge de la tragédie, et incidemment à l'apologie de la collaboration. Enfin, une tirade bien sentie sur les femmes termina son discours, débité avec un art consommé.

Il lui fut répondu ceci par M. Flourens :

« Le sanctuaire de la famille, empreint de suaves et poétiques inspirations, sut conserver pour vous le secret des accords qui avaient fait vibrer la lyre du chantre du *Mérite des Femmes*. »

Que dites-vous de cette phrase ? Il n'y a que les savants pour se mettre en de tels frais de grâce.

Mais ne vous y fiez pas, une petite pointe malicieuse

va se faire sentir tout à l'heure : « Fidèle à votre *système de déification*, vous nous montrez toujours le dévouement, la vertu, concentrés dans cette moitié du genre humain, si forte de l'esclavage dont vous la plaignez, si puissante de nos rigueurs, et qui vous a prouvé, *par vos succès*, que sa faiblesse est, de toutes les influences de ce monde, *la plus dominatrice*. »

Nous retrouvons, peu de temps après sa réception, notre académicien au théâtre, tantôt seul, tantôt avec Scribe. Il n'y ressaisit pas la veine d'autrefois. Le *Pamphlet* échoue ; les *Doigts de fée* sont froidement accueillis ; on s'étonne du nombre de vers prosaïques contenus dans *Un jeune homme qui ne fait rien*.

En 1861, la reconnaissance le pousse à écrire, pour madame Ristori, *Béatrix ou la Madone de l'art*, longue comédie représentée à l'Odéon. C'était la première fois que madame Ristori allait jouer en français.

Béatrix est moins une pièce qu'une biographie de madame Ristori, qu'un poème à son génie, qu'un dithyrambe à sa beauté, qu'une ode à sa vertu. Si haut placée qu'ait été cette tragédienne dans l'admiration et dans l'estime d'une partie de ses contemporains, il est permis de regretter une apothéose aussi affligeante pour sa modestie, — en supposant de la modestie à madame Ristori. D'ordinaire, les pièces du genre de celle de M. Legouvé n'accompagnent que des exhibitions de nains ou de géants ; appliquées à des talents, elles ont quelque chose de puéril ou d'offensant.

J'ai dit que M. Legouvé était un beau liseur : il détaille avec finesse, il compte des *pauses*, il prend des *temps*, il a des sourires, des inflexions, des réticences, des attitudes ; il se possède enfin. Il n'y a pas de bonne fête à l'Académie sans une lecture de M. Ernest

Legouvé. Il a remplacé dans ce genre M. Viennet. Voilà pourquoi M. Legouvé a réuni en un volume ses *Lectures à l'Académie.*

Quelques morceaux ne sont pas dépourvus de charme, quoique en général ils visent trop à l'effet et semblent s'élancer au-devant des bravos. C'est toujours *Deux Mères, Deux Sœurs, Deux Misères, Deux Hirondelles,* etc.

Il y a un peu plus d'accent viril dans l'épisode de Pompéi qui commence de la sorte :

Charge-moi sur ton dos, esclave, je le veux,
Et hors de ces débris porte-moi...

Mais pour quelques traits vraiment bien venus, quelles négligences, quelles formes surannées (*Las !* au lieu d'*hélas !*) et surtout quelles rimes impossibles!

...sans vie, à mes *pieds.*
Les hommes sont vraiment des êtres *singuliers !*

Les dernières productions de M. Legouvé sont : *A deux de jeux* et *Miss Suzanne,* comédies ; *les Deux Reines,* drame en vers agrémenté de musique. Ajoutons-y une étude sur *Sully.* Qu'est-ce que Sully vient ici faire ? J'aime mieux les femmes, ô gué !

Faut-il me résumer ?

M. Ernest Legouvé est un homme aimable et un homme heureux. On salue le bonheur, on ne fait pas de procès à l'amabilité. Tant d'hommes supérieurs sont hautains, inabordables, grincheux ou nuageux; qu'on se sent aise en présence d'un homme et d'un talent de second rang, avenant, prêt à tout bon office, intermédiaire zélé entre les jeunes gens et l'Académie. On dirait que parfois M. Legouvé cherche à faire excuser ses succès trop faciles, sa position fortunée, en aplanissant le chemin à certains de ses confrères, sans se demander s'ils peuvent devenir ses rivaux. C'est assurément l'indice d'un caractère généreux. En outre, il a toujours compté des amitiés solides, même parmi les illustres. Jean Reynaud était de ce nombre. Eugène Sue, entre autres, se plaisait à reconnaître l'appui efficace qu'il lui avait dû aux jours de découragement. Ce sont là bien des titres pour atténuer les plaisanteries.

Et puis sa bonne volonté est immense. Il comprend tout et ne demande pas mieux que d'atteindre à tout. On l'a vu rôder autour de l'éditeur Lemerre, ce Renduel des poètes *parnassiens*. Lors de l'appel fait aux littérateurs pour la publication du *Tombeau de Théophile Gautier*, M. Ernest Legouvé n'a pas été le dernier à envoyer ce quatrain, qui rompt tout à fait avec sa manière et trahit un désir de rapprochement avec l'école nouvelle :

Souple comme un pinceau, ferme comme un burin,
Sa plume merveilleuse, en gravant sur l'airain,
Se trempe aux flots de pourpre et d'or de la fournaise,
Se baigne aux flots d'argent de l'astre Véronèse.

Tous ces indices plaident assurément en faveur de M. Ernest Legouvé ; il serait le premier auquel on n'aurait pas tenu compte de ses avances.

21.

CHAPITRE XXVIII

Autre académicien. — Le petit-fils de Pigault-Lebrun.

Il y a de jolies maisons de campagne à la Celle-Saint-Cloud. Dans une de ces maisons, en 1834, achevait de vivre, entouré de sa famille, un homme qui avait fait rire toute une époque, toute une génération; dont le nom seul prononcé à l'oreille évoquait mille images folâtres; un homme de lettres qui avait été le plus célèbre peut-être de tous les hommes de lettres de l'Empire et de la Restauration; un romancier dont les romans avaient eu jusqu'à douze éditions, — ce qui, en ce temps-là, passait pour un chiffre considérable.

Cet homme, alors âgé de quatre-vingts ans et qui avait encore toute sa vivacité d'esprit, c'était Pigault-Lebrun, l'auteur de *l'Enfant du Carnaval*, d'*Angélique et Jeanneton*, de *Mon oncle Thomas*, des *Barons de Felsheim*, etc. etc.

Pigault-Lebrun, comme tous les vieillards, adorait ses petits-enfants, et particulièrement son petit-fils Émile Augier. Lorsqu'il ne lui faisait pas répéter ses leçons (Émile suivait les cours du collège Henri IV), il lui bâtissait des paysages dans une grande caisse placée sur l'appui de sa fenêtre :

Car, quand on est très vieux, on devient très enfant.

Un jour, le matin, de très grand matin, dès sept heures, Pigault-Lebrun, au bras de sa fille, arriva chez un ami, et, sans lui laisser le temps de s'étonner, en proie à une agitation extraordinaire :

— Je vous dérange peut-être, lui dit-il ; mais c'est que j'ai une grande nouvelle : mon enfant, mon Émile, a un second prix de version grecque !

Les yeux du digne homme étincelaient au milieu de ses rides ; la tête appuyée sur sa canne, il guettait l'effet de ses paroles sur l'ami.

— Et vous ne savez pas ? reprit-il presque aussitôt : j'ai quelque chose à vous demander... Il me faut du carton... j'en ai cherché chez moi de la cave au grenier ; en avez-vous ?

L'ami trouva un vieil almanach.

— C'est parfait ; voilà mon affaire ! dit Pigault-Lebrun ; je veux que ma fille peigne là-dessus des fleurs, au milieu desquelles on écrira : *Deuxième prix de version grecque, remporté par Émile Augier au concours général le 30 juillet 1834.* Ce tableau sera placé en face de mon chevet ; je le verrai là tous les matins... en attendant un premier prix.

Ce premier prix arriva, en effet, mais il arriva quelques heures trop tard pour le bon Pigault, qui s'éteignit le 24 juillet 1835.

Sauf *la Ciguë* et *l'Homme de bien*, ses deux pièces de début, je ne crois pas avoir manqué dans ma vie une seule première représentation de M. Émile Augier. Je suis donc dans les meilleures conditions pour renseigner le lecteur sur cet auteur dramatique, et pour fixer, avec une certaine précision, le degré de curiosité ou de sympathie qu'il a chaque fois déterminé dans le public. Il n'est rien de tel que de s'être « trouvé là ».

Le voyage rétrospectif que j'entreprends à travers ses œuvres a pour moi quelque chose de l'attrait des souvenirs personnels. Et pourtant je me suis rencontré deux ou trois fois à peine avec M. Émile Augier. Mais qu'est-il besoin de connaître personnellement un écrivain pour vivre de sa vie intellectuelle et pour pénétrer intimement dans sa pensée ?

Or, le 23 mars 1848, c'est-à-dire un mois après la révolution de Février, et l'agitation durant encore, j'allais m'asseoir à l'orchestre de la Comédie-Française, — si je ne me trompe : du théâtre de la République, — pour assister à la première représentation de *l'Aventurière*. L'auteur, M. Emile Augier, était loin d'être un inconnu ; quatre ans auparavant, le succès très légitime de *la Ciguë* avait jeté son nom à la foule, qui devait le retenir. *L'Aventurière* ne réussit pas moins, devant un public presque exclusivement composé de lettrés, car il n'y a guère que les lettrés qui aillent au théâtre en temps de révolution. On y reconnut un pastiche alerte et pittoresque du xviie siècle (le xviie siècle de *Jodelet* et de *Don Japhet d'Arménie*), avec une dose surabondante d'émotion fournie par le xixe. Dès lors, pour nous autres, la place de M. Augier fut faite au théâtre, et nous fondâmes les plus grandes espérances sur son talent naissant.

Mais quel succès pouvair tenir contre les agitations du moment? *L'Aventurière* disparut au bout de quelques représentations. Plus tard, remaniée avec soin, elle a toujours été accueillie avec faveur; elle fait aujourd'hui partie du répertoire courant de la Comédie-Française; et pour beaucoup de personnes, — parmi lesquelles je me compte, — elle est encore le meilleur titre poétique de M. Émile Augier, celui où il est entré le moins d'alliage.

A quel caprice frivole obéit M. Émile Augier en s'associant, l'année suivante, à Alfred de Musset, pour transformer un proverbe de celui-ci, la *Montre*, en un vaudeville, l'*Habit vert*? C'était bien inutile, assurément. J'ai vu jouer cet *Habit vert* au théâtre des Variétés, par Charles Pérey et Rébard, et il ne m'en est resté aucune impression.

Par exemple, le 13 décembre 1849 est une date significative dans la carrière de M. Émile Augier. C'est la date de la première représentation de *Gabrielle*. Les temps étaient moins noirs; on revenait aux distractions de l'esprit. Il y avait une belle salle au théâtre de la République, telle qu'on n'en avait vu depuis quelque temps. On s'attendait évidemment à quelque chose, à un événement littéraire; au lieu de cela, on eut un triomphe bourgeois, mais aussi éclatant qu'on pouvait le rêver. Tout a été dit sur *Gabrielle*; tout a été écrit sur cette apothéose du notariat. Il y aurait méchanceté inutile à y insister.

L'Académie française (nous y arrivons) décerna un demi-prix de vertu à ce drame de ménage. L'autre moitié fut donnée à la *Fille d'Eschyle*, de M. Autran.

A partir de cette *Gabrielle*, M. Émile Augier tâtonne et trébuche dans sa voie. Il fait jour *le Joueur de flûte*, un petit acte en vers, inférieur à *la Ciguë;* puis il nous convoque pour la seconde fois aux Variétés. Décidément, c'est une maladie. — Non content d'avoir fait sa *montre* à Alfred de Musset, il s'était amusé à découper trois actes de vaudeville dans un livre de M. Jules Sandeau : *la Chasse au roman.* Arnal et Leclère ne purent parvenir à faire accepter cette fantaisie indigeste, et les spectateurs demeurèrent froids à ce chœur final :

> Et vous, messieurs, de grâce,
> Traitez-nous doucement ;
> Ne donnez pas la chasse
> A *la Chasse au roman!*

Il ne fallut pas moins que cette épreuve pour démontrer à M. Émile Augier que le vaudeville n'était pas son fait. La perte de cette illusion dut lui être fort sensible (1). Très porté aux décisions extrêmes, — ainsi qu'on a déjà pu le remarquer, — il se tourna vers le drame historique et écrivit pour mademoiselle Rachel *Diane*, pièce en cinq actes et en vers, dont le principal tort est de rappeler, quoique de fort loin, la *Marion de Lorme* de M. Victor Hugo. J'étais, comme toujours, à la première représentation de *Diane*, qui eut lieu dans l'hiver de 1852. Rachel s'y donna beaucoup de mal, sans arriver à beaucoup d'effet. M. Geffroy était superbe en cardinal de Richelieu ; malheureusement les paroles que lui avait prêtées l'auteur parurent, non sans quelque raison, malencontreuses, par rapport à la date où elles se produisaient :

---

(1) Il faut également ranger à cette même date environ un livret d'opéra de M. Emile Augier, *Sapho*, musique de M. Gounod.

Dans les temps d'anarchie et de lutte où nous sommes,
Il faut violenter les choses et les hommes ;
Le despotisme seul féconde le chaos.
Je veux ! L'enfantement du monde est dans ces mots.
— Et d'ailleurs, le succès a passé la souffrance :
Voyez la royauté, c'est-à-dire la France,
Assise fortement, les deux pieds appuyés
Sur les débris fumants des partis foudroyés !

Cette apologie de la violence ne fut pas du goût de tout le monde, et *Diane* vécut peu de temps sur l'affiche. M. Émile Augier dut retourner à la comédie ; il fit, toujours pour mademoiselle Rachel, *Philiberte ;* mais cette fois la grande actrice hésita. Il s'agissait d'un rôle de jeune fille qui se croit laide et qui doute qu'on puisse l'aimer. Mademoiselle Rachel montra peu d'empressement à passer pour laide même à ses seuls yeux. Alors M. Émile Augier porta le rôle à madame Rose Chéri, qui n'y mit pas tant de façons. — Il y a des nuances très délicatement exprimées dans *Philiberte*, à côté de brutalités inconcevables. La réponse du duc à la marquise de Granchamp, qui vient de lui accorder la main de Philiberte, est assurément d'un goût plus que suspect :

Non pas ; je ne veux pas être pris forcément,
Par ordonnance, enfin comme un médicament.

J'aime mieux sourire de ce vers :

Elle est charmante ! elle est charmante ! elle est char-
 [mante !

La Pierre de touche, — cinq actes avec M. Jules Sandeau, — signala la rentrée de M. Émile Augier au Théâtre-Français. Ce fut un échec de plus. Le comédien Got employa vainement toute sa bonne humeur à cette étude trop sèche d'une des variétés de l'ingratitude humaine.

Retour au Gymnase. La veine change. *Le Gendre de M. Poirier* (1854) marque un progrès dans la manière de M. Augier. Succès complet. Jules Sandeau est de la fête : c'est encore un de ses romans qui a fourni le sujet. — *Le Gendre de M. Poirier* est une des pièces modernes qui ont le plus approché de la grande comédie, et autour de laquelle se sont ralliées toutes les critiques.

Je passe sur *Ceinture dorée* (en collaboration avec M. Édouard Foussier) pour arriver plus rapidement au *Mariage d'Olympe*, qui achève complètement la rupture de M. Augier avec le passé. *Le Mariage d'Olympe* fut représenté au Vaudeville en 1855. Le coup de pistolet qui le termine souleva des protestations, mais on fut d'accord pour reconnaître que l'auteur n'avait jamais prouvé autant de crânerie et de vigueur réelle.

Trois ans après, M. Émile Augier était admis à l'Académie française.

Il vint, le 28 janvier 1858, prendre la place de M. Salvandy. Je ne relève rien de bien remarquable dans son discours, si ce n'est un éloge fermement accusé de Voltaire. C'était à un instant où l'on *croisait* beaucoup contre le patriarche de Ferney. « Nous sommes tous ses héritiers, ingrats ou non, s'écria M. Augier ; de quelque façon qu'on juge son œuvre, Voltaire est aujourd'hui un fait accompli sur lequel on chercherait en vain à revenir. » En ce moment, l'Académie française dut trembler que le nom de Pigault-Lebrun ne se trouvât amené par la force des choses...

Huit jours après cette solennité, l'Odéon représentait une nouvelle comédie du jeune académicien : *la Jeunesse*, une comédie en cinq actes et en vers, comme *Gabrielle*, conçue dans les mêmes sentiments d'étroitesse et de conciliation que *Gabrielle*, écrite aussi inégalement que *Gabrielle*. Quel beau titre cependant : *la Jeunesse !* A quoi ne s'attendait-on pas ? Mais quelle déception ! Dans cet ouvrage cruellement lourd, M. Augier a prétendu prouver que les jeunes gens de notre siècle manquent en général d'élévation, de franchise, d'enthousiasme. A l'appui de cette proposition, il a pris pour héros un avocat, je ne discute pas ce choix ; mais du moment que l'auteur s'attachait à une profession, sa pièce devenait spéciale et devait s'appeler *la Jeunesse des avocats.* — Cet avocat a vingt-huit ans sonnés, il le dit lui-même ; nous n'avons donc pas affaire avec la première jeunesse, et il ne faut pas s'attendre à des étourderies couronnées de cheveux blonds, non plus qu'à des fautes atténuées par un frais sourire.

M. Émile Augier, après avoir indiqué tant bien que mal les malaises de la jeunesse... de vingt-huit ans, a cru de son devoir d'indiquer un remède : il a inventé la campagne. Il a conduit tous ses personnages au vert et célébré, avec un attendrissement auquel les quatre actes précédents n'avaient préparé personne, le ciel bleu, le grand air, les boutons d'or, l'odeur des terres retournées, les oiseaux et la salubrité des vastes logements.

Répéterai-je que j'étais un des spectateurs de la première représentation de *la Jeunesse ?* Oui, lorsque ce ne serait que pour affirmer que j'ai vu, de mes propres yeux vu, un gazon authentique figurant dans le décor du cinquième acte. Voilà de ces prodigalités auxquelles on ne se serait guère attendu de la part de l'Odéon ! De l'herbe véritable ! .

La même année vit se produire au Vaudeville les

Lionnes pauvres, autre pièce en cinq actes, mais en prose celle-ci, en prose hardie, passionnée. Ici reparaît M. Édouard Foussier comme collaborateur. A propos de cette collaboration — et des autres, — M. Augier se permit d'adresser, dans la préface des *Lionnes pauvres*, quelques explications à l'Académie française :

« Quand elle m'a fait l'honneur de m'admettre dans ses rangs, dit-il, elle m'a très spirituellement et très paternellement tancé de mes collaborations, *quoique rares* et bien choisies ; et voilà qu'à peine entré dans son giron, je retourne à mon péché !

» Je suis volontiers de l'avis de M. Lebrun, à l'endroit de la collaboration ; mais on n'est pas toujours maître de sa destinée. Voyez en ce cas, par exemple : j'ai pour ami intime un de mes confrères *qui n'a pas plus que moi l'habitude de collaborer*. Mais nous ne sommes très mondains ni l'un ni l'autre, et passons aisément notre soirée au coin du feu. Là, on cause de choses et d'autres, comme le Fantasio de notre cher de Musset, en attrapant tous les hannetons qui passent autour de la chandelle ; et si, parmi ces hannetons, il voltige une idée de comédie, auquel des deux appartient-elle ? A aucun des deux. Il faut donc lui rendre la volée ou la garder par indivis. »

Vous aurez remarqué le passage où M. Augier parle de la *rareté* de ses collaborations, et ces mots : ......
« qui n'a *pas plus que moi l'habitude de collaborer*. »
Ils vous auront paru d'autant plus étranges, qu'ils viennent après douze pièces, dont six ont été composées en collaboration. Ce sextuple fait, au premier aspect, semble fort constituer une habitude. Comme variété nouvelle, M. Émile Augier introduit la collaboration *au hanneton*, à laquelle on comprend que M. Lebrun n'ait pas songé.

Un beau Mariage, joué en 1859 au Gymnase, est encore un hanneton attrapé à la fois par M. Foussier et par M. Augier ; pièce agréable et qui méritait de passer moins inaperçue.

Nous touchons maintenant aux deux plus importantes comédies satiriques de M. Émile Augier : *les Effrontés* et *le Fils de Giboyer*, deux œuvres qui se suivent et se continuent non seulement par la même idée, mais encore avec les mêmes personnages, à la façon de Beaumarchais. *Les Effrontés* s'en prennent particulièrement aux financiers et aux journalistes ; *le Fils de Giboyer* attaque les nobles et les cléricaux. Cette dernière comédie surtout fit un scandale énorme. Voici comment la *Revue des Deux-Mondes* en résumait l'esprit :

« M. E. Augier a voulu faire une pièce politique, ou, comme il aime mieux dire, sociale. Quelque nom qu'on y mette, cela consiste à porter sur la scène les questions contemporaines toutes chaudes, à y grouper et à y promener les hommes du jour, les partis, les intérêts, les passions, au moment même de leur effervescence au dehors. Personne qui n'ait vu derrière la toile transparente du théâtre le Corps législatif, personne qui n'ait appliqué des noms connus à certains personnages montrés ou désignés, personne qui, sous le débat fictif, n'ait reconnu la question romaine. Donc, légitimistes, orléanistes, républicains, socialistes, tous les anciens partis ont figuré là sous des types d'intrigants, d'hypocrites, de sceptiques ou d'imbéciles, qu'il a plu à M. Augier de leur attribuer. »

Et dire pourtant que c'est le même auteur du *Fils de Giboyer* qui, s'adressant hier à M. Émile Olivier, académicien entre deux selles, s'exprimait avec cette mélancolie : « Par quelle fantaisie le hasard, pour vous répondre, a-t-il désigné, dans une compagnie où l'on compte tant d'hommes d'État éminents, un des rares Français qui n'aiment pas la politique ? »

Elle est trop forte ! comme dirait Giboyer.

Mais si vous n'aimez pas la politique, qui est-ce qui vous a forcé à en faire ?

De plus en plus âpre, mais obligé de contenir sa verve dans la zone littéraire, M. Émile Augier écrivit successivement *Maître Guérin, la Contagion, Lions et Renards*, qui ne sont pas au-dessous de ses conceptions précédentes.

En 1868, il eut la velléité de revenir à la comédie en vers. *Paul Forestier* réussit plutôt par ses qualités de sentiments que par ses qualités de style, car, il faut bien le dire définitivement et au moment de clore ce chapitre, M. Émile Augier, en dehors de *l'Aventurière*, est un poète de second ordre. Ses bonnes fortunes de pensée ou d'image ne dépassent pas six vers ; ses tirades ressemblent aux jets d'une bougie exposée à tous les vents. Même dans ses veines les plus heureuses, il fait succéder une trivialité à un madrigal, il enchâsse un diamant dans une monture de quatre sous ou met des cheveux de portier dans un médaillon de Froment Meurice. Toutes les formes, tous les genres, tous les styles, toutes les manières se sont donné rendez-vous dans cette poésie. C'est un carrefour, une patte d'oie. Il y a le vers bonhomme de Collin d'Harleville, le vers impertinent et fleuri de Musset ; il y a surtout le vieux vers *françois* pastiché d'après Montfleury et Molière, le vers raide :

Elle reste charmante et de plaire jalouse,

dit M. Émile Augier. Souvent aussi il procède par

maxime, comme l'éclectique Casimir Delavigne. Là, on trouve une *source* de Lamartine, un *talon rose* de Banville, un bouquet d'Arsène Houssaye noué avec une faveur de M. de Planard. En d'autres moments, il emprunte l'argot des cafés et des ateliers de peinture :

Ah ! père, je n'aurai jamais cette vigueur
Qui t'a fait surnommer Michel-Ange.

FORESTIER.

Blagueur !

Dans mon âme et conscience, M. Émile Augier aurait tout intérêt à se vouer exclusivement à la prose, qu'il manie quelquefois en maître. Peu de ses vers valent les jolis mots qu'il égrène sans rythme ni mesure, tels que ceux-ci :
« Les femmes à une seule chute sont rares comme le Niagara ; la plupart tombent en cascade, de curiosité en curiosité.
» Tous les enfants commencent à ressembler à leur papa, et finissent par ressembler à leur père. »
C'est encore à M. Jules Sandeau que M Augier est allé demander le sujet de sa dernière pièce : *Jean de Thommeray*. Il y a dans cette persistance quelque chose de très flatteur pour le romancier.
Actuellement l'œuvre de M. Émile Augier est aisément appréciable dans son ensemble déjà considérable.
Il y a place pour trois genres bien distincts : la comédie de fantaisie, la comédie de sentiment et la comédie de caractères.
C'est dans ce dernier genre que M. Émile Augier est

le plus supérieur, et qu'il est le plus assuré de laisser un nom.

Et, pour terminer, voilà peut-être le premier article sur M. Augier où il n'ait pas été question de Ponsard et de l'école du bon sens.

CHAPITRE XXIX

Autre académicien. — Jules Sandeau.

Lorsque Jules Sandeau fut appelé, en 1858, à la succession académique de M. Brifaut, son embarras dut être grand. Il n'avait jamais lu une ligne de M. Brifaut. Qui est-ce qui pouvait se vanter, d'ailleurs, d'avoir ouvert un volume de M. Brifaut? C'était le plus obscur entre tous les obscurs écrivains de la période impériale. On n'était pas plus effrontément inconnu que M. Brifaut. Auprès de lui, Mollevault était un astre, Droz était une comète.

Cependant, il fallait bien que Jules Sandeau écrivît l'éloge de M. Brifaut. Il se mit résolûment en quête de renseignements. On raconte qu'au moment de commencer ses fouilles, il reçut un mot de Méry ainsi conçu : « Méfiez-vous, mon cher ami, on vous tend un piège; *M. Brifaut n'a jamais existé.* »

Sandeau était tenté de partager cette opinion; mais sur des assertions positives, il reprit son travail de mineur. Après un mois de patientes recherches, il avait retrouvé un poème de M. Brifaut et un dithyrambe de M. Brifaut. Le poème chantait le mariage de l'Empereur; le dithyrambe célébrait la naissance du Roi de Rome. Un dernier coup de pioche fit apparaître la tragédie de *Ninus II*, miraculeusement embaumée.

Le 26 mai 1859, Jules Sandeau était reçu en séance publique à l'Académie française. Pâle, tremblant, il tenait un mince cahier, qui, si mince qu'il fût, paraissait lui brûler les doigts.

Ce cahier contenait l'éloge de M. Brifaut.

Dire ce que cet éloge lui avait coûté d'huile, d'efforts, de veilles, d'énergie, combien de fois il l'avait laissé et repris, c'est ce que lui seul aurait pu dire.

Il commença par déclarer, pour mettre un peu de sa responsabilité à l'abri, qu'il n'avait jamais vu M. Brifaut, — mais qu'il l'avait *religieusement* cherché dans ses écrits et dans les souvenirs de ses contemporains, et qu'en conséquence il ne pouvait promettre qu'un crayon bien imparfait.

Comment, après ce début, se laissa-t-il entraîner au point de vanter *Ninus II*?

Il faut d'abord que mon lecteur, à moi, sache que *Ninus II*, dans le principe, n'était pas *Ninus II*. C'était une tragédie quelconque qui s'appelait *Don Sanche* et dont le sujet était emprunté à l'histoire moderne.. J'ai l'air de raconter une *scie* dans la manière d'Henry Monnier, mais rien n'est plus vrai. *Don Sanche* était sur le point d'être représenté, lorsque la censure s'opposa à la représentation. Qu'est-ce que fit l'ingénieux M. Brifaut? Il transporta la scène, de Castille en Assyrie, et transforma *Don Sanche* en *Ninus II*. Le tour n'était pas difficile.

Jules Sandeau trouve cela tout naturel.

« Qu'il s'appelle Ninus ou Don Sanche, — dit-il dans son discours, — l'homme est de tous les temps et de tous les pays. C'est l'homme, avant tout, que le poète dramatique doit étudier et s'appliquer à peindre; l'exactitude *du costume n'importe guère,* pourvu que la nature humaine vive et palpite sous l'habit. M. Brifaut s'était moins préoccupé de la couleur locale que des grands mouvements de l'âme ; ses personnages parlaient le langage éternel de la passion ; ils appartenaient à la patrie universelle avant d'appartenir à la Castille ou à l'Assyrie. »

S'il pouvait y avoir quelque chose de sérieux dans cette partie du discours de Jules Sandeau, il serait trop facile de lui répondre que certains faits sont inséparables des lieux où ils se passent, que certains caractères n'ont leur raison d'être que par la date où ils se développent. Il n'y aurait plus de littérature possible du moment que le Cid, Macbeth ou Ruy-Blas pourraient indifféremment aller emprunter leurs costumes à des vestiaires cosmopolites. Est-ce que M. Sandeau lui-même, au cas où *Jean de Thommeray* eût été tracassé par la censure, aurait trouvé tout simple de faire passer sa pièce en Pologne ou en Italie ?

Il y aurait puérilité à insister.

« Malgré les sombres préoccupations du moment (on était en 1813), — continue Jules Sandeau, — le succès de *Ninus II* fut immense ; il était légitime ; le souvenir en est resté. Un style brillant, plus d'une situation hardie ou pathétique, de beaux élans d'amour maternel, une vive peinture de l'ambition poussée jusqu'au crime et du crime aux prises avec le remords, ont sauvé l'œuvre de l'oubli. »

Mais citez donc un seul vers dans ce cas !

Mais osez donc nous indiquer un de ces beaux élans !
Mais montrez-nous donc cette hardiesse ! Faites-nous donc toucher une de ces situations pathétiques !

Non, rien n'a sauvé l'œuvre de l'oubli et rien ne méritait de la sauver ! Comme tout le monde, vous ignoriez *Ninus II* avant d'être académicien, et maintenant que vous l'êtes, la sueur vous vient au front en songeant que vous êtes obligé d'appeler cela une *œuvre !*

Cela ne serait rien et cela rentrerait après tout dans les nécessités des concessions académiques si Jules Sandeau, mentant à son âge, à ses relations, à tout ce qu'il y avait en lui de chaud et de vibrant, n'avait cru devoir couronner cet éloge d'une pièce ridicule par une attaque gratuite et prématurément sénile à quelques hommes de son époque : « La jeune génération, *infatuée d'elle-même*, fait assez bon marché de ces succès refroidis par le temps. Il est bon de lui rappeler que le monde ne date pas du jour où elle est née ; que le talent et l'enthousiasme existaient avant elle ; qu'elle doit vieillir à son tour, et que le dédain du passé est tout à la fois une faute de goût et un manque de prévoyance. »

J'imagine qu'à ce passage bien des fronts chauves ont dû s'incliner en signe d'assentiment, bien des vieilles poitrines ont dû tressaillir d'aise à cette semonce adressée à la jeunesse. Les vieillards aiment si peu à accepter les jugements des jeunes gens, leurs juges naturels cependant ! J'aurais compris cette complaisance de Jules Sandeau à propos d'un Chateaubriand ou même d'un Soumet ; mais elle manque absolument son effet à propos d'une individualité aussi chétive que M. Brifaut. Le temps, pour me servir de son expression, ne refroidit que les succès qui manquent absolument de vitalité, et la jeunesse, dont l'enthousiasme sait où se porter, s'honore justement par le dédain d'un passé qui n'est représenté que par des œuvres aussi misérables que *Ninus II*.

On ne s'étonnera pas de ce qu'essayant de portraicturer certains académiciens, je m'arrête surtout sur cette phase principale de leur existence : leur entrée à l'Académie. C'est *le plus beau jour de leur vie ;* c'est aussi celui où leur attitude, leur langage, tout a une signification; tout est un engagement.

Jules Sandeau ne cherche pas à dissimuler les chutes de *Jane Gray* et de *Charles de Navarre*. « M. Brifaut n'était pas, dit-il, de ces écrivains opiniâtres qui s'acharnent à vouloir amuser les gens malgré eux; après deux sommations, il se tint pour averti : il renonça aux hasards du théâtre et se retira dans les salons, où il ne devait compter que des succès. »

Ce mot de salons revient fréquemment dans le discours de M. Sandeau :

« Déjà les *salons* ne l'attiraient pas moins que le théâtre.....

» Les *salons* se disputaient sa présence.....

» Repoussé au théâtre, il se réfugia dans les *salons* aristocratiques.....

» Il produisait sans relâche, cet homme que les *salons* pensaient posséder tout entier.... »

Que M. Brifaut reste au salon; je n'hésite pas à croire que là était sa vraie place. Son biographe raconte qu'il avait trouvé dans la maison du duc d'Uzès ce que la Fontaine avait trouvé chez madame de la Sablière. Rien de mieux. Sandeau part de là pour établir un parallèle entre M. Brifaut et..... Voiture, car il n'ose pas le comparer à la Fontaine. Il lui trouve un charme, une grâce, une élégance comme à Voiture. « Ses lettres, ses billets surtout, *ses billets du matin* sont d'un joli tour, d'une vive allure, et je regrette qu'on ne les ait pas recueillis. » Je le regrette également ; le beau livre que nous aurions eu là : les *Billets du matin de M. Brifaut !*

J'abrège. Le discours de Jules Sandeau, étroit et gêné, se relève à la fin par un éloge spontané de Balzac, « le romancier le plus profond, un des plus vigoureux génies de notre siècle. »

A la bonne heure !

Les commencements littéraires de Sandeau ont une grâce romanesque. Léonard-Sylvain-Jules Sandeau arriva d'Aubusson à Paris vers 1830, à peine âgé de vingt ans.

On le destinait au droit, il se destina à la littérature. Son premier roman fut écrit en collaboration ; il était intitulé *Rose et Blanche*, et signé Jules Sand. — *Rose et Blanche* ne paraît pas avoir eu un grand retentissement, malgré la vignette romantique dont l'éditeur l'avait décoré, et bien que les exemplaires en soient introuvables aujourd'hui. La collaboration fut brisée et elle ne se renoua jamais.

Seul désormais, Sandeau s'achemina vers les revues qui lui furent hospitalières. C'était un jeune homme très doux et suffisamment paresseux pour ne point alarmer ses confrères. Il rencontra sur le seuil de la *Revue de Paris* un autre jeune homme aussi doux que lui, M. Arsène Houssaye, avec qui il se lia d'amitié, — et avec qui il publia un livre de nouvelles blondes.

Jules Sandeau était déjà ce talent délicat et ému que l'on connaît. Ses petites compositions d'un accent juste et fin, entrant dans le cercle intime des sensations du foyer, plurent sur-le-champ aux femmes. Encouragé, il élargit son cadre et écrivit un roman en deux volumes : *Marianna*.

On trouva que cela rimait furieusement avec *Indiana*. Du moins, c'en était une espèce de contre-partie. Jules Sandeau y exposait, avec les couleurs particulières à son tempérament élégiaque, les inconvénients et les mélancolies de l'adultère. On y voyait une femme exaltée quitter son mari et sa famille pour suivre un amant ; puis, abandonnée par cet amant, en prendre un second et faire souffrir à celui-ci tout ce qu'elle avait souffert par celui-là.

Il y eut des gens pour voir là-dedans plus que ce que l'auteur avait voulu y mettre. Ajoutez les paysages du Berry comme toiles de fond, et vous conviendrez que la curiosité avait quelques motifs d'être en éveil.

Marianna réussit beaucoup. Un feuilleton tout entier des *Débats*, signé J. J. (et recueilli plus tard dans les six petits volumes des *Catacombes*), vint consacrer ce succès. « Ce livre — disait le feuilleton en terminant — a été inspiré à son auteur par une de ces douleurs profondes et sincères qui remplacent et au delà l'inspiration la plus puissante. C'est le plus net, le plus chaleureux panégyrique qui se puisse faire du mariage. si cruellement attaqué, insulté de nos jours. Lisez donc cette histoire de *Marianna* ! L'auteur vous est connu à plus d'un titre : il s'appelle Jules Sandeau. Avec la moitié de son nom a été composé le nom le plus célèbre, le plus mystérieux et le plus terrible de ce temps-ci. »

Le succès de *Marianna* le tira entièrement de page. De la *Revue de Paris* il passa à la *Revue des Deux-*

Mondes, où il s'est maintenu pendant trente ans environ et où il a publié la plupart de ses ouvrages, — sauf quelques excursions à la *Mode*, à la *Presse*, au *Moniteur* et au *Musée des Familles*.

Je ne rappellerai pas tous ses ouvrages ; ils sont connus et très goûtés. M. Sandeau excellait particulièrement dans la peinture des vieux intérieurs de province, des appartements solennels, des parcs dévastés. Il savait donner un charme pénétrant aux développements d'une passion combattue. Son style avait de la race et de la poésie.

Balzac faisait grand cas de Jules Sandeau.

Celui-ci n'a pas attendu la mort du maître pour se montrer reconnaissant : lors de la réimpression des romans de jeunesse de Balzac, il lui consacra une notice assez étendue qui se trouve en tête du premier volume de *la Dernière Fée*, et que je recommande aux curieux.

Ce n'est que sur le tard que Jules Sandeau s'est avisé d'aborder le théâtre. On avait déjà fait des drames avec *Fernand*, des vaudevilles avec *Vaillance* et *le docteur Herbeau*, jusqu'au jour où, moins insouciant, il essaya de transporter lui-même ses livres à la scène. Il y fut poussé par quelqu'un, j'imagine ; on a prétendu que cela avait été par l'acteur Regnier. Tirée d'un de ses romans, *Mademoiselle de la Seiglière* a été une des comédies les plus jouées du Théâtre-Français.

Cette heureuse chance le porta à extraire d'autres pièces de ses autres livres ; il fut aidé dans cette besogne de carrier dramatique par M. Émile Augier ; le meilleur fruit de cette collaboration est resté *le Gendre de M. Poirier*.

Jules Sandeau est un des hommes qui ont eu le

moins à se plaindre de la critique (1). On lui a fait le chemin aisé.

(1) Une seule fois, Jules Sandeau s'est vu en butte aux railleries un peu lourdes d'un ancien ami, et caricaturé plutôt que peint sous le nom d'Eutidème dans *les Jeudis de madame Charbonneau,* — un pamphlet provincial écrit avec la plume de *Jérôme Paturot.* La plaisanterie dépassait le but ; elle manqua son effet et se retourna contre l'auteur. Il n'est pas défendu de rire, même à un gentihomme du comtat Venaissin ; il n'est pas défendu de s'essayer dans la satire, même à un grave écrivain de revues, — mais à la condition d'apporter de la légéreté, de l'atticisme, de la vraisemblance. Rien de tout cela dans *les Jeudis,* qui demeureront une des grosses erreurs, la plus inattendue, la plus complète, d'un esprit qui, jusqu'alors, avait passé son temps à prêcher les convenances et la dignité dans les mœurs littéraires.

CHAPITRE XXX

Autre académicien. — Octave Feuillet.

M. Octave Feuillet, qui devait exceller, à un certain moment, dans la peinture des mœurs de province, est né en pleine terre provinciale, à Saint-Lô, la plus jolie, la plus pittoresque et la plus calme de toutes les petites villes normandes. Je n'y ai passé qu'une fois, et je la revois toujours, vieille et fleurie, avec ses rues escarpées, ses maisons noires, et sa superbe église bâtie sur un rocher qui domine une vaste étendue de pays, toute une campagne fertile, aux lignes harmonieuses.

Ce paysage suffirait, au besoin, à expliquer le tempérament littéraire de M. Feuillet, d'après la théorie des milieux de M. Taine. Qu'on y ajoute la vie de famille dans ce qu'elle a de modeste et de charmant, mais d'un peu froid ; les tableaux reposés qu'il eut tout d'abord sous les yeux ; la vue continuelle d'un horizon agreste ; l'aspect du va-et-vient des femmes du peuple en coiffes ; le son dolent et monotone des cloches ; — et l'on comprendra la formation insensible de cette intelligence discrète, servie par des organes délicats et nerveux.

Il fut envoyé à Paris pour faire ses études, et il y devint le bon collégien qu'on avait espéré. Destiné à être avocat, il apporta au vœu paternel une résistance qu'il mit sur le compte de la timidé et d'un léger défaut de prononciation, mais qui, en réalité, était l'effet d'une vocation littéraire. Il avait mordu en cachette aux fruits de l'arbre de la science du beau et du laid ; la récolte devait y passer tout entière.

On commence comme on peut. M. Octave Feuillet commença par des drames et des vaudevilles. Les drames sont au nombre de trois, tous les trois en cinq actes : *Echec et Mat*, joué à l'Odéon en 1846, *Palma ou la Nuit du vendredi saint*, à la Porte-Saint-Martin en 1847, et *la Vieillesse de Richelieu*, à la Comédie-Française, en 1848. Tous les trois ont été écrits en collaboration avec M. Paul Bocage, un neveu de l'acteur de ce nom, et joués par ce dernier. M. Octave Feuillet n'a rien à répudier de ces ouvrages qui ont parfaitement réussi, et qui, loin de trahir une inexpérience dramatique, dénotent au contraire une entente consommée des ressorts de la scène (1). Il y a, princi-

(1) N'est-il pas juste de faire en grande partie honneur de cette habileté, — que M. Feuillet n'a pas toujours ressaisie depuis, — à ce collaborateur doué très particulièrement, élevé en plein milieu théâtral, et qui méritait une chance meilleure ? Nature ouverte et pleine d'effusion, figure éclairée et riante, M. Paul Bocage, sympathique à tous, aimé de Gérard de Nerval et de George Sand, semblait appelé à un bel avenir littéraire. Au sortir de sa collaboration avec M. Octave Feuillet, il subit la fascination d'Alexandre Dumas, comme plusieurs autres, et il entra dans son officine en qualité de prépa-

palement dans *la Vieillesse de Richelieu* une aisance d'allures, une variété de situations, un enjouement de dialogue, qui en rendraient la reprise fort agréable.

Tout semblait l'encourager dans ce chemin facile et heureux ; cependant on le vit s'arrêter et tourner court. Que lui était-il donc arrivé ? C'est qu'entre l'Odéon et le Théâtre-Français il avait rencontré une oasis à son gré, la *Revue des Deux-Mondes*, un refuge de haut lieu, quelque chose comme ces aristocratiques couvents d'où l'on peut sortir à toute heure, sous la condition d'être rentré avant minuit. La *Revue des Deux-Mondes* demeurait alors rue Saint-Benoît, à un entresol précédé d'un petit jardin que toute la littérature contemporaine a traversé. Il faut croire que ce petit jardin, malgré ses maigres bordures de buis, rappela un peu Saint-Lô à M. Octave Feuillet, puisqu'il s'y installa, non pas pour quelques jours, mais pendant plusieurs années, régulièrement.

Il y commença une série d'esquisses dialoguées, de proverbes, de saynètes ; le dramaturge de la veille se réduisit aux proportions d'un impresario de paravent.

Les premières de ces compositions n'ont que la valeur de simples essais ; le pastiche s'y affiche avec candeur. Ce sont des puérilités cavalières, des contes d'Espagne et d'Italie, des fantaisies à panaches et à éperons, un romantisme de seconde main. M. Octave Feuillet employa ainsi un an ou deux à se débrouiller ;

rateur. Il ne s'est jamais retrouvé complètement. Que de dons gaspillés ! — Il a pourtant écrit et signé seul les *Puritains de Paris*, un roman en 20 volumes. Vingt volumes ! pas un de moins. — Je m'en serais voulu, et M. Octave Feuillet aurait été le premier à m'en vouloir également, de n'avoir pas restitué à M. Paul Bocage la part de lumière qui lui revient, si fugitive qu'elle ait été.

CH. M.

puis, un beau jour, il apparut modestement triomphant. Il venait de trouver sa voie : il s'était institué le conseiller des ménages, le confident des époux.

Prenez le recueil de ses consultations réunies sous le titre de *Scènes et Comédies;* on y voit une étude suivie des phénomènes du mariage. L'analyste se double d'un peintre élégant, que n'abandonne jamais le souci du bon goût. Il n'a pas son pareil pour saisir au vol et retracer les nuages de la vie conjugale. Il va rarement jusqu'à la tempête ; il s'arrête au frémissement du vent dans les arbres, aux premières gouttes d'eau qui frappent les vitres de la chambre à coucher, aux ténèbres passagères de l'horizon. Tout au plus un éclair, rarement la foudre. *La Crise* et les autres saynètes qui la suivirent se rattachent à cette phase de l'existence des femmes, pendant laquelle le fantôme de l'infidélité se dresse pour la première fois et se dégage confusément au milieu des désenchantements du mariage.

En même temps que sa voie, il avait trouvé sa manière, entre le soupir et le sourire. Plein d'indulgence pour les demi-fautes, il se mit à tenir un assortiment d'abîmes selon les âges et selon les fortunes. Voulez-vous un précipice bonne mesure, ni trop vaste ni trop étroit, suffisamment orné de fleurs? prenez *la Clef d'or.* Préférez-vous un simple fossé, avec un peu d'eau et quelques nénuphars à la surface, sans oublier une main gantée pour vous retenir au bord ? je vous propose *le Cheveu blanc.*

On pourrait écrire sur tout ce répertoire : *Fragile,* comme on fait sur les caisses où sont les jolis miroirs, les coquettes porcelaines, les filigranes gentilles. Je sens qu'en parlant ainsi je risque d'assombrir le front de plus d'une lectrice pour laquelle M. Octave Feuillet est une idole. Prenons donc le mot *fragile* en bonne part dans ce cas. N'est pas fragile qui veut en littérature ; le contraire se rencontre plus fréquemment. La fragilité, poliment entendue, c'est l'émotion à petites doses, l'esprit suspendu à un fil.

Le succès ne se fit pas attendre ; les *Scènes et Comédies* furent bientôt sur toutes les tables de salon. Les femmes se déclarèrent pour M. Octave Feuillet. Quelques-unes se chargèrent d'organiser une enquête autour de l'homme ; ce fut un ravissement lorsqu'on sut qu'il n'y avait pas à redouter de désillusion, et que le jeune pensionnaire de la *Revue des Deux-Mondes* ne démentait pas l'idée que ses œuvres donnaient de lui. Voici le résumé des rapports qui furent faits : — Bien de sa personne, mince, de façons distinguées, l'œil doucement voilé sous un pince-nez indispensable, la voix caressante. Ses habitudes étaient non seulement correctes, mais édifiantes ; il vivait autant à Saint-Lô qu'à Paris, par goût ; il fuyait le bruit et l'éclat, une nature de sensitive enfin. La légende allait jusqu'à prétendre qu'il n'avait jamais osé mettre le pied dans un chemin de fer et qu'il s'évanouissait au seul sifflement d'une locomotive.

Sa célébrité toucha de près à la popularité lorsque ses proverbes furent transportés au théâtre. Des régions aristocratiques son œuvre glissa dans les classes bourgeoises, où elle conquit de nouvelles lectrices en nombre considérable. « Faites-nous des romans ! » lui dirent-elles, après que ses proverbes eurent fini de défiler sur les scènes du Gymnase, du Vaudeville et de la Comédie-Française. Et M. Octave Feuillet leur fit *le Roman d'un Jeune homme pauvre*. C'était encore la même chose ou à peu près, un mélange de convention et de réalité ; et justement parce que c'était la même chose, cela réussit d'une manière étourdissante. Le libraire s'est vanté d'en avoir vu « partir » plus de quarante mille exemplaires. Quelle éloquence que celle des chiffres !

Rendons-lui cette justice qu'il essaya d'élever son niveau dans un second roman : l'*Histoire de Sibylle*. Jusqu'alors il n'avait fait qu'effleurer la question religieuse, incidemment, par hasard. Il n'avait éclairé sa lanterne magique qu'avec des bougies, — des bougies roses ; — cette fois il alluma des cierges. La manière superlativement exquise avec laquelle il trempa le bout de ses doigts dans l'eau bénite acheva de tourner la tête aux belles théologiennes du faubourg Saint-Germain. On ne s'arrêta pas à examiner la dose de dilettantisme qui entrait dans ce catholicisme de roman ; on se laissa pieusement étourdir par l'odeur de patchouli mêlée à l'odeur de l'encens (1).

De ce jour, M. Octave Feuillet eut sa place marquée à l'Académie française. Il n'y avait plus qu'à attendre la première occasion, c'est-à-dire le premier décès.

Le 26 mars 1863, M. Octave Feuillet venait occuper le fauteuil de Scribe, mort en voiture, au trot, comme il avait toujours vécu. Je laisse à penser si l'élément féminin dominait dans l'auditoire. Il faudrait remonter

---

(1) En dehors de l'admiration de parti, l'*Histoire de Sibylle* a soulevé de nombreuses controverses. Madame George Sand en a entrepris la réfutation dans son ouvrage intitulé : *Mademoiselle de la Quintinie.*

Il est à remarquer que Madame Sand s'est toujours montrée préoccupée de l'influence (et du succès) de M. Octave Feuillet. Déjà, *le Roman d'un Jeune homme pauvre* lui avait fourni le sujet du *Marquis de Villemer*, lequel n'est autre, en effet, que le roman d'une jeune fille pauvre.

CH. M.

jusqu'à l'élection de M. Mignet pour se faire une idée d'un semblable « parterre de fleurs ».

Tout à fait à l'aise dans son habit printanier, M. Feuillet prononça un discours que la vérité m'oblige à déclarer d'une extrême faiblesse. Empruntant le plus mauvais style du lieu, il commença par déclarer qu'il *fléchissait sous le poids de la couronne* qu'il tenait de la bienveillance de ses confrères.

A cet exorde succéda une apologie du roman, morceau sans nouveauté et sans couleur, où il ne se montre occupé qu'à taire des noms. Ensuite vint l'éloge de Scribe; éloge inconsidéré, où les épithètes de *rares*, d'*exquises*, d'*originales* accompagnent l'énumération des qualités du laborieux défunt ; ses vaudevilles sont *les perles d'un écrin ;* il traite de *chefs-d'œuvre* les livrets de la *Dame blanche* et du *Chalet*.

A l'éloge de Scribe, le nouvel élu ajouta l'éloge du travail sans mesure (qui ne peut être considéré que comme maladie ou comme trafic) et l'éloge de la bourgeoisie. Il alla jusqu'à célébrer son prédécesseur comme conseiller municipal.

Les femmes applaudirent, tant était complet leur aveuglement.

La réponse de M. Vitet, pour valoir un peu plus que le discours de M. Octave Feuillet, ne brilla pas davantage par la légèreté. Il reprit en sous-œuvre, selon l'usage, l'éloge de Scribe et trouva le moyen de surenchérir. Il s'appliqua surtout à excuser le méchant style de l'auteur des *Premières amours :* « Cette façon d'écrire, dit-il, qui pour la durée de son œuvre ne sera pas, j'en conviens, sans danger (oh ! non !), n'a pas nui, que je sache, à l'étendue de ses succès. Sa renommée cosmopolite n'en a certes pas souffert. A l'étranger surtout, c'est presque un passeport qu'un style un peu effacé. Si Molière eût écrit moins admirablement, s'il était moins artiste en notre langue, qui sait ? peut-être on le comprendrait mieux au delà des Alpes et du Rhin. »

Alors, c'est un regret ? Et Scribe a bien fait d'écrire pour l'étranger ? — Conçoit-on que de pareilles énormités aient retenti en pleine Académie !

M. Vitet, arrivant à M. Feuillet, apprécia son œuvre dans les termes prévus : « petits cadres dramatiques... élégantes fictions... théâtre de château. » Il le remercia de s'être tant et si heureusement employé pour maintenir florissante l'institution du mariage. « S'il reste encore de mauvais ménages, la faute n'en est pas à vous, » lui dit-il.

Une seule pointe d'ironie, qui pourrait bien avoir été inspirée par l'*Histoire de Sibylle*, perce sous ce discours. La voici : « Vous faites pénétrer la morale jusque dans les boudoirs, vous l'incrustez même dans les bijoux ; et c'est merveille de voir sortir de vos petits écrins de velours et de soie les enseignements les plus solides et les plus hautes vérités. Il n'est pas jusqu'aux choses saintes qui ne reçoivent ainsi, çà et là, comme en passant, le secours imprévu d'un mot heureux, d'une réponse habile, quelquefois même d'un sourire opportun. »

M. Vitet termina en félicitant M. Octave Feuillet des « gracieux applaudissements » dont il venait d'être l'objet.

Un phénomène qui ne se reproduit que bien rarement devait signaler l'entrée de M. Feuillet à l'Académie. L'auteur de tant de jolies bulles irisées se transforma tout à coup. Sa littérature avait été trop souvent une littérature de convalescent ; les idées ne s'y montraient qu'avec un abat-jour ; les phrases marchaient sur le bout du pied, afin de ne pas éveiller le bruit. On aurait entendu voler Alfred de Musset.

Dès qu'il fut académicien, M. Octave redressa la tête, enfla la voix. Le premier résultat de cette transformation fut la pièce de *Montjoye*. Il a touché là de bien près à la grande comédie. *Montjoye* est l'étude hardie et vigoureuse d'un de ces personnages qu'on appelle *hommes forts*. Être *fort*, selon la langue moderne, c'est être égoïste, sceptique, pratique, « bronzé, » comme disait Chamfort ; c'est ne tenir à rien, pas même aux siens ; c'est surtout avoir mis le remords sous ses pieds. Le théâtre et le roman abondent en hommes forts, tels que Tartuffe et Don Juan. De nos jours, Balzac a passé sa vie à faire des hommes forts ; — je crois même que le mot est de lui ; — et, à côté de Balzac, Eugène Sue s'est complu dans la création d'un assez grand nombre de ces endurcis. Le d'Alvimar d'*Angèle*, d'Alexandre Dumas, est aussi un homme fort, ainsi que le Vernouillet des *Effrontés* et le Jean Giraud de la *Question d'argent*.

Ce n'est donc pas un type nouveau que M. Feuillet a pu songer à produire dans son personnage de *Montjoye*. Mais, comme tous les auteurs qui s'emparent d'une figure déjà connue, il a eu probablement l'ambition de la fixer pour toujours, en en résumant les traits épars. Moins que personne il paraissait l'homme de cette tentative ; il a donné tort aux préventions. Il y a des parties fort belles et même énergiques dans cette comédie, que n'est point parvenu à gâter un dénouement ridicule.

Le drame de *Julie*, joué au Théâtre-Français, en 1869, appartient à la même veine. Il y a plusieurs Julie célèbres ; il y a d'abord *Julie ou la Nouvelle Héloïse* du citoyen de Genève ; il y a aussi cette « Parisienne » pour qui Alfred de Musset a rimé de si adorables conseils :

> Oui, si j'étais femme, aimable et jolie,
>   Je voudrais, Julie,
>   Faire comme vous ;
> Sans peur ni pitié, sans choix ni mystère,
>   A toute la terre
>   Faire les yeux doux.

La *Julie* de M. Octave Feuillet avait-elle l'ambition de s'ajouter à ces deux Julie et à toutes les autres ? Cette fois encore, il a mis résolûment les pieds dans le drame ; même les éléments comiques qu'il y avait dans *Montjoye* ont été sévèrement exclus de *Julie*. Il est évident que M. Feuillet a été très préoccupé par le *Supplice d'une femme*, cette œuvre d'une facture télégrammique. Il a fait, à son tour, une pièce brutale, hachée, avec la mort pour dénouement et pour moralité. Vieille histoire d'ailleurs : toujours la femme, le mari et l'amant ; puis, comme personnages accessoires, la petite fille et l'éternelle caillette, l'évaporée, la *toquée* de toutes les pièces modernes. Les trois actes de *Julie*, comme les trois actes du *Supplice d'une femme*, se passent dans le même décor. Au premier acte, Julie médite de tromper son mari ; — au deuxième, elle l'a trompé ; — au troisième, le mari, en qui s'éveille tardivement le soupçon, la presse tellement qu'elle avoue sa faute. Mais la secousse a été trop forte, elle meurt de son aveu. L'amant et le mari restent seuls en présence de ce cadavre, qui les accuse tous les deux, car l'auteur a su répartir un bon nombre de torts sur la tête du mari.

Julie, sans être une œuvre supérieure, sans même valoir *Montjoye*, renferme d'excellentes scènes. Le

Sphinx également. Entre ces deux pièces, M. Octave Feuillet a écrit le roman intitulé : *Monsieur de Camors*, encore une rupture avec sa première facture ; encore une étude prise dans un milieu malsain dont jusque-là il avait su se garer.

Quoi qu'il en soit, et malgré ses coups de tête inattendus, ses clientes n'ont pas pu se décider à se détacher de lui. Elles excusent tout, elles pardonnent tout. Il reste leur auteur chéri.

Dans ces dernières années, M. Octave Feuillet avait réussi à se débarrasser de sa timidité native. De hautes et charmantes instances avaient eu raison de son isolement et l'avaient attiré jusqu'à la cour, où il partagea avec Mérimée la faveur de celle qui fut pendant longtemps la première grande dame de l'Empire. Son affection pour Saint-Lô s'en trouva un peu diminuée et ne tint pas contre une place de bibliothécaire à Fontainebleau. Ainsi finissent les Normands.

CHAPITRE XXXI

Autre académicien. — Dupanloup.

« *Monsieur l'abbé, vous êtes un prêtre !* »

Ainsi l'homme aux éloges laconiques, Royer-Collard, avait salué M. Dupanloup, après avoir été témoin de sa conduite dans l'affaire délicate de la réconciliation de Talleyrand avec l'Église.

Certes, ce ne devait pas être un homme ordinaire, en effet, que cet abbé, jeune encore, que Talleyrand avait fait appeler, en 1838, à son lit de mort, pour recevoir sa confession. La confession de Talleyrand ! S'imagine-t-on bien ce que cela fut, et le temps que cela dura ? Combien de fois s'y reprit le terrible vieillard ? Avec quelle émotion, quel tremblement, quelle horreur secrète, l'abbé Félix Dupanloup dut recevoir ce récit, — si récit il y a eu !

Quel tableau à composer pour un Laurens quelconque ! Ces quatre-vingt-quatre ans et ces trente-six ans, cette tête ossifiée, glacée, mais noble encore par d'incroyables efforts de volonté, — auprès de cette tête vivace, dans tout l'épanouissement de la force et de l'intelligence ! Ces deux pâleurs solennelles : la pâleur de celui qui parle et la pâleur de celui qui écoute ! Et quel cours d'histoire que cette histoire de la dernière heure racontée par Talleyrand ! Toute la Révolution, tout l'Empire, toute la Restauration, tombant goutte à goutte de cette poitrine oppressée dans cette oreille effarée !

Mais l'imagination m'égare peut-être ; peut-être les choses se passèrent-elles plus simplement, plus prosaïquement ; peut-être Talleyrand ne se livra-t-il pas tout entier. Cette dernière opinion fut celle de la société parisienne, à en juger par le quatrain suivant qu'on fit courir :

> Il a trompé, du même coup,
> (Si ce n'est vrai, c'est vraisemblable,)
> Le bon Dieu, le monde et le diable,
> Et de Quélen et Dupanloup.

Il y a d'autant plus lieu de s'étonner, — ou du moins de réfléchir, — sur le choix fait par Talleyrand, que M. Dupanloup avait été déjà le confesseur du duc de Bordeaux, l'aumônier de Madame la Dauphine et le catéchiste des jeunes princes d'Orléans (tout cela se conciliait aisément dans ce temps-là). — Qu'était donc cet abbé, jugé digne de tant de faveurs si hautes ? Mon Dieu ! c'était tout simplement un sulpicien distingué, un prédicateur élégant (voire un peu redondant), et principalement un catéchiste supérieur, — ce qu'il est resté toujours.

Notre intention n'est point de le suivre pas à pas dans une carrière étonnamment remplie et agitée comme pas une. Il nous suffira d'en indiquer les points culminants ; ils sont tellement nombreux que nous n'aurons que l'embarras du choix.

Pour commencer, nous trouvons M. Dupanloup, à la date de 1841, en possession d'une chaire d'éloquence sacrée à la Sorbonne, à laquelle ses succès de Notre-Dame comme conférencier en 1834 l'avaient brillamment préparé. On a prétendu qu'en le nommant à ce poste le gouvernement de Juillet avait voulu créer un contre-poids à l'influence des cours de M. Michelet et de M. Edgard Quinet. Je le crois sans peine. On cherchait à utiliser ce zèle impatient et en quête d'une issue. Malheureusement, le contre-poids était d'une lourdeur à ébranler la machine gouvernementale ; on ne fut pas longtemps à s'en apercevoir. Un mot malsonnant sur Voltaire éveilla les susceptibilités de la jeunesse des écoles. — Ah ! ce Voltaire ! c'est le fantôme sans cesse renaissant ! Vous croyez en avoir fini avec lui, et le voilà qui se redresse mieux que jamais. On ne touche pas plus à Voltaire qu'on ne touche à la hache. M. Dupanloup, qui le savait sans doute, mais que le danger eut toujours le don d'exalter, en fit l'expérience à ses dépens.

Le cours d'éloquence sacrée fut suspendu.

Nous touchons au moment caractéristique où allait s'éveiller le polémiste sommeillant sous l'évangéliste. Un projet de loi relatif à l'instruction publique fut l'étincelle qui alluma ce feu. L'abbé Dupanloup adressa à M. de Broglie une lettre, puis une autre, qui émurent vivement le monde religieux et le monde politique. C'en était fait : il avait mordu au fruit de la publicité ; l'arbre tout entier devait être ravagé par lui. — De la brochure au journal, il n'y a qu'un pas ; ce pas fut bientôt franchi par M. Dupanloup, qui devint rédacteur de l'*Ami de la religion ;* c'est dans cette feuille qu'il faut chercher la date de son antagonisme avec M. Louis Veuillot.

On a prétendu que le zèle guerroyant de M. Dupanloup agaçait le vieux roi Louis-Philippe, qui hésitait à lui donner un évêché. Ce fut le pouvoir exécutif de 1848 qui lui offrit le siège épiscopal d'Orléans. A peine y était-il installé et commençait-il à s'occuper de l'organisation de son cher séminaire de Saint-Mesmin, que la « campagne contre les classiques » vint le détourner de son ardeur d'enseignement. Son amour des lettres se ranima ; c'était son beau côté ; il prit parti pour les auteurs profanes, qu'une fraction du clergé voulait exclure des études publiques. Il faut lui savoir gré de cette audace ; elle suffirait à justifier le choix que fit de lui l'Académie française, en 1854, à la place de M. Tissot.

Son discours de réception fut très modeste. Il ne parla point politique ; il ne céda point à son thème favori : les tendances philosophiques de l'époque. Il sut comprendre ce milieu pacifique et harmonieux où il était admis.

Bien que souvent retenu dans son évêché, le nouvel élu ne négligea pas l'Académie : il lui avait promis de travailler à son dictionnaire. « Je vous apporterai de temps en temps, avait-il dit, quelques lumières pour la définition de ces mots qui sont de ma langue avant d'être de la vôtre. » Il tint parole ; on le vit voter assez régulièrement ; mais son acte le plus important d'académicien est l'opposition ouverte et active qu'il fit à la première candidature de M. Littré.

L'antechrist ne lui aurait pas inspiré plus d'effroi.

Il se donna un mouvement extrême, quitta en toute

hâte Orléans, fit visite à des collègues qu'il n'avait pas accoutumé de voir. Bref, le danger fut écarté, mais il ne devait pas l'être pour longtemps. Au bout de quelques années, la candidature de M. Littré revint sur l'eau, et, cette fois, elle triompha. M. Dupanloup, qui en avait fait une affaire personnelle, envoya sa démission, que l'Académie française n'accepta pas. De sorte que sa situation au palais Mazarin fut toujours assez embarrassée et embarrassante.

Je ne suis pas apte à apprécier M. Dupanloup comme orateur chrétien. Je sais seulement qu'un jour il se montra plus révolutionnaire que personne, en prononçant le panégyrique de Jeanne d'Arc dans la cathédrale d'Orléans.

Je prends le passage suivant pour exemple. M. Dupanloup n'hésite pas à flétrir l'évêque Cauchon et les deux rois :

« Rien ne manquera donc à la grandeur de cette pauvre fille ! Oui, elle est grande parce qu'elle souffre !... Elle est grande, non pas seulement parce qu'elle a un évêque pour meurtrier, des juges pour bourreaux ; non pas seulement parce qu'elle a été vendue le prix d'un roi, parce que c'est au nom d'un roi d'Angleterre qu'elle est tuée et sous les yeux d'un roi de France impassible, — en sorte que tout serait royal dans sa mort, si tout n'y était pas abominable... — Elle est grande parce que c'est une puissante action qui la tue, une puissante action qui l'abandonne ! Elle est plus grande, je ne dis pas que l'indigne évêque et que les juges, mais que tous les chevaliers et les hommes d'armes, plus grande que les rois de France et d'Angleterre, plus grande que les deux plus puissantes nations du monde, dont l'une, sauvée par elle, ne la sauve pas, dont l'autre, vaincue par elle, ne sait que la brûler vive ! »

La tâche ne sera pas mince pour celui qui voudra juger l'écrivain. Ses *Œuvres choisies* comportent une douzaine de volumes. Chose étrange ! Il y a là des pages pleines de mansuétude, quelque chose comme le désir de se modeler sur Fénelon, pour lequel il professait une admiration infinie, — en raison de la loi des contraires, — et dont il a réédité plusieurs ouvrages.

Mais peut-être le talent de M. Dupanloup n'est-il pas là tout entier ; peut-être faut-il le chercher encore dans le torrent de sa polémique au jour le jour. Là, en effet, il se révèle avec des qualités essentiellement personnelles, avec des éclats et des éclairs. Tout lui est motif à brochure : le pouvoir temporel des papes, la crise cotonnière, la fondation des cours laïques pour les jeunes filles, le congrès de Malines, etc. etc. Il adresse des lettres à tout le monde indistinctement : à M. de la Guéronnière, à M. Grandguillot, à M. Edgar Quinet, à M. Gambetta, etc. etc.

Ces brochures ont eu des fortunes diverses ; tantôt vainqueur, tantôt vaincu, M. Dupanloup a vu tour à tour l'opinion publique se rapprocher ou s'éloigner de lui. Tantôt, c'est un ministre qui lui adresse un blâme officiel ; tantôt, ce sont ses confrères les évêques qui le désavouent ; tantôt, c'est la cour de Rome qui l'accueille avec des réserves, la cour de Rome qu'effarouche un dévouement aussi passionné. Que voulez-vous ? On prend du feu au soleil, on ne lui en apporte pas.

CHAPITRE XXXII

Autre académicien. — M. Cuvillier-Fleury.

M. Cuvillier-Fleury a une figure bizarre, contractée, tourmentée, sillonnée, mais pétrie d'intelligence, de vivacité, d'expression, de volonté. On devine un homme occupé, affairé même, aimant à s'enquérir, prêt et prompt à la discussion. La tête est fièrement montée sur une haute cravate; les sourcils recèlent des éclairs, et le regard deviendrait très dur à l'occasion; la bouche est à la fois amère et sardonique. En résumé, de la fermeté, mais aussi de la sécheresse.

Pour les *précis* de l'avenir, — car l'avenir se contentera surtout de précis, — la biographie de M. Cuvillier-Fleury pourra se résumer en deux mots : précepteur du duc d'Aumale et rédacteur au *Journal des Débats.*

Ce fut quelques années avant 1830 que Louis-Philippe, alors duc d'Orléans, lui confia l'éducation de son quatrième fils. — D'où venait M. Cuvillier-Fleury ? de Florence, où il avait été pendant quelque temps secrétaire de Louis Bonaparte, l'ex-roi de Hollande. C'était un jeune homme nourri de fortes études, un prix d'honneur, et qui sut se montrer sans peine à la hauteur de sa nouvelle tâche. Nul ne lui contestera, en effet, d'avoir formé un brillant élève, si brillant, que l'Académie française, en ces derniers temps, a jugé cet élève digne d'occuper un fauteuil, à côté de son ancien précepteur.

Pendant la première moitié du règne de Louis-Philippe, M. Cuvillier-Fleury eut souvent à partager avec M. Trognon, précepteur du prince de Joinville, les épigrammes dont les petits journaux criblaient sans relâche tout ce qui appartenait plus ou moins au *Château,* comme on appelait alors les Tuileries ; — épigrammes et jeux de mots d'un goût déplorable, et qui ont peut-être dès lors contribué à jeter quelque aigreur dans l'âme de l'écrivain.

Lorsque M. le duc d'Aumale n'eut plus besoin de précepteur, il conserva auprès de lui M. Cuvillier-Fleury avec le titre et la qualité de secrétaire de ses commandements. Ce n'était pas tout à fait une sinécure : le prince voyageait souvent, et il emmenait M. Cuvillier-Fleury. — C'est dans un de ces voyages, au camp de Saint-Médard, près de Bordeaux, que j'ai eu le plaisir de voir pour la première fois l'auteur des *Portraits politiques et révolutionnaires.* Il rayonnait au milieu des fêtes qu'il aidait à organiser, et où ses manières pleines de tact lui conciliaient de nombreuses sympathies.

Il était déjà collaborateur du *Journal des Débats* depuis 1834. Il y avait trouvé sa place toute faite dans ce groupe d'hommes diserts et classiques, admirablement dirigés, — selon les besoins de l'époque, — par MM. Bertin, ces grands maîtres du journalisme. Ses débuts avaient été des articles de fantaisie (dans le sens le plus sage du mot), des lettres datées d'un peu partout, selon les hasards de ses pérégrinations officielles. Sa position particulière dans le monde lui créa bientôt une position particulière dans le journal : il y représenta l'esprit moderne, rôle difficile, qui exige bien des dons et bien des aptitudes ; il fut le trait d'union entre les salons parisiens et les bureaux de la rue des Prêtres-Saint-Germain-l'Auxerrois ; il se tint au courant de tout avec sa curiosité un peu fébrile. Cette prétention à être bien de son temps (en dépit de ses tendresses pour le passé), à vivre de la vie de son époque, à se mêler aux luttes écrites ; ce besoin de jeter son fer, si mince qu'il fût, dans la balance des intelligences ; cette ambition et ce besoin, M. Cuvillier-Fleury les a toujours eus.

La révolution de 1848 lui causa une secousse étrange. L'heureux homme ne l'avait pas prévue. Aussi la stupeur dont il fut saisi ne peut-elle s'imaginer. Il ne pouvait en croire ni ses yeux ni ses oreilles. « Erreur ! malentendu ! surprise ! coup de main ! » allait-il criant. Il ne voulait pas se rendre compte du travail des idées pendant dix-huit ans de conspirations ; il se refusait à admettre toute préméditation sociale. Le monde est un mauvais observatoire pour voir venir les révolutions. De son point de vue, resserré dans le cercle de ses affections et de ses intérêts, M. Cuvillier-Fleury n'avait rien aperçu au-dessus ni au delà du gouvernement de Louis-Philippe. Il le croyait éternel.

Lorsqu'il fut revenu d'un coup qui modifiait si profondément son existence, il entreprit une campagne en règle contre les idées et les hommes révolutionnaires Démocrates anciens et récents, Mirabeau et Lamartine, Robespierre et Proudhon, Michelet et Victor Hugo, il les passa tous au fil de sa plume. Il apporta à cette besogne un entrain et une passion qu'on lui soupçonnait, mais qui jusque-là avaient manqué d'occasions, du moins sérieuses, pour se produire. Son talent se doubla de tout son désappointement. La loi sur les signatures aidant, il se trouva tout à coup en pleine lumière. L'ingrat! il dut à cette révolution méconnue par lui (méconnue lui paraîtra bien faible, même à distance) le commencement de sa vraie réputation, de sa réputation d'écrivain.

A partir de ce moment, sa collaboration au *Journal des Débats* devint très active. Il remplit le feuilleton de ses articles, facilement inclinés vers la polémique, et lutta jusqu'à la dernière heure, c'est-à-dire jusqu'à l'installation de l'Empire. Alors seulement, l'ancien secrétaire du roi de Hollande se résigna. Par un de ces tours de roue si fréquents dans l'histoire, il voyait revenir au pouvoir ces Bonaparte qu'il avait tous connus dans l'exil et qu'il ne lui était pas permis personnellement de haïr.

Dès lors, M. Cuvillier-Fleury, sans renoncer d'une manière absolue à la discussion politique, se tourna vers les questions littéraires qui, d'ailleurs, sous le nouvel Empire, devaient acquérir une importance assez considérable. Plus que jamais il se tint à l'affût des courants ; et insensiblement, pied à pied, il conquit cette notoriété et cette autorité dont il fut si longtemps en possession.

M. Cuvillier-Fleury a réuni en volumes la plupart de ses travaux critiques.

Une variété infinie préside aux sujets traités. Ce sont de ces livres qui vont de Joseph de Maistre à Piron, de

Charles-Quint à lady Russell, de Sobieski au général Athalin, de madame de Longueville à Marie-Antoinette, de Washington à M. Edmond About, du président de Brosses à madame Agénor de Gasparin, de Montaigne à Fouquier-Tinville, de Cambronne à M. Louis Veuillot, du chanoine Maucroix au docteur Véron, de madame de Maintenon au maréchal Soult, etc. etc.

Je ne dirai pas de tous ces volumes quel est le meilleur. Ils se valent tous. Si l'on insiste pour savoir au moins quel est le plus attrayant, le plus jeune, je répondrai que M. Cuvillier-Fleury n'a jamais eu de jeunesse littéraire. Dès ses premières pages il s'est montré ce qu'il devait être. A l'état calme, il cherche la bonhomie, et il y arrive parfois. A l'état orageux, l'amour du pouvoir le ressaisit; alors il a le ton de la leçon, la sévérité gourmée; sa critique sent le *corrigé*, presque le pensum, malgré ses efforts pour se retenir, — car il a par instants le flair de ses défauts.

En général, son idéal ne dépasse pas certaines hauteurs. De l'agitation, mais peu d'enthousiasme. Plus d'irritation que de mélancolie. Des sentiers complètement fermés, surtout en poésie, qu'il est bien tenté d'appeler la versification. Dans le roman, il lui suffit d'une *fiction agréable*. Il ne peut souffrir Stendhal qui avait, dit-il, « une rare facilité *et nul talent.* » C'est le contraire qui est le vrai. *La Chartreuse de Parme* est pour lui un « absurde et insipide ouvrage ». Il se crée aussi des illusions à son gré, pour les besoins de ses causes ; c'est ainsi qu'on l'entendra se demander et se répondre : « Qu'est-il resté de tout ce que le romantisme a essayé de fonder ? Rien. Qui songe à invoquer les théories de la préface de *Cromwell ?* Qu'est-il resté des principes et des modèles qu'une saine critique a défendus ? Tout. »

Voilà qui est bien vite arrangé. Eh! Monsieur, si personne ne songe plus à invoquer les théories de la préface de *Cromwell*, c'est que ces théories si naturelles, si simples, sont aujourd'hui parfaitement adoptées.

La citation est le péché mignon de M. Cuvillier-Fleury, la citation sans choix, telle qu'elle lui vient, latine ou française : *Ne forçons point notre talent... On devient cuisinier, mais on naît rôtisseur... Erudimini qui judicatis... Il fallait un calculateur... Panem et circenses*, etc. etc. Ce sont là de ces fleurs qui ne poussent guère plus que dans le jardin de M. Prud'homme. Et voyez l'inconvénient : M. Cuvillier-Fleury a la tête tellement remplie de ces malencontreuses citations qu'il lui arrive parfois de prendre la Fontaine pour Voltaire, — ainsi que le lui a fait remarquer un jour M. Alexandre Dumas fils.

Mais qui sait ? les citations conduisent peut-être à l'Académie française. M. Cuvillier-Fleury, chargé de ses douze volumes, s'y présenta et y fut reçu.

Ces choses se passaient, — comme disent ces affreux romanciers, — le 12 avril 1866.

Trois jours auparavant, M. Prosper Mérimée avait écrit à son *inconnue* : « Avez-vous lu quelque chose de M. Cuvillier-Fleury ? Si oui, donnez-m'en votre avis. »

CHAPITRE XXXIII

Autre académicien. — Joseph Autran.

« La maison de mon père s'élevait autrefois, dans la partie la plus antique de Marseille, à l'extrémité même du rivage. Toutes les villes maritimes ont de ces quartiers voisins du flot, recherchés de préférence par d'anciens marins qui, désormais retirés à terre, aiment à avoir une fenêtre ouverte sur les espaces jadis parcourus. Le visiteur qui pénétrait dans ces modestes habitations y remarquait dès le seuil une propreté irréprochable, vertu contractée à la mer; il s'y préoccupait aussi d'un arome étrange, odeur particulière à l'intérieur des navires. Les honneurs étaient faits par de gracieuses femmes, que leur fortune ordinairement étroite n'empêchait pas de pratiquer une généreuse et souriante hospitalité : sur une nappe lestement déployée, elles se hâtaient de vous offrir sorbets, confitures des îles, tafia de la Martinique, et profitaient de l'occasion pour vous montrer les belles étoffes du Levant, les fines gazes de la Chine, les parures de corail, les mille riens exotiques, rapportés en cadeaux par leurs maris ou leurs frères ; tout cela dans de petits salons au rez-de-chaussée, décorés de trois ou quatre peintures au lavis, bricks et goélettes à la voile, qu'un pinceau scrupuleux orna de tout l'appareil de leurs agrès.

» Sans être marin de profession, mon père avait accompli dans sa jeunesse plusieurs grandes navigations. Ni l'Inde ni les Amériques ne lui étaient inconnues. Quoique redescendu de bonne heure au rivage, il avait gardé de ses lointains voyages une sympathie constante pour les gens de mer, et de nombreuses relations parmi eux... Non seulement la mer occupait autour de moi toutes les pensées, résonnait dans toutes les paroles, elle était aussi l'éternel et unique spectacle de mes yeux. J'en étais si rapproché que le moindre vent jetait jusque dans ma chambre la poussière saline de ses flots et que j'entendais, la nuit, de mon alcôve, même dans les plus grands calmes, le bruit de sa respiration haute et large. Sans cesse regardée, admirée sous ses mille faces, la mer fut donc pour moi quelque chose d'assez semblable à une première passion de la vie (1). »

Quelle meilleure entrée en matière que cette page exquise où M. Autran s'est montré aussi poète en prose qu'il savait l'être en vers ! On aurait besoin de beaucoup de préfaces comme celle-ci pour pénétrer immédiatement dans le sentiment d'une œuvre, et pour connaître de la vie intime d'un auteur ce qu'il importe tout juste d'en connaître.

Dans un tel milieu, l'âme de Joseph Autran s'ouvrit vite à la poésie. Un capitaine génois, ancien compa-

---

(1) Préface nouvelle des *Poèmes de la mer* ; édition des Œuvres complètes.

gnon de son père, le prenait souvent sur ses genoux et lui récitait des centaines de vers de l'*Enéide*, avec une voix enthousiaste, aux belles vibrations italiennes. Cette éducation en vaut bien une autre. Il eut une enfance et une jeunesse heureuses ; on ne contraria pas ses goûts : de là ce caractère de bonté qui, de sa vie, se répandit sur ses écrits, ce calme, cette douceur et cette assiette morale qui a fait dire de lui : « On peut le lire en famille. »

Une autre chose qui contribuait à entretenir en lui le goût des lettres, c'étaient les nombreux passages de littérateurs, — j'entends passages, à la façon des hirondelles, — que Marseille voit se succéder, grâce à sa situation géographique. Tantôt, c'était Lamartine, à la veille de son voyage en Orient ; tantôt, c'était Alexandre Dumas, en train de découvrir la Méditerranée. On pense si le jeune Autran s'empressait pour saluer ces écrivains célèbres, qui déjà partageaient son admiration avec les navigateurs. Il faisait des feuilletons dans un journal de la ville, qui ne sentaient pas du tout l'écolier ; bientôt la grande famille littéraire et artistique s'habitua à voir en lui son correspondant à Marseille. Jules Janin lui adressait ses comédiens et ses comédiennes protégées ; Théophile Gautier lui recommandait des peintres. En allant et venant sur la route d'Italie, Franz Liszt s'arrêtait pour lui serrer la main et passer avec lui une de ces bonnes soirées auxquelles ne manquait aucun genre de prestige, s'il faut s'en rapporter à ces vers, écrits bien des années après :

> Je t'écris ce mot, de la même plage
> Où jadis, un soir, vers le bord du flot,
> Tu faisais chanter, — c'était le bel âge ! —
> Un de ces claviers que fait Boisselot.

Près de nous, causaient ou rêvaient trois femmes,
Fronts aux blonds cheveux, moins longs que les tiens :
Et, de temps en temps, la chanson des lames
Se mélait dans l'ombre à nos entretiens.

Où sont les beaux jours ? Où fuit la jeunesse ?
Rome à nos bravos a su te ravir.
Ne m'apprend-on pas que tu dis la messe ?
Je pars, s'il est vrai, pour te la servir.

Méry et Barthélemy comptèrent aussi parmi les amis de M. Autran; mais ceux-ci, c'était tout naturel : ils étaient Marseillais comme lui (1). Il fut même plus que leur ami, il fut leur disciple, ou plutôt il subit, — peut-être involontairement, — leur influence. On procède toujours de quelqu'un. M. Autran procéda des

(1) M. Autran a parlé plus tard de Méry, dans le sonnet suivant, par exemple, avec un ton légèrement moqueur, et qui semblerait indiquer un admirateur un peu revenu. Au milieu des compliments obligés, on distinguera la pointe qui brille d'un éclair de diamant :

Ta parole en ses jeux effleurait toute chose ;
C'était le vol errant, le caprice infini.
Tu passais, tu courais, sans cesse rajeuni,
De l'âme à la matière et des vers à la prose.

L'hiver seul te rendait soucieux et morose.
Homme renouvelé dès qu'il était fini,
Tu parlais tour à tour de Dieu, de Rossini,
D'amour, de carnaval et de métempsycose.

Ainsi, charmant esprit, à toute heure levé,
Promenant au hasard ta fantaisie agile,
Que n'as-tu pas conté ? que n'as-tu pas rêvé ?

Tu me disais un jour, fier de ta fine argile :
« J'ai mille souvenirs d'avoir été Virgile ! »
Mais là-haut, je le crains, tu l'auras retrouvé.

Le trait est d'une merveilleuse finesse.
M. Autran paraît avoir eu une plus sérieuse affection pour Barthélemy; il fut le témoin de sa fin douloureuse, qu'il tâcha d'adoucir autant que possible.

auteurs de *Némésis*, de *Napoléon en Egypte*, du *Fils de l'homme*, astres jumeaux alors dans toute leur gloire et dans tout l'éclat d'un talent particulier, classique dans ses allures, mais sonore et chaudement coloré, avec une richesse de rimes poussée jusqu'à l'éblouissement, jusqu'à l'excès.

M. Autran ne put se défendre de l'admiration d'abord, de l'imitation ensuite. Cette imitation est sensible dans *Milianah*, épisode des guerres d'Afrique, publié en 1842. Mais *Milianah* n'est qu'un incident dans sa vie littéraire. Sa préoccupation principale et constante était la pastorale, dans sa plus large extension. Il sentait déjà frémir en lui une vaste épopée agricole et maritime à laquelle il devait consacrer toutes les forces de sa maturité.

Ce n'est encore que comme un incident qu'il faut considérer sa tragédie de la *Fille d'Eschyle*, représentée à Paris, au lendemain de la révolution de 1848, et qui, malgré les circonstances, obtint un succès très bruyant. — Pourquoi n'a-t-on jamais repris cette étude dramatique, qui fournit à Gautier ces belles lignes dans sa chronique théâtrale de la *Presse* ? « Du premier coup, M. J. Autran a conquis l'escabeau d'ivoire sous le portique de marbre blanc où trônent les demi-dieux de la pensée. Ces Grecs de Marseille qui habitent une rive dorée entre le double azur du ciel et de la mer, ont de naissance la familiarité de l'antique ; le rythme, le nombre, l'harmonie, leur sont naturels. Là, les poètes ont encore une lyre et improviseraient aisément leurs vers sur quelque promontoire, en face des flots et du soleil, au milieu d'un cercle d'auditeurs comme sur le cap Sunium ou le môle de Naples. »

A quelque temps de là, l'Académie française cherchant à placer son prix décennal, détacha une feuille du laurier de *Gabrielle* pour en orner la *Fille d'Eschyle*. C'était la couronne tout entière que méritait la pièce de M. Autran.

Tout autre que lui, après de tels encouragements, aurait suivi cette veine heureuse du théâtre. Jamais aucun Marseillais ne s'était trouvé à pareille fête, — pas même Méry, pas même Gozlan, si épris de la chimère dramatique. Et cependant M. Autran rebroussa chemin tout à coup, au grand étonnement des Parisiens. On n'entendit plus parler de lui à l'Odéon, pas plus que s'il n'y avait jamais été joué. Il était retourné dans sa ville natale.

Ce renoncement à un brillant avenir a été interprété de plusieurs façons. On a prétendu qu'un rayon de fortune, s'étant glissé dans son logis par la porte restée entr'ouverte, en avait chassé l'ambition. Dès lors, gagné au bonheur facile, au travail indépendant, châtelain de plusieurs châtellenies, Joseph Autran s'était enfermé dans l'œuvre caressée, dans sa grande symphonie, comme Beethoven.

Cette symphonie se compose de fragments importants qui parurent à plusieurs intervalles ; ce sont :

Les Poèmes de la mer;

Laboureurs et Soldats;

La Vie rurale ;

Les Epîtres rustiques;

Le Poème des beaux jours.

Voilà l'œuvre complète, sans cesse retravaillée, souvent refondue, de Joseph Autran. Elle est noble et digne, et animée du plus pur esprit chrétien. Les aspects en sont innombrables et variés à souhait. C'est le talent dans une de ses plus hautes expressions. Encoré un peu, et ce serait du génie. Ah ! ce diable de peu !

On a reproché quelquefois une certaine monotonie à la facture de M. Autran ; cela tient surtout à la nature des sujets pompeux qu'il affectionne. Son alexandrin a cette coupe ample, correcte, carrée, qu'on pourrait comparer aux larges basques d'un habit à la française. L'hémistiche y est scrupuleusement observé ; les enjambements sont de ceux seulement que l'usage et le bon goût tolèrent. Il ignore ou feint d'ignorer les progrès rythmiques accomplis depuis la *Légende des siècles*. L'instrument ancien lui suffit, et il en tire tous les sons possibles, mais le défaut des instruments anciens est d'appeler les airs anciens. Le souffle classique ramène parfois sous la plume de M. Autran des tours vieillis ; c'est ainsi qu'à un certain moment, il parle des existences *moissonnées par le précoce destin*.

L'Académie française ne hait pas ces formules et cette sagesse d'exécution ; elle décerna une nouvelle couronne à l'auteur de la *Vie rurale*, qui, dès lors, se crut en droit de poser sa candidature au fauteuil. Après quelques années de noviciat supportées avec la patience aisée de l'homme qui se sent sûr de son but, M. Autran fut élu en remplacement de Ponsard. Sa réception en séance publique eut lieu le 8 avril 1869. Mais déjà, depuis quelque temps, l'organe de la vue s'était affaibli chez M. Autran ; ses yeux étaient fatigués sans doute par la contemplation du soleil et de la mer. Afin de pouvoir lire son discours, il avait dû le faire transcrire en gros caractères. Cet épisode détermina un redoublement de sympathie dans l'auditoire.

Rendons-lui cette justice ; il n'outra pas l'éloge de

Ponsard, ce qui était à craindre ; il se tint dans la juste mesure. Il eut des réserves d'une cruauté ingénue. Il parut même, un instant, chercher à le justifier de son manque de lyrisme.

« Il n'avait, il est vrai, ni l'originalité saisissante ni la grande invention. Mais est-il bien certain que la muse n'ait plus rien à cueillir dans les sentiers connus? Un penseur qui n'a jamais passé pour abuser des lieux communs, M. Joubert, en a parlé un jour comme s'il les aimait : « Ils sont, a-t-il dit, l'étoffe uniforme que, toujours et partout, l'esprit humain a besoin de mettre en œuvre quand il veut plaire. Il n'y a pas de musique plus agréable que les variations des airs connus. » Si le vers de Ponsard n'a pas non plus l'éclat surabondant, le luxe d'images auxquels nous ont accoutumé nos maîtres contemporains, n'a-t-il pas en revanche toutes les qualités d'une langue sobre et sincère, ferme et nourrie ? »

Tout cela est bel et bon, mais comme on sent que M. Autran aurait préféré pouvoir dire : « Le vers de Ponsard a l'éclat surabondant et le luxe d'images.... Il fuit résolûment les lieux communs... Ponsard avait la grande invention et l'originalité saisissantes ! »

M. Cuvillier-Fleury, qui répondit à M. Autran, ne se mit pas plus que lui en frais d'enthousiasme pour l'auteur d'*Agnès de Méranie*. Désireux pourtant de lui découvrir quelques qualités, il crut avoir fait une trouvaille en lui reconnaissant... la sincérité. « Vous ne l'avez peut-être pas assez relevée en lui, Monsieur, cette vertu de votre éminent devancier, qui est une des vôtres, et qui est de plus dans un écrivain un mérite tout à fait littéraire, la sincérité ! Que j'aime ce mot, et quel sujet de dissertation, si on avait le temps ! »

Ce n'est qu'un mot, en effet. Qu'importe la sincérité lorsque, comme chez Ponsard, elle est unie à la médiocrité ?

Depuis son entrée à l'Académie, M. Joseph Autran habita un peu plus Paris ; mais dès qu'il croyait que son absence n'y serait pas remarquée, c'était avec bonheur qu'il s'échappait pour s'en aller vivre soit dans sa maison de la rue Montgrand à Marseille, soit dans sa propriété de la Malle, entre le Pin et Cabriès, soit dans sa terre de Pradine en Vaucluse.

Sa dernière publication, qui détonne un peu sur les autres, est intitulée : *Sonnets capricieux*. Très capricieux, en effet, très enjoués, souvent moqueurs, et plus mondains qu'on ne s'y serait attendu. On peut s'en faire une idée par les titres de quelques-uns : *le Pays du Tendre, le Scandale des roses, le Bain de la marquise, Billet doux de Scaramouche, Colonel en retraite, Petites bouches*, etc. etc.

En sa qualité de Provençal, M. Autran revendique pour son pays l'honneur d'avoir produit le sonnet : « Le sonnet, si je ne me trompe, fut créé en 1250 par un troubadour du nom de Gérard de Bourneuil. C'est en Provence qu'il naquit spontanément, comme une fleur du sol ; et c'est au meilleur coin de la Provence, au pays de Vaucluse, que j'ai moi-même, six siècles après, cueilli cette dernière gerbe. »

Il y a de brillants épis dans cette gerbe, mêlés à quelques herbes insignifiantes ; d'autres, comme le suivant, expriment des idées singulières et despotiques :

Presque tous les rimeurs, à partir de Malherbe,
Lafare, Chapelain, Jean-Baptiste Rousseau,
Saint-Lambert, Pompignan, Chaulieu, tout le monceau,
Ont écrit platement, je souligne l'adverbe.

Le champêtre Delille et l'aimable Gresset,
Parny qui barbota dans l'ode libertine,
Voltaire dont la lyre est pauvre, comme on sait,

Fontanes que Toulouse orna d'une églantine :
Tout cela ne vaut pas un chant de Lamartine,
Tout cela ne vaut pas deux stances de Musset.

Cette assertion est profondément injuste. *Vert-Vert* vaut cent fois mieux que *Mardoche*. Voltaire a rimé des épîtres dont la légèreté et l'esprit n'ont point été dépassés.

CHAPITRE XXXIV

Autre académicien. — Auguste Barbier.

Sainte-Beuve a tracé, dans les *Lettres à la Princesse,* un portrait d'Auguste Barbier, qui n'a guère d'autre valeur que celle d'un croquis, la seule qu'il prétendait lui donner d'ailleurs : « Auguste Barbier, l'auteur des *Iambes,* est un petit homme court et gros, très myope, très bien mis habituellement, fils de notaire, et par conséquent riche ou très à l'aise, ayant passé l'âge des folies et n'en ayant jamais fait, même en temps utile; tout occupé d'art, de lecture; n'ayant jamais retrouvé la belle veine qu'il n'a rencontrée qu'une fois; poète de hasard, mais poète; enfin, je le sais digne de caractère, et quoique depuis des années ses yeux myopes l'empêchent régulièrement de me reconnaître quand il me rencontre, et qu'il ne me rende jamais mon salut, je n'ai pas cessé de l'estimer et de le considérer comme des plus honorables. »

Ce croquis, daté de 1862, et qui n'avait jamais été destiné à l'impression, renferme quelques menues erreurs que je veux détruire en commençant. Auguste Barbier n'était pas gros. Il était myope, quoique sans excès, mais il était poli ; — et dans l'intimité, il a toujours protesté, en souriant, contre cette assertion de l'auteur trop susceptible des *Lettres à la Princesse,* qui le représentait comme un homme capable de ne pas rendre les saluts qu'on lui adresse.

Les autres erreurs se dissiperont d'elles-mêmes au fur et à mesure que j'avancerai dans ce chapitre.

Il semble tout naturel qu'Auguste Barbier soit né à Paris. Il a vu le jour le 28 avril 1805, quai Malaquais, dans une maison qui portait alors et qui porte encore le numéro 19. Son père était avoué, et non notaire. Après de bonnes études, le jeune Barbier fit son droit; mais déjà le démon littéraire le guettait et rôdait autour de l'école. Parmi les jeunes gens avec lesquels il se lia à cette époque, deux d'entre eux influèrent sur sa vocation : Alphonse Royer et Brizeux. Il écrivit avec le premier un roman historique intitulé : *les Mauvais Garçons,* paru en 1828. Le second le poussait plus particulièrement vers la poésie ; ce fut le second qu'il écouta.

On retrouverait quelques-uns des vers d'Auguste Barbier dans les recueils de ce temps-là ; cela répondrait aux gens qui prétendent qu'il n'avait absolument rien fait imprimer avant les *Iambes.* Il est vrai que ce sont, pour la plupart, des élégies ou des idylles, où rien n'annonçait un tempérament spécial. Il s'ignorait encore. La révolution de Juillet devait le révéler à lui-même. La tête exaltée par les combats auxquels il venait d'assister, il ramassa l'iambe qu'André Chénier avait laissé échapper au pied de l'échafaud, et il écrivit en une nuit cette pièce qui s'appelle *la Curée :*

Oh! lorsque le soleil chauffait les grandes dalles
Des ponts et de nos quais déserts,
Que les cloches hurlaient, que la grêle des balles
Sifflait et pleuvait par les airs...

La *Curée* faite, il fallait la faire arriver au public. Véron venait de fonder la *Revue de Paris*. M. Barbier, qui ne le connaissait pas, demanda une lettre d'introduction à Alphonse Royer, et se présenta, la *Curée* en poche. Véron la prit, sans en avoir les mains brûlées.

— Repassez dans quelques jours, dit-il au jeune homme.

— C'est que... c'est de l'actualité, hasarda celui-ci.

— Bien, bien, je verrai cela.

Quelques instants après, Henri de Latouche, un homme de beaucoup d'esprit et de goût, qui n'était pas encore le misanthrope qu'il devint plus tard, entrait chez Véron.

— Tenez, lui dit ce dernier, faites-moi donc le plaisir de jeter les yeux sur ce morceau que Royer me recommande.

— Ah! mon cher ami, s'écria Latouche, il faut envoyer cela tout de suite à l'imprimerie.

— Bah! dit Véron; qu'est-ce que c'est donc?

— Je ne sais pas trop, mais cela ressemble terriblement à un chef-d'œuvre.

Quelque confiance que Véron eût dans le jugement de Latouche, le ton de *la Curée* lui parut tellement inusité qu'il ne se décida à la faire paraître qu'en l'accompagnant d'une note pour dégager la responsabilité politique de la *Revue*.

On sait l'effet immense que produisit cette œuvre chaude de poudre, — à laquelle on pourrait peut-être trouver un équivalent dans la toile de Delacroix représentant la Liberté sur les barricades.

En présence d'un tel succès, Véron jugea utile d'aller rendre visite au poète levant. Du plus loin qu'il l'aperçut, il lui ouvrit les bras et voulut à toute force l'embrasser, à la façon des financiers du xviiie siècle, dont il avait quelques allures.

— Ah çà ! lui dit-il, vous n'allez pas en rester là, je suppose. Vous voilà de la *Revue de Paris*. J'espère que vous allez nous donner une seconde satire ?

— Très volontiers.

— En avez-vous une toute prête ?

— Ma foi ! non.

— Diable ! cela est contrariant. Il me faut pourtant quelque chose de vous dans le prochain numéro. Mes lecteurs y comptent. Voyons, cherchez dans vos tiroirs ; un jeune homme comme vous doit avoir une pyramide de manuscrits.

On chercha ensemble. Le résultat de cette recherche fut une petite pièce intitulée : *Nisa*, une étude de baigneuse antique.

— J'aurais préféré autre chose, dit Véron en soupirant ; mais cependant je vais publier la baigneuse... en attendant mieux.

Le public fut un peu surpris, car, malgré une certaine fraîcheur, *Nisa* était loin de tenir les promesses de l'auteur de *la Curée*. On y voyait déjà poindre ces incompréhensibles gaucheries de facture qui devaient déparer souvent l'œuvre magnifique du poète.

Peu de temps après, il prenait une revanche éclatante avec *la Popularité*.

La popularité, c'est la grande impudique...

Désormais, le nom d'Auguste Barbier était consacré ; sa place était faite.

On vit paraître successivement *l'Idole*, *Melpomène*, *la Cuve*, autant de sursauts imprimés à l'attention publique. Dans la grande symphonie romantique c'était une note nouvelle. Sifflant comme une flèche ou brutal comme un épieu, son vers s'enfonçait dans la mémoire pour n'en plus sortir.

Réunis en volume, les *Iambes* (1831, Urbain Canel) furent vite épuisés. La première édition est une rareté ; elle contient une assez longue préface signée de l'éditeur, mais en réalité sortie de la plume de Philarète Chasles.

Pour reprendre haleine, autant que pour varier ses sujets, M. Auguste Barbier entreprit un voyage en Italie avec son ami Brizeux. Il en revint avec un poème, *Il Pianto* (la Plainte), qui renferme d'admirables parties. La douceur d'âme de son compagnon s'y reflète souvent et accuse l'étroite communauté de sentiments qui existait entre ces deux nobles esprits. En 1837, le poème de *Lazare*, résultat d'un voyage en Angleterre, accompli seul, celui-là, vint s'ajouter au *Pianto*.

Les *Iambes*, *Il Pianto*, *Lazare*, forment une trilogie d'une rare splendeur. A ce volume, certains critiques ont prétendu borner l'œuvre poétique de Barbier. Cela est souverainement injuste. Le grand poète s'est souvent retrouvé dans *Erostrate* et surtout dans les *Rimes héroïques*, — où sont célébrés indistinctement Christophe Colomb, Mathieu Molé, Las-Cases, Kosciusko, et en général tous les honnêtes cœurs de tous les pays.

Un brave homme est pour moi chose belle et touchante.
Qu'il vive sous le marbre ou sous un toit de bois,
Qu'il sorte du bas peuple ou descende des rois,
Quand je vois un brave homme, aussitôt je le chante.

On ne saurait mieux penser ni mieux dire. Et pourtant, je suis loin de nier les inégalités de quelques-unes des compositions de Barbier; elles m'étonnent. Voici, par exemple, des vers qui résument ses qualités et ses bizarres défauts. Il s'agit d'Arnold de Winkelried :

Qui rompra cet amas de lances et de piques,
Cette forêt d'airain qui s'avance sur nous ?
Dans cet épais carré d'armures germaniques,
Qui fera pénétrer la vigueur de nos coups ?
. . . .
Moi ! moi ! dit Winkelried, et le bon capitaine
Comme un fort moissonneur que l'on voit dans la plaine
Presser les épis mûrs contre son sein voûté,
De lances en arrêt le plus qu'il peut embrasse,
Tombe, et par le grand trou qu'il ouvre dans la masse,
Fait passer la victoire avec la liberté !

Le vers que j'ai souligné est impossible ; mais quel superbe mouvement dans les derniers ! Le sublime y est atteint.

Auguste Barbier a beaucoup écrit, plus qu'on ne croit, plus qu'on ne veut s'en souvenir. Il a fait des nouvelles à la *Revue des Deux-Mondes*, des notices, un Salon. Il a traduit le *Jules César* de Shakspeare, et écrit, pour Berlioz, un opéra, *Benvenuto Cellini*, qui est resté légendaire dans les annales de l'Académie royale de musique.

Longtemps Barbier a hésité avant de se présenter aux suffrages des Quarante. Son indépendance lui était chère. Enfin, un jour, vers 1869, il s'arma de résolution et commença ses visites par Sainte-Beuve, avec lequel il avait été très lié autrefois, — comme avec tous les hommes distingués de 1830.

L'entrevue ne manqua pas d'originalité, s'il faut écouter les indiscrétions.

— En croirai-je mes yeux? s'écria le grand Lundiste.

— Croyez-les-en, mon cher ami.

— Vous, Barbier !

— Moi-même, Sainte-Beuve.

— Après quinze ans !

— Et peut-être davantage.

J'imagine alors que les deux romantiques s'examinèrent, comme pour se rendre compte des ravages exercés par le temps sur chacun d'eux.

— Pourquoi n'être pas venu me voir plus tôt ? reprit le premier Sainte-Beuve avec ce petit ton sec qu'il cherchait parfois à se donner.

— J'allais vous adresser la même question, dit Barbier.

— Vous rappelez-vous le temps où vous veniez dîner chez ma mère ?

— Pas plus que vous n'avez oublié celui où la mienne avait le bonheur de vous recevoir à sa table.

— Quelles bonnes heures !

— Les meilleures peut-être de notre existence littéraire ! celles de l'enthousiasme, de la conviction, de la foi dans la poésie !

— Je devine ce que vous n'osez me dire, ami Barbier, répliqua Sainte-Beuve en secouant mélancoliquement la tête ; c'est vrai, j'ai dit adieu à la Muse ; j'ai renoncé aux enchantements de ces premières années dont vous évoquez le souvenir toujours vivace en moi. Je suis devenu un critique, quelque chose comme une bête noire ; je fais peur aux gens...

— Pas à tous, dut penser M. Auguste Barbier.

— Que voulez-vous ? tout le monde n'a pas l'heureuse chance de pouvoir faire sa vie, comme vous.

Il y eut une minute de silence, au bout de laquelle Sainte-Beuve reprit :

— Je n'ai pas besoin de vous demander l'objet de votre visite. Vous voulez ma voix ?

— Je la désire tout au plus, répondit M. Barbier ; mais ce que je désire, principalement, c'est de savoir de vous, qui êtes aussi avant que possible dans les secrets de l'Académie, si j'ai raison de me porter comme candidat ?

— Raison, oui ; chance, non.

— Aucune chance ?

— C'est Théophile Gautier qui passera, dit Sainte-Beuve avec un accent affirmatif.

— Vous en êtes sûr ?

— Tout le monde est pour lui.

— C'est bien, dit M. Barbier en se levant.

— Eh bien ! où allez-vous ? fit Sainte-Beuve.

— Retirer ma candidature. Du moment où je n'ai aucune chance d'être reçu, je ne tiens pas à jouer un rôle ridicule.

Sainte-Beuve demeura muet. Il était évident qu'il se livrait en lui un combat entre son amitié d'autrefois et ses engagements de la nouvelle heure.

A la fin, il eut un brusque mouvement d'épaules et il dit à M. Barbier :

— Ne retirez rien.

— Pourquoi ?

— On ne sait pas ce qui peut arriver.

Avait-il eu une vision ?

Toutefois est-il que M. Auguste Barbier l'emporta sur Théophile Gautier et fut nommé membre de l'Académie française après plusieurs tours de scrutin.

M. Barbier fut reçu le 17 mai 1870. Il commença, dans son discours, par une preuve de suprême bon goût, qui était en même temps un acte d'audace : il se plaça sous le souvenir de l'auteur de la *Légende des siècles*.

« L'œuvre d'un de vos plus illustres confrères, — dit-il, — que la politique tient malheureusement éloigné de vous, renferme une pièce de vers puissante et originale, qui se nomme le *Satyre*. L'auteur y raconte que le grand Hercule prit plaisir un jour à mener Pan dans l'Olympe. Cette fantaisie mythologique m'a paru avoir quelque analogie avec ma situation actuelle.

M. de Sacy, chargé de répondre au nouvel élu, accepta, sans se faire prier, cette « situation ». La force impose toujours ; mais il prit sa revanche sur la force, en se retranchant dans le bon goût. Il essaya des citations pour avoir le droit de s'arrêter sur les passages entrés trop violemment dans l'admiration publique. Il cita de très bonne grâce le passage suivant :

C'est que la Liberté n'est pas une comtesse
  Du noble faubourg Saint-Germain,
Une femme qu'un cri fait tomber en faiblesse,
  Qui met du rouge et du carmin.
C'est une forte femme aux..................

M. de Sacy s'arrêta, oubliant que la métaphore lui permettait de recevoir M. Barbier dans le *sein* de l'Académie En quoi le *sein* empêchait-il les *fortes mamelles* du récipiendaire ?

L'un et l'autre orateur enterrèrent d'ailleurs avec mille égards M. Empis, qui dort pour l'éternité dans un trou honorable, où personne ne s'avisera d'aller réveiller sa cendre littéraire.

Un antique usage oblige les nouveaux académiciens à aller présenter leur discours au chef de l'État. Le chef de l'État actuel, qui était Napoléon III, se souvenant sans doute de la pièce intitulée l'*Idole*, eut la délicatesse de dispenser M. Auguste Barbier de cette formalité.

On ne pouvait entrer à l'Académie par une porte plus libre. Ce jour-là, l'Indépendance littéraire, le front haut et fier, prit sa revanche d'une dizaine d'années de concessions.

CHAPITRE XXXV

Autre académicien. — Camille Doucet.

Voyez-le passer souriant, blanchi ou plutôt poudré à frimas, le regard d'une jeunesse incroyable, la lèvre spirituelle au possible, l'allure rapide, avec quelque chose d'heureux dans la physionomie et dans le geste. C'est l'auteur du *Baron Lafleur*, — ou plutôt c'est le baron Lafleur lui-même !

M. Camille Doucet est né à Paris (*Il n'est bon bec que de Paris*, disait François Villon), le 16 mai 1812. On voulait faire de lui un notaire, il se contenta d'être un avocat. Je ne sache pas qu'il ait beaucoup plaidé ; mais il fit plus tard une jolie petite comédie intitulée : *l'Avocat de sa cause*, qui vaut mieux que bien des plaidoyers.

Une demi-douzaine de pièces composent son bagage littéraire. Ces pièces sont toutes en vers et elles ont toutes réussi, — soit à l'Odéon, soit au Théâtre-Français.

Le tempérament dramatique de M. Camille Doucet

le rattache à la lignée des Demoustier, des Andrieux, des Casimir Delavigne, de tous ces esprits honnêtes, ingénieux, que 'le public aime du premier coup et comprend dès le premier vers. Il ne cherche pas à corriger les mœurs, il lui suffit de « fronder les ridi cules ». Pour cela, il n'a besoin que du style de ses prédécesseurs, de cette langue sobre d'ornements ou qui n'admet que les images consacrées.

De toutes ses pièces, la *Considération* est celle où il a le plus essayé d'élever son essor.

La Considération discute un point d'un haut intérêt social : la probité selon le code et la probité selon la conscience. Un négociant malheureux ou maladroit, spéculateur ruiné et ruinant, prenant des *arrangements*, comme on dit, avec ses créanciers, leur donnant vingt ou vingt-cinq pour cent; puis réédifiant sa fortune et en enveloppant le passé dans un égoïste oubli, — tel est le personnage que M. Camille Doucet a mis en lumière, personnage bien observé, mélange de faiblesse et de vanité, d'irréflexion et... d'indélicatesse. Maintenant, voici le fond de la pièce : ce que fait le Georges de *l'Honneur et l'Argent* pour son père mort, le Lucien de *la Considération* le fait pour son père vivant; il désintéresse ses victimes et se résout à la pauvreté pour recouvrir un nom intact. Il est récompensé de son sacrifice par un beau mariage.

Il y a beaucoup de chiffres là-dedans, et la poésie a bien de la peine à se faire jour à travers les livres de caisse ; elle y parvient quelquefois cependant. Un général dit à deux amoureux :

......Ne vous dérangez pas !
Je connais la chanson que vous chantez là-bas ;
On l'apprend à seize ans, on l'oublie à soixante ;
Je ne la chante plus, mais j'aime qu'on la chante.

Ailleurs, M. Doucet raille spirituellement son spéculateur, après le remboursement opéré en secret par le fils :

...Vous avez conquis l'opinion ;
Vous allez concourir pour le prix Montyon...
A merveille ! Le monde est vertueux ; il aime
Les belles actions qu'il ne fait pas lui-même.
. . . .
D'ailleurs, c'est amusant, quand on est assez riche,
D'acheter des vertus qu'en public on affiche.
Si vous aviez payé jadis, tout bonnement,
Qui diable parlerait de vous en ce moment ?
Donc, il faut avoir pris un peu pour pouvoir rendre.

M. Camille Doucet, — personne n'en ignore, — a occupé pendant longtemps un emploi public. En 1853, il était nommé chef de la division des théâtres au ministère d'État ; en 1863, il passait, avec le même titre, au ministère de la maison de l'Empereur.

Auteur applaudi, fonctionnaire en vue et généralement aimé, il pouvait se dire un homme heureux. Quelque chose cependant manquait à son bonheur : l'Académie ! Après la mort de Scribe, on le vit traverser furtivement le pont des Arts et se diriger vers le palais de l'Institut. Sous la porte il se rencontra avec M. Autran. Les deux candidats furent favorablement accueillis par les Trente-Neuf, et peu s'en fallut que l'un ou l'autre ne fût élu de prime abord.

Cependant, ainsi que cela arrive souvent à l'Académie, ni M. Camille Doucet, ni M. Autran ne furent nommés ce jour-là. Ce fut M. Octave Feuillet qui mit les voix d'accord.

Mais ce n'était qu'un petit retard pour l'auteur de la *Considération*, qui, le 22 février 1866, venait prendre possession du fauteuil d'Alfred de Vigny.

Depuis sa réception, M. Camille Doucet n'a plus rien

produit, ou du moins il n'a plus rien publié. Une fois cependant, en 1869, il a rompu le silence et lu, dans une séance publique des cinq Académies, une sorte d'épître familière intitulée : *Mon Voyage*. En voici le début :

Je ne recherchais pas l'honneur que l'on m'impose ;
Le silence me plaît... pour beaucoup de raisons ;
Mais à notre programme il manquait quelque chose :
Les petits vers font bien après la grande prose,
    Et tout finit par des chansons.

Donc, vers la fin de juin, pour quatre ou cinq semaines,
J'allais partir ; j'allais voir les monts et les plaines,
Quand notre président me dit : « C'est votre tour...
Avant le quatorze août vous serez de retour.
Pour la réunion que ce jour-là ramène,
Faites-nous quelques vers, un poème, une scène,
Un conte, moins que rien... » La belle occasion
Que j'avais d'être absent ou de répondre : Non !
Mais l'échéance était si loin... En perspective
Rien ne semble devoir arriver ; — tout arrive.
A vous, chers auditeurs, je n'avais pas songé !
Je promis, je partis... vieil enfant en congé !

Dès la première nuit, dans l'express de Marseille,
Je me disais : « Faisons pour eux quelque merveille ;
Jusqu'aux plus hauts sommets essayant de monter,
Ma muse rajeunie aimerait à chanter.
Chantons !... » Le train s'arrête. O grandeur et ruine !
Nous étions à Mâcon... Mâcon de Lamartine !

C'est de la poésie en pantoufle, comme on voit. Le tour en est suranné jusqu'à faire croire au pastiche.

Après avoir payé son tribut de regrets à Lamartine, — Lamartine de Mâcon, pour parler son langage, — l'auteur se remet en route ; mais arrivé à Vienne, il se heurte à un autre souvenir, à une autre ombre, à Ponsard. Nouvel accès d'attendrissement.

..........Avouons que pour un honnête homme,
Qui dans un *coupé-lit* comptait faire un bon somme,
Et qui pour son plaisir prétendait voyager,
Ce début était peu propre à l'encourager !

Le soleil reparut, et pour les Pyrénées
Nous partîmes bientôt, à petites journées,
Heureux de contempler tout le long du chemin
Les chefs-d'œuvre éternels qu'y sema l'art romain.

Un beau jour, nous devions, en passant par Narbonne ;
Sur la foi de Nadaud, aller voir Carcassonne.
C'était le huit juillet, jeudi, jour d'Institut.
Mon cœur suivit sa pente et tourna vers ce but :
« A trois heures, pensai-je, ils seront en séance. »

L'évocation de Nadaud me semble un peu folâtre dans ce docte milieu.

De station en station, de rime en rime, M. Camille Doucet arrive à Béziers. Mais à Béziers, même aventure qu'à Vienne et à Mâcon. Le fantôme du père Viennet se dresse devant lui. M. Doucet est bon ; il s'arrête à pleurer sur Viennet, comme il s'est arrêté à pleurer sur Ponsard. Tout cela prend du temps.

Enfin, le voilà à Luchon ; il va se reposer, se réconforter ; déjà il a bu son premier verre de Ferras-Nouvelle... O douleur ! en entrant à l'hôtel, il trouve un télégramme qui lui dit : « Repartez pour Paris à l'instant ! »

A l'instant, je repars. Et ce charmant voyage
Qui, de tous les plaisirs nous offrant le mirage,
Promettait presque trop et ne tint pas assez.
Il est fini ! Mes vers... ne sont pas commencés !

Toute la belle humeur et tout l'esprit de M. Camille Doucet sont là. J'imagine que *Mon Voyage* eut un succès de lecture prodigieux, — à rendre jaloux M. Ernest Legouvé.

CHAPITRE XXXVI

Autre académicien. — Camille Rousset.

C'est un historien, et c'est surtout l'historien d'une époque. Il a trouvé une veine, il l'a suivie, il s'y est tenu. Il y a au ministère de la guerre la légende d'un modeste professeur du lycée Bonaparte qui, pendant longtemps, vint régulièrement s'asseoir dans les salles à peu près solitaires de la Bibliothèque; pendant plusieurs années il ne cessa de fouiller dans les archives du Dépôt. Il s'occupait d'une histoire de Louvois. C'était M. Camille Rousset. Tout le monde avait fini par s'intéresser à lui, depuis les employés jusqu'au ministre lui-même; tout le monde s'empressait pour lui faciliter ses recherches. Nous aimons, chez nous, les gens qui s'attellent résolûment à une tâche et qui la mènent à bout avec simplicité.

Il ne pouvait s'adresser en meilleur lieu pour écrire cette histoire; il ne pouvait même s'adresser que là. Fondé par Louvois lui-même, le Dépôt de la guerre avait reçu toute sa correspondance de 1661 à 1691, monument de haute franchise, libre exposé de sa conduite devant l'histoire. Sa vie est là jour par jour, heure par heure, pendant trente ans. Cette correspondance ne remplit guère moins de six cents volumes. M. Camille Rousset, qui est la personnification de la conscience, a dû étudier ces six cents volumes. Il ne s'en est pas plaint, d'ailleurs ; au contraire.

« Les années que j'ai passées là, a-t-il dit, sont certainement celles qui m'ont donné le plus de bonheur intellectuel et de jouissances parfaites. Nouer un commerce intime et de tête-à-tête avec les plus grands hommes d'un grand siècle ; tenir entre ses mains les lettres originales de Louis XIV, de Louvois, de Turenne, de Condé, de Vauban, de Luxembourg et de tant d'autres, dont l'écriture semble encore fraîche comme si elle était tracée d'hier ; démêler sans peine tous les secrets de la politique et de la guerre ; assister à la conception, à l'éclosion des événements ; surprendre l'histoire pour ainsi dire à l'état natif, quelle plus heureuse fortune et quelle plus grande joie ! Je vivais au sein même de la vérité ; j'en étais inondé, pénétré, enivré. »

A cette époque, comme je viens de le dire, M. Camille Rousset n'était encore qu'un professeur. Né à Paris le 15 février 1821, élève remarqué au concours général, il avait été tout de suite réclamé par l'Université. Théodose Burette lui avait servi de guide ; M. Mignet avait imposé les mains sur son jeune front. Il se trouva donc dirigé vers l'enseignement comme vers sa voie naturelle ; il y eut pour compagnon et pour ami un jeune homme mort prématurément, Hippolyte Rigault, qui a laissé une agréable trace littéraire au *Journal des Debats.*

On envoya pendant quelque temps M. Rousset à Grenoble ; puis il fut rappelé à Paris pour occuper la chaire d'histoire au lycée Bonaparte. Jusqu'alors l'écrivain ne s'était manifesté que par un petit *Précis de l'histoire de la Révolution et de l'Empire,* publié en 1849 (Chamerot et Amyot, libraires) et sur lequel il n'y a pas à s'arrêter. M. Camille Rousset y disait dans quelques lignes d'avant-propos : « Si ce travail, qui n'est pas fait, je le déclare humblement, pour affronter la difficile épreuve du monde, venait à franchir les limites de nos collèges, je m'en alarmerais sans aucun doute pour mon amour-propre d'écrivain, nullement pour ma conscience d'honnête homme... Je n'ai consulté d'autres lois que celle de la morale, supérieure à toutes les constitutions comme à toutes les passions politiques. »

Son second essai date de 1853 ; il est intitulé : *La grande Charte ou l'Établissement du régime constitutionnel en Angleterre* (Hachette et Cie.) Toujours timide, M. Camille Rousset y avait ajouté cette indication : « Ouvrage revu par M. Guizot. »

Mais nous touchons au moment où la volonté sérieuse allait le prendre d'employer ses facultés à une œuvre importante. Il avait jeté ses regards sur le règne de Louis XIV et, dans ce règne, sur la figure complexe de ce ministre actif, guerroyant, brutal, dur, rusé, habile, ambitieux pour deux, pour son maître et pour lui, et même pour trois, en comprenant la France ; homme de tempérament et homme d'étude ; nature richement douée, audacieuse et artificieuse, propre à l'entreprise et à l'organisation ; caractère d'une noblesse particulière, voyant loin plutôt que haut. En soumettant le long ministère de Louvois à un scrupuleux examen, M. Camille Rousset s'était aperçu de nombreuses lacunes dans la tradition officielle. De là son entrée en loge au Dépôt de la guerre ; de là cet ouvrage substantiel, plein de faits et de découvertes, indispensable désormais : *Histoire de Louvois et de son administration politique et littéraire.*

Les deux premiers volumes, qui conduisent le lecteur jusqu'à la paix de Nimègue, parurent en 1861 ; les deux autres, en 1863. Ces deux derniers volumes ne constituent pas la partie la moins curieuse de ce grand travail. « Louvois, dit M. Rousset, avait une façon d'entendre et de pratiquer la paix qui n'était véritablement qu'à lui. Il avait imaginé une sorte de paix rongeante et envahissante qui devait exclure les risques et les inconvénients de la guerre, pour ne laisser subsister que les avantages qu'elle aurait procurés : beaucoup de profit, sans effusion de sang et sans grosse dépense. »

Le succès de l'*Histoire de Louvois* fut rapide et est resté durable ; l'Académie française le consacra solennellement en maintenant pendant trois ans à son auteur le grand prix Gobert. L'État, à son tour, ne voulut pas se laisser distancer, et nomma M. Camille Rousset conservateur des archives de la guerre. C'était rentrer en seigneur dans un domaine où il avait été reçu jusqu'alors sur le pied d'un visiteur.

M. Rousset sut reconnaître ces distinctions en se remettant à l'œuvre. Il fit bientôt suivre son *Histoire de Louvois* de deux volumes intitulés : *Correspondance de Louis XV et du maréchal de Noailles*, avec une introduction. La même faveur accueillit cette seconde masse de documents inédits ; on remarqua le ton solide de l'introduction où, à propos de la Vérité, il constate que « si elle a fait descendre

Louis XIV de son Olympe, elle a aussi tiré Louis XV de ses bas-fonds. »

Trois ans après, c'est-à-dire en 1868, nouvelle publication : le *Comte de Gisors*, 1 volume. Il y a des pages émues dans cet ouvrage consacré à la mémoire du fils du maréchal de Belle-Isle, mort en pleine jeunesse et en pleine vertu. Sainte-Beuve, qui avait déjà écrit deux articles de ses *Nouveaux Lundis* sur Louvois (« son Louvois est un monument ! » avait-il dit), tailla derechef sa plume pour M. de Gisors. Sainte-Beuve aimait beaucoup la personne et le talent de M. Camille Rousset.

Signalons encore les *Volontaires*, recueil de recherches sur les volontaires nationaux, les réquisitionnaires, les levées de 1791 à 1794. « Il y a depuis tantôt quatre-vingts ans, — dit M. Camille Rousset dans sa préface, — une légende des Volontaires. Non seulement cette légende a faussé l'histoire, mais elle trouble encore aujourd'hui la question si importante et si débattue du système d'organisation militaire qui convient le mieux à la France. L'auteur a voulu, pour son propre compte, savoir exactement ce qu'il y a de vrai, ce qu'il y a de faux dans la légende... Deux fois, dans de précédents ouvrages, il a essayé de montrer comment se fait une bonne armée et comment elle se défait; par cette dernière enquête, il s'est affermi dans la conviction, fondée sur l'expérience, que rien ne vaut, que rien ne supplée, même pour la guerre défensive, une armée permanente et régulière. »

Ces travaux plus ou moins considérables, mais tous d'une incontestable utilité, n'avaient pas cessé d'attirer l'attention de l'Académie française. Elle songea à s'attacher définitivement M. Camille Rousset après la guerre et la Commune, aussitôt qu'elle put renouer la chaîne de ses traditions interrompues. Elle avait justement à combler une place laissée vide dans ses rangs par le suicide plus qu'imprévu de M. Prévost-Paradol, remontant déjà à l'été de 1870. L'opinion publique ratifia le choix qu'elle fit de M. Camille Rousset. Sa réception fut hâtée plus que de coutume : elle eut lieu le 2 mai 1872, M. d'Haussonville étant directeur.

Le discours de M. Rousset ne roula absolument que sur l'infortuné Prévost-Paradol, l'Eliacin des doctrinaires, le polémiste impatient du pouvoir, le prophète chagrin de la *France nouvelle.* Il apprécia comme il convenait ce talent brillant, vif, délié, spirituel, qui avait déjà beaucoup donné et de qui l'on attendait beaucoup encore. Ce fut un éloge, rien qu'un éloge, un regret dans une apologie. L'avenir n'aura peut-être pas des indulgences aussi étendues que M. Camille Rousset.

De lui-même, de ce qu'il avait voulu faire et de ce qu'il voulait faire encore, de sa façon particulière d'envisager l'histoire et de la traiter, M. Camille Rousset ne souffla pas un mot. Ce fut M. d'Haussonville qui se chargea de ce soin : historien lui-même, il eut pour le récipiendaire toutes les aménités auxquelles on devait s'attendre. « Je ne sais si je m'abuse, Monsieur, — lui dit-il, — et si l'amour des mêmes études me rend, à mon insu, partial à votre égard ; mais il me semble que, par une heureuse fortune, il vous a été donné d'exceller dans une branche de littérature qui a fait de nos jours d'incontestables progrès, et qui répond merveilleusement aux secrets penchants de notre société moderne. C'est en effet l'un des mérites de l'histoire qu'elle contribue puissamment à distraire, ne faudrait-il pas dire à consoler, les générations mécontentes de leur sort. »

L'*Histoire de Louvois* arrête longtemps M. d'Haussonville, qui ne lui marchande pas les compliments.

Il est vrai qu'après cet accès d'une bienveillance qui s'étend aux gouvernants d'alors, M. d'Haussonville se sent assailli par les souvenirs des dragonnades du Poitou et des incendies du Palatinat. Il ne peut s'empêcher de protester et même de conclure en termes inattendus et fort sévères : « Ce sont là de lourds souvenirs à porter devant la postérité. Aussi longtemps que la voix de la justice et de l'humanité trouvera de l'écho dans le cœur de l'homme, ils pèseront cruellement sur la mémoire de Louis XIV et de Louvois. C'est pourquoi les esprits convaincus qui voudraient persuader à la France moderne de renouer le fil tant de fois coupé de ses anciennes traditions agiront sagement *en laissant exprès dans l'ombre ces deux personnages*, que vos écrits ne contribueront pas à rendre plus populaires, justement parce qu'ils les font mieux connaître. »

N'avais-je pas raison de dire qu'il y avait un accent étrange dans cette conclusion ? Inviter certains partis à laisser dans l'ombre Louis XIV et Louvois, cela est assurément fort bien, mais cela ne manque pas d'étonner sur le moment...

Depuis son entrée dans la docte assemblée, M. Camille Rousset est devenu, comme on l'espérait, un de ses membres les plus assidus, car l'Académie française a des occupations intérieures qui exigent un zèle tout spécial. En même temps, nous savons de source certaine qu'il continue ses travaux, dont l'ensemble, — aujourd'hui démasqué, — embrassera un historique complet de nos institutions militaires depuis deux siècles.

Attendons-nous donc encore à des matériaux précieux. Les matériaux ! Ah ! c'est la passion souveraine de M. Camille Rousset : il ne saurait trop y en avoir pour lui ; il en cherche et il en trouve constamment. Quelquefois même on sent qu'il en est comme étouffé ; l'air lui manque au milieu de ses trésors. Aussi arrive-t-il que l'historien s'efface devant le classificateur. La conscience a parfois son danger ; elle rétrécit le point de vue, elle diminue la personnalité ; elle supprime insensiblement les éclaircies, les échappées sur la vie intime, les portraits développés, tout ce qui est le charme du récit ; elle regarde comme temps perdu tout ce qui n'est pas la marche des faits ; elle se fait sèche et sévère par un sentiment outré de sa mission. Cela est pour arriver à confesser qu'il y a dans les ouvrages de M. Camille Rousset quelques parties à l'état d'écorché ; on se prend à souhaiter un peu plus de chair sur cette admirable anatomie. Rien ne lui serait facile comme d'en mettre, car c'est un écrivain de race qui a renoncé volontairement, dans l'intérêt de son système, à quelques-unes des conquêtes de la moderne école historique.

CHAPITRE XXXVII

Les fous de mon temps.

« La folie est la mort avec des veines chaudes, » a dit un auteur, et cette définition est encore celle qui satisfait le mieux, quoiqu'on ne puisse l'admettre comme absolue.

Il y a la folie consciente et la folie inconsciente, celle dont on souffre et celle dont on ne souffre pas. Il y a des fous qui engraissent.

Le premier fou qu'il m'a été donné de voir était un fou *officiel*, pensionnaire de la Société des gens de lettres ; c'était Eugène Briffault, un homme d'esprit, qui avait eu une jolie plume, mais qui avait un plus grand verre. On l'avait mis dans la maison de Charenton, que j'eus un jour la curiosité de visiter, et dont le directeur Barroux m'était très connu. Briffault était dans la classe des fous tranquilles, trop tranquilles, — on dirait des *gagas* aujourd'hui. Il ne soufflait mot et demeurait le regard fixe, insignifiant, assis dans une chaise, les pieds remontés sur les barreaux.

— Un des plus brillants viveurs de son époque! me dit le directeur.

Personne n'a moins ressemblé aux autres fous que Gérard de Nerval, et l'on est forcé de s'arrêter devant cette physionomie si sympathique et si charmante. Il était devenu fou tout naturellement, en lisant, en voyageant, en aimant. Il faut dire aussi que les livres qu'il lisait étaient des livres de cabale et d'astrologie, que l'Égypte était le but préféré de ses voyages et que la femme pour laquelle il avait brûlé le plus (car aimer était trop peu pour lui) était une comédienne.

Ainsi loti, Gérard de Nerval avait beaucoup de chances pour exécuter un plongeon dans les espaces imaginaires. Il en exécuta plusieurs, revint du premier et du second, se cramponna, lutta, — tellement qu'il finit par prendre goût à cette lutte et par se mettre tout bonnement à exploiter littéralement sa folie.

La mort, — cette mort tragique que je n'ai jamais pu admettre comme le résultat d'un suicide, — la mort le surprit à cette occupation inouïe. Il avait vendu ses sensations à la *Revue de Paris*, et, le lendemain de son enterrement, on pouvait lire des confidences du genre de celles-ci, notées par lui heure par heure :

« J'ai été souper cette nuit dans un café du boulevard, et je me suis amusé à jeter en l'air des pièces d'or et d'argent... Ensuite, j'allai à la halle et je me disputai avec un inconnu, à qui je donnai un rude soufflet ; je ne sais comment cela n'eut aucune suite. A une certaine heure, entendant sonner l'horloge de

Saint-Eustache, je me pris à penser aux luttes des Bourguignons et des Armagnacs, et je croyais voir s'élever autour de moi les fantômes des combattants de cette époque... Je me pris de querelle avec un facteur qui portait sur sa poitrine une plaque d'argent, et que je disais être le duc Jean de Bourgogne. »

La folie de Gérard de Nerval est surtout une folie érudite. Mais, à force de conscience, ses divagations finissent par emprunter un caractère de puérilité.

« Dans la rue du Coq, j'achetai un chapeau, et, pendant que Georges recevait la monnaie de la pièce d'or que j'avais jetée sur le comptoir, je continuai ma route et j'arrivai aux galeries du Palais-Royal. Là, il me sembla que tout le monde me regardait. J'entrai au café de Foy, et je crus reconnaître dans un des habitués le père Bertin, des *Débats*. Ensuite, je traversai le jardin et je pris quelque intérêt à voir les rondes des petites filles.

» De là, je sortis des galeries, et je me dirigeai vers la rue Saint-Honoré. J'entrai dans une boutique pour acheter un cigare, et, quand je sortis, la foule était si compacte que je faillis être étouffé. Trois de mes amis me dégagèrent en répondant de moi et me firent monter dans un fiacre. *On me conduisit à l'hospice de la Charité.*

Baudelaire doit-il être classé parmi les fous ? Son cas était particulier, du moins : la paralysie avait déterminé chez lui non pas la perte de la parole, mais la perte de la faculté de s'exprimer. En d'autres termes, il avait perdu son dictionnaire. Il ne lui restait plus que le cri, ou plutôt un seul mot, une exclamation vulgaire, — *cré nom !* — qui lui servait à tout rendre. Les yeux avaient gardé une certaine partie de leur éclat et de leur intelligence, mais il ne fallait pas trop y croire.

Armand Barthet, du même âge environ que Baudelaire, le suivit de peu d'années dans le gouffre. Il avait toujours été bruyant, remuant, piaillant comme un moineau, — son *Moineau de Lesbie*. Au demeurant, le meilleur garçon du monde. D'où vient que sa folie prit tout à coup un caractère homicide des plus étranges, et qu'il tourna un jour contre lui-même le rasoir du chanoine Fulbert ? — Oh ! Barthet, à quoi pensiez-vous en ce moment ? Et comme cette façon d'accélérer votre trépas vous ressemblait peu !

J'ai encore approché d'autres fous qui tenaient une plume et auxquels la plume a glissé des doigts :

Théodore Pelloquet, qui, parti de la place Pigalle, est allé échouer à l'hospice Saint-Pons, aux portes de Nice ;

Jean du Boys, qui a fait jouer une grande comédie en cinq actes et en vers au Théâtre-Français, la *Volonté*, et à qui sa volonté à lui a insensiblement échappé, — bon petit homme, gentil, inoffensif...

De tous les fous de lettres, celui qui a le plus dérouté la science et qui, jusqu'à un certain point, a montré le tableau le plus rassurant, c'est le poète Antoni Deschamps, qui a vécu relativement très vieux, et qui est mort il y a quelques années, sinon guéri, du moins apaisé. Il avait commencé pourtant par la douleur aiguë et criante, et, comme Gérard de Nerval, qu'il précédait, il s'était mis à chercher dans l'analyse de son mal un soulagement intermittent. Les journaux et les revues retentissaient de ses plaintes poétiques :

Depuis longtemps je suis entre deux ennemis :
L'un s'appelle la Mort et l'autre la Folie.
L'un m'a pris ma raison, l'autre prendra ma vie ;
Et moi, sans murmurer, je suis calme et soumis.

Il s'était réfugié chez le docteur Blanche, qui l'avait pris en affection, et où il demeura jusqu'à sa dernière heure.

Or, maintenant je vis avec des insensés ;
A les étudier mes jours se sont passés,
Et je ne me plains pas du sort qui me menace,
Car je puis sans rougir les regarder en face :
Ils ne comprennent pas que je suis l'un d'entre eux,
Et *puisque je le sais* un des plus malheureux !
. . . .
Et quand j'ai retourné ma plaie en tous les sens,
Quand j'ai prié, poussé de funèbres accents,
Je compte jusqu'à mille et puis je recommence,
De peur que la raison ne cède à la démence.
Voilà ce que je fais alors que je suis seul.

Cela fait passer un frisson dans le dos.

J'en prends encore de toute main et dans toutes les conditions :

Le riche député Didier, qui sortit un matin de chez lui en costume de mahométan pour s'en aller sonner à la porte du ministre ;

Madame O'Connel, ce peintre du premier ordre battant de son front les grilles d'un cabanon dont la direction des beaux-arts se refuse à payer la dépense ;

Et Montpayroux, dont la tête éclata sous les projets, les chiffres, les combinaisons financières !

J'ai gardé les comédiens pour la fin.

Ils sont nombreux ceux qui ont été touchés de l'impitoyable marotte. Leur défilé commence à Potier, tombé en enfance ; puis se continue avec Monrose père, qui accomplit le tour de force prodigieux de jouer le rôle de Figaro entre deux douches, épié de la coulisse par le docteur Blanche. — Oh! ce jour-là fut en effet la *Folle journée!*

Sans quitter le Théâtre-Français, j'aperçois Guyon, le beau Guyon, qui fut un des trois vieillards héroïques des *Burgraves* et dont Victor Hugo écrivait : « Quand il apparaît au seuil du donjon avec sa belle et noble tête, son habit de fer et sa grande peau de loup sur les épaules, on croirait voir sortir de l'église de Fribourg-en-Brisgau le vieux Berthold de Zœhringen, ou de la collégiale de Francfort le formidable Gunther de Schwarzbourg. » Hélas! Il a suffi d'un souffle, du premier vent venu pour renverser le géant Guyon.

C'est ordinairement par le manque de mémoire que la folie se fait jour chez les comédiens. Un beau soir, ils ouvrent la bouche, ils s'apprêtent à réciter leur rôle... et ils restent cois. Ils s'obstinent, ils veulent recommencer; ils butent encore au même endroit. Ainsi est-il arrivé pour Berton père, à l'Odéon. — A la maison de santé, Berton père!

A la maison de santé, Desrieux, cet artiste aux manières si distinguées, cet homme d'une si bonne éducation!

A la maison de santé, Albert, de la Gaîté! A la maison de santé, Lhérie et Camille Michel! A la maison de santé Romanville, de l'Odéon! A la maison de santé, Lacourière, du Palais-Royal! A la maison de santé, André Hoffmann, le joyeux colosse! A la maison de santé Lassagne, le roi des pitres! A la maison de santé, tous ces cerveaux fragiles et fêlés, et usés!

Quand s'arrêtera cette ronde macabre, la plus macabre de toutes les rondes ?

CHAPITRE XXXVIII

Suite du précédent.

Quelques jours après la publication de ces lignes dans un journal, je recevais la lettre suivante :

« Monsieur,

» Permettez-moi quelques mots au sujet de votre article sur *les Fous.*

« Cette mort tragique, dites-vous à propos de Gérard de Nerval, *que je n'ai jamais pu admettre comme le résultat d'un suicide...* »

» Beaucoup de personnes avec qui l'on en parle sont très affirmatives sur le suicide et ne semblent même pas tolérer le doute. Qu'en savent-elles pourtant ?

» Les paroles de votre récent article ont donc quelque chose de frappant, quelque chose sans doute aussi de très plausible.

» J'ai notablement connu et pratiqué Antoni Deschamps ; et quant à Gérard, je me trouve avoir causé quelque peu avec lui quand il était enfermé à Montmartre. On ne l'oubliait plus, ni ses grâces d'écureuil en cage.

» J'étais en Belgique quand arriva la lugubre aventure qui mit fin aux jours de ce galant homme et de ce gentil poète. Je ne pouvais pas ne pas en être affligé et stupéfié.

» Depuis lors, j'ai causé de Gérard avec un de mes amis d'enfance, employé à la mairie Saint-Sulpice. La conviction de ce garçon, à qui on pouvait légitimement se fier, semblait nette. Selon certaines assurances, certaines révélations qu'il tenait de bon lieu, Gérard aurait été assassiné par des escarpes auxquels il se mêlait pour les analyser et les peindre.

» J'ai donc tressailli, Monsieur, en lisant votre phrase intuitive, sage probablement, et qui semble une nouvelle traînée de feu, un nouvel appel à ce qu'il y a de douloureux dans les consciences fidèles et perplexes. J'ai tressailli, et cela menait à ne pouvoir me taire. C'est une façon d'honorer nos morts que d'approcher pieusement le flambeau, de vouloir bien comprendre et bien savoir la dernière lutte d'un être de choix.

» Agréez, je vous prie, l'assurance, etc. etc.

» Ch. Fournier. »

Puisque je suis mis en demeure de m'expliquer, je vais dire sans ambages ce que je sais et ce que je crois.

Un matin d'hiver, au petit jour, Gérard de Nerval fut trouvé pendu à la grille d'un égout de la rue de la Vieille-Lanterne.

La rue de la Vieille-Lanterne était une des ruelles les plus horribles de l'ancien Paris; elle roulait son ruisseau fangeux sur l'emplacement où est située aujourd'hui la rue Adolphe Adam, derrière le théâtre des Nations.

Gérard s'était-il pendu ? ou avait-il été pendu ?

Il avait été pendu, — j'oserais l'affirmer.

Voici pour les preuves matérielles :

La strangulation avait eu lieu non pas à l'aide de sa cravate, mais avec un cordon de tablier de femme.

Que venait faire là ce cordon, et comment en justifier la possession entre les mains de Gérard de Nerval ?

Un commencement d'enquête, qui a été presque aussitôt abandonné (pourquoi ?), l'explique autrement.

Il y avait dans la rue de la Vieille-Lanterne, de l'autre côté et non loin de cette grille fatale, une maison mal famée, tranchons le mot, un bouge.

L'enquête a constaté qu'à un moment donné de la nuit Gérard était entré dans ce bouge.

J'ai déjà exprimé mon sentiment sur les pérégrinations nocturnes de Gérard de Nerval. « Il entrait beaucoup plus de littérature que d'autre chose dans cet amour du cabaret et des mœurs des halles. C'était l'influence d'Hoffmann, le ressouvenir des Porcherons, la lecture de Rétif de la Bretonne. Comme tous les promoteurs de la renaissance de 1830, Gérard voyait avec les yeux des peintres ; il aimait les intérieurs populaires pour leurs couleurs étranges et leur énergique harmonie. C'était un petit-fils de Jean Steen. »

A cette époque, il travaillait précisément à ses *Nuits d'octobre*, qui sont un résumé de ses excursions passé minuit à travers les tavernes parisiennes, — excursions entreprises, la plupart du temps, tantôt avec son ami Eugène de Stadler, tantôt avec Auguste de Chatillon.

Hélas ! pourquoi le hasard voulut-il que Chatillon ne se trouvât pas avec lui cette nuit-là ! « Soutiens-moi, Chatillon ! »

Ce qui se passa dans ce bouge, nul n'en a jamais rien appris.

Les hôtes de céans, interrogés, hommes et femmes, prétendent n'avoir pas ouvert à Gérard ; mais il y a contradiction sur ce point. Des rumeurs du quartier laissent croire qu'il a été accueilli, mais très mal reçu ; ses discours incohérents auraient excité la méfiance, et il aurait été jeté dehors...

Pourquoi n'aurait-il pas été, en même temps, dévalisé ?

Il a été trouvé vêtu d'un simple habit, — par une nuit d'hiver ! et des plus froides !

Si grande que fût sa distraction, l'eût-il poussée au point de s'aventurer dans les rues sans paletot ?

Et puis enfin, ce cordon, ce cordon de tablier serré autour de son cou !

Pourquoi Gérard de Nerval se serait-il pendu ?

Il était fou, c'est vrai, mais il tenait énormément à la vie, comme beaucoup de fous. Il s'y était arrangé des petits coins, des petites habitudes, des petits voyages, des petits plaisirs.

Et puis, comme je l'ai dit, il avait mis sa folie « en coupe réglée » ; il en faisait des articles très agréables, comme ses *Juvenilia*.

L'argent ne lui manquait pas ; il en avait autant qu'il en demandait à la *Revue de Paris*. *L'Illustration* lui devait une centaine de francs au jour de sa mort.

La mort ! Mais c'était son épouvantail ; il ne fallait pas lui en parler ; il en avait horreur, à cause de la mise en scène.

Se pendre ? lui, jamais !

Non, Gérard de Nerval ne s'est pas pendu ! Il l'a été. C'était l'opinion de Georges Bell, de Roger de Beauvoir, — qui a continué l'enquête pendant quelques jours, puis qui l'a abandonnée (Roger de Beauvoir pouvait-il poursuivre sérieusement une idée?).

Quant à moi, qui manquais de l'autorité nécessaire, je m'en suis tenu à ma conviction. A quoi cela m'aurait-il servi de faire envoyer au bagne les escarpes dont parle M. Ch. Fournier ? Mon pauvre ami était mort ; je l'ai pleuré, je le pleure encore ; voilà tout.

CHAPITRE XXXIX

Le dossier de Gérard de Nerval.

Encore lui ! La question de savoir après vingt-cinq ans si Gérard s'était suicidé ou avait été assassiné a soulevé un mouvement de publicité et un redoublement de sympathie pour l'homme et pour l'écrivain, — sympathie qui s'est manifestée par une polémique abondante et passionnée.

Nadar, qui m'a écrit une longue lettre de réfutation dans le *Temps,* tient pour le suicide, le suicide quand même. Il est le seul dans l'esprit duquel ne soit pas glissé le moindre doute.

Après Nadar, d'autres lettres me sont parvenues apportant toutes un indice, un renseignement. En voici une de madame Person, qui fut une comédienne de mérite et qui a joué avec succès dans les grands drames d'Alexandre Dumas. Madame Person (la sœur de Dumaine), retirée du théâtre, habitait à Villeneuve-le-Roi, par Ablon.

« La veille de sa mort, Gérard de Nerval, sorti depuis quelques jours de la maison de santé du docteur Blanche, était venu dîner chez moi et m'avait lu plusieurs scènes du *Fils nocturne*, que venait de recevoir l'Ambigu et où il me destinait un rôle. Il était accompagné de M. Georges Bell.

» Il paraissait plus gai que les jours précédents ; son éditeur des *Filles du feu* lui avait remis quelque argent... Gérard et son ami me quittèrent fort tard.

» Le lendemain matin, M. Georges Bell arrive, tout ému, m'apprendre la mort de Gérard. Nous sautons dans une voiture, et nous nous rendons à la Morgue, où on avait transporté son cadavre. Nous trouvons là plusieurs de nos amis, parmi lesquels Théophile Gautier et Alexandre Dumas père. On nous fit voir la corde avec laquelle il se serait pendu ; c'était un vieux cordon de tablier de cuisine...

» Quant à l'enquête, elle a été faite avec la plus grande mollesse. Tous nous sommes restés convaincus que notre pauvre ami était mort assassiné.

» Béatrix Person. »

Le témoignage de madame Person est précieux, mais il est combattu sur plusieurs points par quelques personnes, principalement par M. Édouard Gorges, collaborateur de Gérard de Nerval pour le *Marquis de Fayolle*. M. Édouard Gorges prétend avoir quitté Gérard, la veille de sa mort, vers neuf heures du soir.

A ce même instant, Gérard était rencontré dans le Palais-Royal par M. Lesage et M. Deloris, pensionnaires de la Comédie-Française (qui remarquèrent qu'il avait un paletot).

Il n'était donc pas parti de chez madame Person aussi tard qu'elle croit se le rappeler.

Le soir de ce même jour, on le retrouve encore à la sortie de l'Odéon, en compagnie de Privat d'Anglemont et d'une autre personne. On entre un moment au Café belge, puis chez le boulanger Cretaine, rue Dauphine, où chacun mange deux petits pains. Gérard de Nerval a de l'argent, il paye la consommation. Privat propose d'aller au restaurant Baratte, à la Halle, Gérard refuse et s'éloigne seul, selon sa coutume.

Ici commence le mystère ; ici se forme le drame.

. . . .

Et, le surlendemain, Alexandre Dumas écrivait dans son journal *le Mousquetaire :*

« C'est là que, vendredi matin, à sept heures trois minutes, on a trouvé le corps de Gérard encore chaud et ayant son chapeau sur la tête.

» L'agonie a été douce, puisque le chapeau n'est pas tombé.

» A moins toutefois que ce que nous croyons un acte de folie ne soit un crime, que ce prétendu suicide ne soit un véritable assassinat.

» Ce lacet blanc qui semble arraché à un tablier de femme est étrange.

» Ce chapeau que les tressaillements de l'agonie ne font pas tomber de la tête de l'agonisant est plus étrange encore.

» Le commissaire, M. Blanchet, est un homme d'une grande intelligence, et nous sommes sûr que d'ici à quelques jours il pourra répondre à notre question. »

Vous le voyez, le soupçon naît et se forme dès le premier jour. Dès le premier jour, le mot de justice est prononcé.

Mais, hélas ! M. Blanchet n'aboutit pas, ne répond à rien et à personne, pas même à Alexandre Dumas, — et l'enquête s'en va à l'eau.

M. Henri Cherrier, notaire, rue Jean-Jacques Rousseau, me communique à ce sujet une note manuscrite de son père, ainsi conçue :

« Au mois d'avril 1855, je causais avec un ouvrier peintre occupé à peindre les façades de ma maison. Nous parlions de ces affreux quartiers qui avoisinent l'hôtel de ville, et qu'heureusement on est en train de faire disparaître. Cet homme me parlait de la rue de la Vieille-Lanterne et m'apprit que c'était lui-même qui avait dépendu le malheureux Gérard, aidé d'un sergent de ville. Le corps était encore chaud. On courut chez le commissaire de police, qui ne voulut pas se déranger ; chez un médecin, qui ne vint qu'une heure après... »

Ce commissaire de police était-il le même que M. Blanchet, « l'homme d'une grande intelligence ? » Je ne m'étonne plus qu'il n'ait rien découvert.

Encore quelques notes cueillies çà et là dans les livres relatifs à cette tragique aventure :

« Était-il arrivé à ce triste lieu par hasard ? L'avait-il cherché ? La maîtresse d'un logis à la nuit, situé dans la rue, aurait dit, prétend-on, qu'elle avait entendu frapper à sa porte vers les trois heures du matin, et, quoique tous ses lits fussent occupés, qu'elle avait eu comme un regret de n'avoir pas ouvert. Était-ce vrai ? était-ce lui ? »

(CHAMPFLEURY. *Grandes figures d'hier et d'aujourd'hui :* Balzac, Gérard de Nerval, etc. Paris, 1861.)

« C'était là, pendu avec un cordon de tablier dont les deux bouts se rejoignaient sur sa poitrine, et les pieds presque touchant terre, qu'un des hôtes du garni, en sortant pour se rendre au travail, l'avait trouvé, lui, l'amant de la reine de Saba! C'était à n'y pas croire, et cependant cela était ainsi : Gérard de Nerval s'était pendu, *ou on l'avait pendu.* »

(ALFRED DELVAU. *Gérard de Nerval*, sa vie et ses œuvres. Paris, 1865.)

Partout le même doute! Partout la même incertitude!

Mais, selon moi, le plus de probabilités est pour le meurtre.

Je sais bien que Gérard de Nerval était fou, mais c'était un fou d'une espèce particulière, raisonnante. Il avait l'horreur de la mort, je ne saurais trop y insister; il l'avait toujours eue. Par contre, il s'était fait un cercle de petits bonheurs, de petits voyages, de petites promenades, qui lui suffisaient depuis son retour d'Orient.

Pourquoi se serait-il tué? Nadar croit en trouver la raison dans un sentiment tout à coup développé de sa dignité. Singulière manière d'affirmer sa dignité que de la cracher avec sa vie dans une bouche d'égout! Et du moment que nous reconnaissons en lui un esprit et un cœur tout faits de délicatesse, n'aurait-il pas craint d'affliger jusqu'à l'épouvante ses nombreux camarades?

N'est-il pas plus sensé d'admettre qu'entré dans un bouge, et déjà sous l'empire de ses hallucinations, Gérard aura été l'objet d'une chétive convoitise et d'un coup de main facile? Que devait peser le doux rêveur sous l'étreinte d'un malfaiteur? A demi étourdi, il aura été transporté et accroché à la grille voisine. Le premier cordon venu (j'admets même qu'il ait été pris dans sa poche) aura fait l'affaire. On lui aura remis son chapeau sur la tête et on l'aura laissé là, où le froid l'aura suffoqué bientôt. De là, cette absence de souffrance sur les traits.

J'aime mieux cette version pour la mémoire de l'être vagabond et aimant.

CHAPITRE XL

A travers l'Opéra.

Dans l'œuvre considérable du peintre Paul Baudry, à l'Opéra, il y a un assez grand nombre de portraits intimes, en dehors des portraits de célébrités. Ce sont pour la plupart des amis ayant posé des personnages allégoriques; ce sont surtout des enfants, — comme dans les charmants dessus de porte en médaillons où de petits génies ailés sont représentés tenant des instruments de musique.

On m'en a nommé quelques-uns, au courant du pince-nez.

Médaillon de la Perse : l'enfant symphoniste est Christian Garnier, le fils de l'architecte; la fillette qui s'appuie sur un nuage est mademoiselle Claire du Locle.

Médaillon de la Grèce : l'enfant à la double flûte est le jeune Delbecque; celui qui s'accoude sur une lyre, mademoiselle Aimée About.

Médaillon des Barbares : le porte-triangle est la petite fillette de l'architecte Sédille.

Médaillon de l'Italie : le génie au cartouche est le portrait de mademoiselle Suzon du Locle.

Médaillon de la France : l'enfant qui bat du tambour est le jeune Tony Fouret, petit-fils de l'éditeur Hachette.

Médaillon de l'Espagne : le joueur de mandoline est le fils de M. Robert, conducteur des travaux de l'Opéra.

En traversant le foyer de la danse, ce triolet anonyme me revient à la mémoire :

> C'en est fait du corps de ballet,
> Avec l'impôt des allumettes.
> Tremblez, sauteuses maigrelettes !
> C'en est fait du corps de ballet.
> X... X..., sylphe fluet,
> Cours faire assurer tes baguettes.
> C'en est fait du corps de ballet,
> Avec l'impôt des allumettes !

Ce n'est pas par une galanterie exagérée que brille ce triolet.

Heureusement que, dans ces derniers temps, il s'est rencontré un « abonné » mieux inspiré (M. Félix Cohen) qui a entrepris de venger ces dames et qui a mis l'Opéra en quatrains.

Voici le quatrain consacré à mademoiselle A. Parent :

Moins grande que sa sœur, et pourtant moins légère ;
Petite, mais bien prise, et pouvant au besoin
Répondre avec Musset : « On prétend que ma mère
Voulut me faire ainsi pour me faire avec soin. »

Voici le quatrain qui vise mademoiselle Robert :

Cette fossette impénétrable,
Où viennent expirer les soupirs des galants ;
Ce vif éclat de rire, armé de blanches dents,
Je sais qui vous les a donnés, Robert : le Diable !

Le quatrain de mademoiselle Monchanin :

Un jour, Hébé, dit-on, à la table des dieux,
Eut avec Ganymède une scène orageuse ;
Jupin fit un exemple et l'exila des cieux :
En passant sur la terre elle se fit danseuse.

Le quatrain de mademoiselle Ribet :

De la chaste Suzanne affrontant l'aventure,
Tu peux sortir des eaux entre les deux vieillards.
Pour te rendre invisible aux profanes regards,
Que faut-il ? Dénouer ta brune chevelure.

Honneur à ce digne *abonné !*

L'histoire des directeurs qui se sont succédé à l'Opéra est amusante à feuilleter comme un autre roman comique — et galant.

Si le premier qui fut roi « fut un soldat heureux », le premier qui fut directeur de l'Opéra fut un aimable abbé. Tous les privilèges allaient aux abbés dans ce temps ; — il est vrai que c'étaient les cardinaux qui les donnaient. Celui-ci s'appelait l'abbé Perrin, un nom prédestiné.

Le second fut ce fantoche de Lulli qui cabriolait et crevait des contre-basses pour divertir le Grand Roi.

Un autre s'appelait Gruer... Mais ce Gruer mérite une mention toute spéciale. C'était un homme riche et bien vivant qui comprenait l'administration d'une manière originale. Par exemple, il se plaisait infiniment à dîner avec son personnel féminin. Jusque-là, rien d'absolument répréhensible; mais, un jour, il paraît que la plaisanterie fut poussée un peu loin.

C'était le 15 juin 1731, à deux heures de l'après-midi. La sévère histoire a conservé la date et l'heure. Gruer (un nom macaronique s'il en fut) était à table, entouré d'un essaim de danseuses et de plusieurs seigneurs de la cour. Tout à coup, au milieu des éclats de rire et des détonations du vin de Champagne, le directeur de l'Opéra se leva et fit à ses pensionnaires la plus extraordinaire et la plus scandaleuse des propositions. Elles en rirent à gorge déployée; il y avait là mesdemoiselles Camargo, Pélissier, Petitpas, qui toutes cédèrent, avec plus ou moins de façons, au vœu de leur directeur.

« La fête, — raconte Castil-Blaze, — se termina par une ronde échevelée, où les exécutants avaient d'autant plus de liberté dans leurs mouvements qu'ils ne craignaient en aucune façon de chiffonner leurs costumes. »

Le lendemain, Gruer était révoqué.

Parmi ses successeurs, Francœur et Rebel sont ceux qui se sont maintenus le plus longtemps et dont les noms reviennent le plus fréquemment dans les écrits du dix-huitième siècle. Lorsqu'un gros financier voulait s'assurer les bonnes grâce d'une *demoiselle de l'Opéra*, il ne manquait jamais de faire briller à ses yeux un engagement de Francœur.

Sous le premier Empire, l'Opéra fut administré par le bonhomme Picard, — et, sous la Restauration, par M. Papillon de la Ferté. Papillon de la Ferté ! quel plus gracieux accord de syllabes ! S'appeler Papillon de la Ferté et mourir... dans le sein d'une rose !

Puis vinrent Habeneck, Lubbert, le docteur Véron. Arrêtons-nous un instant à celui-ci. C'est le plus étonnant assurément. Il a laissé de sa direction à l'Opéra un récit qui est un monument d'ingénuité cynique ! Rien de drôle comme ses relations avec ses sujets du chant et de la danse.

« Je m'aperçois qu'une jeune figurante se trouvait dans une position intéressante. Je l'engageai à suspendre son service, et je lui dis : « Quel est donc le père de cet enfant ? » Cette pauvre fille me répondit naïvement : « *C'est des messieurs que vous ne connaissez pas.* »

Quelques lignes plus loin, le docteur ajoute comme correctif : « *Sous ma direction*, j'ai toujours vu les jeunes gens ou les vieillards qui forment la clientèle du corps de ballet se montrer généreux envers celles *dont ils avaient obtenu la défaite.* »

Obtenu la défaite ! Joseph Prud'homme ne s'exprimerait pas autrement.

Une autre fois, c'est le vieux Vestris, répétiteur de la danse, qui, *lui supposant du goût pour une de ses élèves*, accourt discrètement, les pieds en dehors, la pochette à la main, et lui dit à l'oreille : « *Elle est là sans sa mère !* »

Les révélations qu'on doit à M. Véron sur les habitués des coulisses de l'Opéra sont du dernier croustillant.

Témoin ce tableau... de genre :

« Les uns sont les amis de toutes ces dames, les embrassent toutes en père de famille ou en frère ; de là, des groupes assez pittoresques et *assez osés.* Là, un monsieur tient par la taille deux figurantes, une sous chaque bras ; plus loin, un autre en a une sur chaque genou. *Honni soit qui mal y pense !* Ces *bons papas* du corps de ballet comblent ces demoiselles de bonbons et de petits présents, et payent souvent leurs leçons particulières. »

Le docteur Véron trouve cela tout naturel ; pour un rien, il bénirait ces groupes.

Ce n'est pas tout. Son indiscrétion ne respecte même pas les hommes politiques.

« En France, dit-il, la plupart de nos hommes d'État montrent, quel que soit leur âge, un certain goût pour la galanterie. *On désire surtout être ministre* pour éblouir la vanité et le cœur des femmes, et même pour enlever d'assaut des bonnes fortunes de coulisses. Le secrétaire de la commission de l'Opéra, mon ami Cavé, fut plus d'une fois chargé par des ministres d'organiser secrètement, en bon camarade, à huis clos, *des parties fines avec quelques beautés en renom de la danse ou du chant.* »

Eh bien ! l'ami Cavé faisait là un joli métier, je lui en adresse mon compliment.

CHAPITRE XLI

Hector Berlioz.

La réaction qui se produit actuellement en faveur d'Hector Berlioz n'a rien qui m'étonne. Toutes les réactions sont prévues, et celle-ci devait avoir son heure. J'en suis content jusqu'à un certain point.

Il s'agit d'un musicien que l'on qualifie généralement d'original, et que je suis plus particulièrement tenté de qualifier de romantique. Il y a une nuance. Par son âge, par son éducation, par ses attaches, Hector Berlioz appartient corps et âme au mouvement littéraire de 1830. Il a son *pareil* en peinture dans Eugène Delacroix. Orageux, fiévreux, coloriste jusqu'à l'outrance, il a cherché, comme Delacroix, ses motifs d'inspiration dans les chefs-d'œuvre étrangers, dans Shakspeare, dans Goëthe, dans lord Byron.

Berlioz composa sa cantate de *Sardanapale* pendant qu'Eugène Delacroix écrasait sur sa toile les métaux embrasés et les esclaves nues qu'il faisait servir à la mort du roi assyrien ; — il écrivait la *Damnation de Faust* en s'inspirant des magnifiques pierres qu'Eugène Delacroix déchirait de son crayon furieux, et qui sont restées le premier et le dernier mot de la lithographie française ; — il arrachait aux sylphes de *Roméo et Juliette* les mélodies diaphanes qui escortent le char de la reine Mab ; — il demandait à Byron le secret mélancolique de sa *Marche funèbre d'Harold*.

C'était un lettré autant qu'un musicien ; c'était un peintre autant qu'un lettré. Il avait au plus haut degré l'intuition des arts latéraux, — et je crois que, pour un rien, le succès aidant, il aurait lâché la musique.

Ce que je dis semble énorme au premier aspect, et rien n'est plus vrai cependant. Il l'a démontré, dès ses premiers pas dans la carrière, en acceptant les fonctions de critique musical dans le *Journal des Debats*, fonctions qu'il a occupées pendant de si longues années, — au grand scandale de ses confrères et de ses contemporains.

J'ai dit : au grand scandale. C'est là que je voulais en venir. Je sais que je vais remonter un courant, mais cela ne me déplaît pas. Peut-être ne suis-je pas suffisamment autorisé pour asseoir un jugement sur le génie musical d'Hector Berlioz. C'est possible. Je tiens cependant à constater mon admiration sans réserve pour quelques-unes de ses compositions, — admiration qui a devancé de beaucoup d'années celle de la foule d'aujourd'hui, et qui par cela même ne saurait être mise en doute.

J'aimais Berlioz quand il était discuté ; je le défendais lorsqu'il était attaqué. Je l'applaudissais toujours.

Mais Berlioz musicien eut pendant toute sa vie un

ennemi irréconciliable et mortel : c'était Berlioz critique.

Ah ! celui-ci m'appartient ! Il m'appartient comme homme et comme écrivain. J'ai sous les yeux la collection de ses jugements sur la totalité des compositeurs du dix-neuvième siècle ; j'ai ses comptes rendus de la plupart des œuvres les plus remarquables de l'école moderne. Eh bien ! ce n'est pas toujours quelque chose de joli, je vous l'assure.

On avait été intolérant pour lui, il le fut pour tout le monde. On l'avait retardé, il retarda les autres. Il rejeta à la face des jeunes toutes les railleries qu'on lui avait jetées à lui dans sa jeunesse. Il avait souffert, il fit souffrir.

En vérité, il semble qu'on ignore ou qu'on veuille ignorer l'histoire artistique de notre époque. Ces feuilletons de Berlioz dans le *Journal des Debats* avaient des morceaux qui révoltaient et des calembours que les plus intimes vaudevillistes n'auraient pas osé ramasser, des facéties grosses comme des maisons, et qui faisaient croire à un tempérament joyeux. Quelle erreur !

Ce novateur était l'ennemi des novateurs. Cet audacieux barrait le chemin aux audacieux. Le nom de Richard Wagner le faisait écumer. Et cependant que d'analogies entre ces deux talents !

Le mouvement qui se produit dans l'opinion publique emprunte les apparences d'une amende honorable. On reproche au dix-neuvième siècle d'avoir méconnu et dédaigné Berlioz, de ne pas lui avoir accordé la place qu'il méritait. On dit : Vous l'avez abreuvé d'amertumes, vous avez fait de lui une sorte de paria musical, vous avez abrégé ses jours par une hostilité continuelle.

Un peu de réflexion, ou simplement de mémoire, suffit pour réduire à néant cette accusation.

Berlioz a eu la plus belle existence d'artiste qu'il pouvait rêver. Il a attaché son nom aux premiers *festivals*. Le premier, il a eu pour exécuter ses œuvres ces énormes masses d'instrumentistes que ses confrères ne devaient obtenir que plus tard.

A trente ans, l'Opéra lui a ouvert ses portes; un des grands poètes de l'époque, Auguste Barbier, lui a confié un livret en deux actes: *Benvenuto Cellini*. C'était là une chance merveilleuse. *Benvenuto Cellini* ne réussit point. Est-ce à dire qu'il devait réussir? Il n'en est resté que le morceau d'orchestre du *Carnaval romain*.

Eh bien! cet insuccès même devait servir de piédestal à Hector Berlioz. Le lendemain, Paganini lui envoyait 20,000 francs, comme pour protester contre le jugement du public. L'effet de cette libéralité fut immense.

Berlioz a obtenu toutes les récompenses auxquelles il pouvait aspirer : il a été décoré, membre de l'Institut, professeur du Conservatoire. Est-ce là le fait d'un méconnu? Je ne le crois pas. Il a été l'hôte de plusieurs souverains étrangers; il en a reçu les plus flatteuses distinctions. Enfin, et j'insiste sur ce point, il a eu, sa vie durant, l'approbation d'un grand nombre d'intelligences d'élite, et celles qui font les gloires sérieuses et les renommées durables.

Berlioz malheureux? Allons, vous voulez rire !

« Mais vous ne vous rappelez donc pas son visage désespérément mélancolique, la maigreur livide de ses traits, l'expression sombre de son regard? »

Si, et j'en ai été attristé comme vous. Souvent, je

me suis arrêté à voir passer ce petit homme à la tête monumentale, ce faible corps sec et droit, que semblait dévorer et faire vivre une flamme intérieure. Il ne regardait personne en marchant ; il était presque toujours seul.

Et je l'ai plaint, car j'ai senti en lui un malade. Oh ! je l'ai plaint de tout mon cœur !

Mais un malade n'est pas un méconnu.

Le dix-neuvième siècle peut avoir sa conscience en repos au sujet de Berlioz. Il n'est tout au plus coupable que de quelque irrévérence envers les *Troyens*. Il est vrai que cette irrévérence a été profondément sensible au cœur du compositeur. Il n'était qu'aigri, il est devenu farouche.

Voyons, où en serions-nous si les musiciens n'allaient plus pouvoir supporter le pli d'une rose et s'il leur fallait les honneurs divins de leur vivant ?

On veut faire de Berlioz un martyr de l'art.

Un martyr de l'orgueil, à la bonne heure !

FIN

TABLE

CHAPITRE I
Une lecture au Quartier Latin. — Henry Murger et Théodore Barrière. — Je tue Mimi. — Les *Vieux de la Vieille*, de Théophile Gautier. — Rencontre avec Balzac. 1

CHAPITRE II
Buloz. — Le mari d'une étoile. — Un ami dans une armoire. 17

CHAPITRE III
Le baron Taylor ratant son enterrement. — Méry et le petit bossu. — Une rue de Boulogne-sur-Mer. 27

CHAPITRE IV
Deux bibliophiles d'autrefois. 40

CHAPITRE V
Auber. — Emile de Girardin. — Du bonheur en politique. 49

CHAPITRE VI
Un des derniers amis de Béranger. 62

CHAPITRE VII
Grandes dames et écrivains. — Une aventure de Léo Lespès. 69

CHAPITRE VIII
Arrestation de l'auteur. — Les cantates et Du Boys. 81

CHAPITRE IX

Marc Fournier. — Grandeur et décadence. — Les cinq pots de chambre de M. d'Ennery. 89

CHAPITRE X

Suicides d'hommes de lettres. — Bourg Saint-Edme. — Léon Laya. — Prévost-Paradol père et fils. . 96

CHAPITRE XI

Un grand exemple de travail. — George Sand. — Trop de comédiens. 109

CHAPITRE XII

Un négociant qui a mal tourné. — Coup d'épée avec Théodore Barrière. — Emile Solié. 116

CHAPITRE XIII

Darcier. — Son maître Delsarte. — Ses élèves : les frères Lionnet, Thérésa. 124

CHAPITRE XIV

Gil-Pérès en voyage. — Le Moulin-Rouge. — La Brasserie de Saint-Léger. 129

CHAPITRE XV

Le 4 septembre. — Pipe-en-Bois. — Eugène Razzoua. 137

CHAPITRE XVI

Il manque cinq millions. — M. Blanc. — La création de Monte-Carlo. 146

CHAPITRE XVII

Clément Caraguel. — Le *Bougeoir*, rien que le *Bougeoir*. — Les notes d'Edouard Fournier. . . . 152

CHAPITRE XVIII

Le vicomte Alfred de Caston. — Meissonier. . . 159

CHAPITRE XIX

A Monaco. — Maladie et mort de M. H. de Villemessant. 165

CHAPITRE XX

Un original. — Cabaner poète. — Cabaner musicien. — Les naïvetés de Cabaner. 172

CHAPITRE XXI

Les épreuves de Victor Hugo. — Madame Juliette Drouet. — Un dîner interrompu, avenue d'Eylau. 178

CHAPITRE XXII

Croquis. — Nefftzer. — Musard fils. — Ponsard. — Un pastiche de *Lucrèce* 184

CHAPITRE XXIII

Les trois Thiers. — M. Thiers à l'Académie. — La redingote grise 192

CHAPITRE XXIV

Autre académicien. — Victor-Marie Hugo 201

CHAPITRE XXV

Autre académicien. — M. Victor de Laprade . . . 218

CHAPITRE XXVI

Autre académicien. — Le duc de Noailles 226

CHAPITRE XXVII

Autre académicien. — Ernest-Wilfrid Legouvé. — Un roman dans un pensionnat. 237

CHAPITRE XXVIII

Autre académicien. — Le petit-fils de Pigault-Lebrun 246

CHAPITRE XXIX

Autre académicien. — Jules Sandeau. 259

CHAPITRE XXX

Autre académicien. — Octave Feuillet 268

CHAPITRE XXXI

Autre académicien. — Dupanloup 279

CHAPITRE XXXII
Autre académicien. — M. Cuvillier-Fleury. . . . 285

CHAPITRE XXXIII
Autre académicien. — Joseph Autran. 291

CHAPITRE XXXIV
Autre académicien. — Auguste Barbier. 301

CHAPITRE XXXV
Autre académicien. — Camille Doucet. 311

CHAPITRE XXXVI
Autre académicien. — Camille Rousset. 316

CHAPITRE XXXVII
Les fous de mon temps 324

CHAPITRE XXXVIII
Suite du précédent. 330

CHAPITRE XXXIX
Le dossier de Gérard de Nerval 335

CHAPITRE XL
A travers l'Opéra 341

CHAPITRE XLI
Hector Berlioz 347

Tours. — Imp. E. Mazereau.

www.ingramcontent.com/pod-product-compliance
Lightning Source LLC
Chambersburg PA
CBHW050751170426
43202CB00013B/2384